湖北省中小企业发展报告
（2020）

湖北省经济和信息化厅　编

华中科技大学出版社
中国·武汉

图书在版编目(CIP)数据

湖北省中小企业发展报告.2020/湖北省经济和信息化厅编.—武汉:华中科技大学出版社,2021.11
ISBN 978-7-5680-7678-4

Ⅰ.①湖… Ⅱ.①湖… Ⅲ.①中小企业-经济发展-研究报告-湖北-2020 Ⅳ.①F279.243

中国版本图书馆CIP数据核字(2021)第228581号

湖北省中小企业发展报告(2020)   湖北省经济和信息化厅 编
Hubei Sheng Zhongxiaoqiye Fazhan Baogao(2020)

策划编辑:谢燕群
责任编辑:刘艳花 李 昊
责任校对:阮 敏
责任监印:周治超

出版发行:华中科技大学出版社(中国·武汉)   电话:(027)81321913
    武汉市东湖新技术开发区华工科技园   邮编:430223
录 排:华中科技大学惠友文印中心
印 刷:武汉市凯恩彩印有限公司
开 本:787mm×1092mm 1/16
印 张:14.75
字 数:372千字
版 次:2021年11月第1版第1次印刷
定 价:68.00元

本书若有印装质量问题,请向出版社营销中心调换
全国免费服务热线:400-6679-118 竭诚为您服务
版权所有 侵权必究

湖北省中小企业发展报告(2020)编辑委员会

主任委员：刘海军
副主任委员：江 斌　颜 莉
委员：(以姓氏笔画为序)
　　　　王建华　叶洪涛　史 岩　刘 迅
　　　　刘卫军　孙一平　李承绘　张艳红
　　　　邱功英　罗德香　周 庆　周新玲
　　　　都 灵　聂 薇　徐朝晖

前　言

　　中小企业是经济高质量发展的重要基础，是稳就业、促民生、保产业的重要支撑。2020年是极不平凡、极其艰难的一年，新冠肺炎疫情的严重冲击、严峻复杂的国际形势、艰巨繁重的改革发展稳定任务使湖北中小企业发展遭遇了重大考验，但"惟其艰难，才更显勇毅；惟其笃行，才弥足珍贵"。2020年，湖北省中小企业发展经历了从"按下暂停键"到"重疾初愈"，直至"全面恢复"的阶段。面对疫情防控常态化、经济双循环、产业链新模式、贸易异常化等国内外经济环境变化对湖北省中小企业的挑战，中小企业存在经济复苏偏慢、经营成本增加、销售渠道变窄、资金缺口扩大、人员流失严重、政策落地相对滞后等问题亟待解决。党中央、国务院和湖北省委、省政府高度重视中小企业的发展，国家和地方出台了多项有力政策助力湖北中小企业疫后重振。省经信厅作为中小企业的主管部门，省中小企业服务中心作为中小企业的"娘家"，围绕重点工作，服务大局，凝心聚力，加强公共服务平台建设，提升服务水平，推动湖北省中小企业健康发展，为加快"建成支点、走在前列，谱写新篇"作贡献。

　　《湖北省中小企业发展报告》致力于总结年度全省中小企业发展现状，准确评价中小企业全年发展的最新情况，梳理中小企业面临的现实困难，针对中小企业发展中的痛点、难点、堵点进行研究，提出有针对性的对策建议，为我省出台相关政策提供参考。今年课题组完成的《湖北省中小企业发展报告（2020）》（以下简称《报告》）是在广泛调研的基础上撰写的，是一份贴合湖北省中小企业2020年发展实际的研究报告。

　　本书承续了前期总体框架，包括综合篇、行业篇、专题篇三个部分。综合篇分时间段对2020年湖北省经济发展历程进行了全面描述，并通过数量与规模、产值与投资、投入与效益、技术与创新和集群与转型等五个方面对湖北省中小企业的发展状况进行了总结。在分析湖北省中小企业发展面临的机遇和挑战的基础上，梳理了当前阶段我省中小企业发展中面临的困难和问题，并提出对策建议。行业篇结合省内中小企业行业特点选取了光电子、装备制造业、新能源汽车、生物医药和无纺布等五个行业，对各行业中小企业2020年的基本发展现状进行了总体描述，分析了需要关注的问题及未来发展趋势，提出该行业湖北省中小企业发展建议。专题篇紧密围绕中小企业发展中的重点问题和疫情影响，选取了"湖北省中小企业'专精特新'发展策略""湖北省中小企业公共服务体系建设现状与服务效果""惠企政策转为中小企业发展红利研究"三个专题进行深入剖析，提出切实的对策建议。

　　本书得到了省经信厅相关职能处室、省中小企业服务中心以及各市、州、直管市、神农架林区经信局和中小企业服务中心的大力支持。《报告》旨在对2020年湖北省中小企业发展情况做出较为全面的评价和分析，以期为中小企业相关决策部门和研究工作者提供参考。

编　者
2021年7月

目录

综合篇

一、2020年湖北省中小企业发展状况 /3
  (一)2020年湖北省总体经济发展历程回顾 /3
  (二)2020年湖北省中小企业发展状况介绍 /9
二、2020年湖北省中小企业面临的环境变化 /25
  (一)湖北省中小企业面临的机遇 /25
  (二)湖北省中小企业面临的挑战 /34
三、2020年湖北省中小企业发展亮点 /38
四、湖北省中小企业发展面临的困难和问题 /44
五、推进湖北省中小企业发展的对策建议 /47
  (一)着力落实惠企政策 /47
  (二)努力解决融资难题 /47
  (三)提升创新发展能力 /49
  (四)提高企业管理水平 /50
  (五)切实改善营商环境 /50
  (六)加强服务体系建设 /51

行业篇

一、光电子行业的中小企业在2020年发展回顾及建议 /55
二、装备制造行业的中小企业2020年发展回顾及建议 /62
三、新能源汽车行业中小企业2020年发展回顾及建议 /70
四、生物医药行业的中小企业2020年发展回顾及建议 /76
五、无纺布行业的中小企业在2020年发展回顾及建议 /83

专题篇

一、湖北省中小企业"专精特新"发展策略 /93
（一）湖北省中小企业"专精特新"发展基本现状 /94
（二）其他省市中小企业"专精特新"发展的主要做法和经验 /105
（三）影响湖北省中小企业"专精特新"发展的制约因素 /109
（四）湖北省中小企业"专精特新"发展可选择的成长模式 /110
（五）湖北省中小企业"专精特新"发展的对策建议 /112

二、湖北省中小企业公共服务体系建设现状与服务效果 /141
（一）湖北省中小企业公共服务体系总体状况 /141
（二）后疫情时代湖北省中小企业公共服务需求与服务成效现状 /158
（三）湖北省中小企业公共服务体系建设存在的主要问题 /167
（四）其他省份中小企业公共服务体系建设经验借鉴 /178
（五）提升湖北省中小微企业公共服务效能的对策建议 /184

三、惠企政策转为中小企业发展红利研究 /207
（一）疫情冲击下湖北省中小企业扶持政策梳理 /207
（二）疫情冲击下湖北省中小企业政策诉求 /215
（三）湖北省中小企业扶持政策实施效果 /217
（四）湖北省中小企业扶持政策存在的主要问题 /221
（五）完善湖北省中小企业扶持政策的建议 /223

综 合 篇

本发展报告全面分析了2020年湖北省中小企业的发展情况,重点聚焦疫情对中小企业的影响、转型升级、创新发展、专精特新、公共服务、政策扶持等问题。通过对以上内容的分析研究,找出当前阶段湖北省中小企业发展中存在的问题,并提出对策和建议,以促进其高质量发展。

综合篇首先分时间阶段回顾了湖北省2020年经济发展历程,通过数量与规模、产值与投资、投入与效益、技术与创新、集群与转型等五个方面对湖北省中小企业2020年的发展状况进行了描述总结;然后分析了后疫情时代湖北省中小企业发展面临的机遇和挑战;最后指出湖北省中小企业发展中的现实困难和不足,提出推进湖北省中小企业发展的建议。

一、2020年湖北省中小企业发展状况

(一)2020年湖北省总体经济发展历程回顾

时代是"出卷人",我们是"答卷人"。2020年的湖北"考卷"极其特殊,其挑战前所未有、斗争艰苦卓绝。但在以习近平同志为核心的党中央领导下,湖北人民齐力同心,直面"大考",攻坚克难应对战疫"关键题",众志成城答好战洪"加试题",全力以赴完成脱贫"必答题",夺取了疫情防控和经济社会发展的"双胜利"。从一季度"按下暂停",到二季度"重启恢复",再到下半年的"全面恢复加快",全年经济在巨大的困难面前复苏并向好发展,成效好于预期,交出了一份弥足珍贵的答卷。

1. 陡降低谷、按下暂停

1) GDP严重下滑

根据湖北省统计局相关数据公布来看,由于受疫情严重影响,2020年一季度全省地区生产总值为6379.35亿元,按可比价格计算,比上年同期下降39.2%(见图1-1-1)。分产业来看,第一产业增加值为540.68亿元,比上年同期下降25.3%;第二产业增加值为2146.96亿元,比上年同期下降48.2%;第三产业增加值为3691.71亿元,比上年同期下降33.3%[①]。

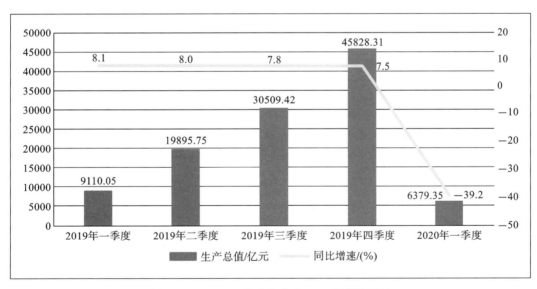

图1-1-1 2020一季度湖北省GDP及同比增速

2) 工业经济回落

一季度,全省规上(规模以上)工业增加值同比下降45.8%。全省41个行业大类中,除烟草制品业、采矿业、石油和天然气开采业等三个行业增加值保持正增长外,其他38个行业同比下降。其中,基础行业中的电力、钢铁和有色等三个行业增加值分别下降18.2%、27.8%和

---

① http://tjj.hubei.gov.cn/tjsj/tjfx/qstjfx/202004/t20200421_2236918.shtml(湖北省统计局2020年一季度经济运行情况)。

39.4%;与防疫需求相关的医药和纺织行业增加值分别下降42.1%和48.2%;与生产生活保障相关的化工和农副食品加工行业增加值分别下降45.1%和52.3%;装备制造行业中的汽车、电气机械和通用设备等三个行业增加值分别下降56%、62.4%和59.9%。

总体上看,一季度湖北省工业经济的恢复面临着种种难题。一是企业订单存在流失风险。在国内市场方面,2019年从湖北省市场采购额较大的部分地区的份额在2020年1月以来大幅下降,大多只有去年同期的一半,尤其是汽车及零部件、电子、电器、钢铁等优势产业影响较大;在国外市场方面,随着国外(特别是欧美)疫情的蔓延,国外订单陆续取消、推迟。二是大部分企业流动资金比较紧张。一方面,刚性支出不降反升,由于企业未复工复产且无营收进账,但厂房租金、员工工资、贷款利息、设备折旧等刚性支出仍然较大,前期物流运输严重受阻,成本大幅增加,同时防疫口罩、测温仪、消杀用品和餐饮、员工集中住宿等支出成本增高;另一方面,银行贷款仍然艰难,尽管2020年一季度全省企业贷款增加2162亿元,新增额占全部贷款比重92%,但部分银行对疫情影响较大的企业的还款能力存在顾虑,贷款审批发放速度较慢。

3) 投资活动放缓

这次疫情严重冲击了武汉市乃至湖北省的区域形象,其区域营商环境受到了不小的影响,不利于吸引省内外投资。2020年一季度,全省固定资产投资下降82.8%,基础设施投资下降84.4%,民间投资下降82.6%,工业投资下降85.0%,其中制造业投资下降85.0%,工业技改投资下降87.7%。全省房地产开发投资完成257.22亿元,下降73.7%。①

4) 消费市场疲软

2020年一季度,全省共实现社会消费品零售总额为2939.43亿元,同比下降44.9%;限额以上零售额下降49.1%,其中3月当月下降55.7%。分行业看,2020年一季度全省限额以上批发业销售额、零售业销售额、住宿业营业额和餐饮业营业额分别下降37.7%、45.2%、48.1%和57.6%;从商品种类看,中西药品类限额以上商品零售额下降14.6%,粮油食品类和日用品类限额以上商品零售额分别下降19.4%和31.8%,汽车类、服装鞋帽针纺织品类、家具类和金银珠宝类限额以上商品零售额分别下降59.8%、60.6%、65.0%和65.1%。②

5) 货物进出口及引进外资减缓

受国内外疫情严重影响,我省外贸企业进出口额锐减,2020年一季度,全省完成人民币计价进出口总额为627.5亿元,同比下降20.9%,同比回落37.1个百分点。其中,出口总额为318.3亿元,同比下降38.1%;进口总额为309.2亿元,同比增长11.1%。2020年一季度,实际利用外资为1.16亿美元,同比下降96.3%,新登记外商投资企业数35户,同比下降91.4%,新登记注册资本数5.88亿美元,同比下降71.1%。

6) 财政收支下降,居民可支配收入减少

2020年一季度,地方一般公共预算收入完成542.49亿元,同比下降47.6%,其中税收收入为434.04亿元,同比下降45.9%;地方一般公共预算支出为1555.06亿元,同比下降14.1%。2020年一季度,全省城镇常住居民人均可支配收入9412元,同比下降11.8%;全省农村常住居民人均可支配收入4085元,同比下降10.2%(见图1-1-2)③。

---

①②③ http://tjj.hubei.gov.cn/tjsj/tjfx/qstjfx/202004/t20200421_2236918.shtml(湖北省统计局2020年一季度经济运行情况)。

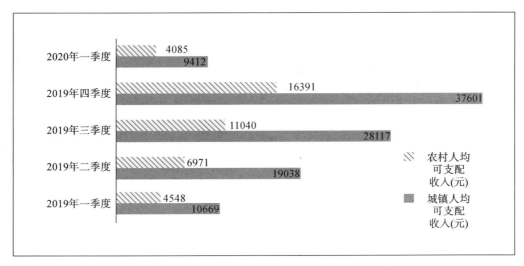

图 1-1-2　2020 年一季度湖北省居民可支配收入①

7）湖北中小企业总体受损严重

截至 2020 年一季度末，规上中小工业企业总户数为 15189 户，亏损面达 29.9%；从业人员为 176.7 万人，同比下降 9.7%。从营业状况来看，中小企业在一季度的营业收入为 3027.7 亿元，营业成本为 2574.1 亿元，利润总额为 84 亿元，分别下降了 51.6%、51.8% 和 74.8%，各项经营指标已被腰斩。另外，中小企业产成品存货为 954 亿元，同比增长了 11.7%；应收账款 2478.4 亿元，同比增长 26.9%。

2. 重疾初愈、重启恢复

1）经济基本盘逐渐巩固

2020 年上半年，在有效工作时间减少两个多月的情况下，全省完成 GDP 总量达 17480.51 亿元，恢复至上年同期的八成，降幅比一季度收窄 19.9 个百分点（见图 1-1-3）。分产业看，第一产业增加值 1320.98 亿元，同比下降 7.9%，降幅较一季度收窄 17.4 个百分点；第二产业增加值 6833.01 亿元，同比下降 23.3%，降幅较一季度收窄 24.9 个百分点；第三产业增加值 9326.52 亿元，同比下降 17.2%，降幅较一季度收窄 16.1 个百分点。

2）工业经济恢复加快

一是工业生产趋稳。2020 年 6 月份，全省规上工业增加值同比增长 2%，连续两个月正增长。1~6 月，工业经济累计降幅为 20.8%，环比收窄 5.4 个百分点，较 1、2 月收窄 25.4 个百分点。从企业类型看，大中型工业企业在 6 月的工业增加值增长 3.3%，国有控股企业当月增长 2.9%，外商投资企业当月增长 3.9%。二是行业增长面趋增。6 月，全省 41 个行业大类中有 22 个行业同比增长，较 3、4、5 月份分别增加 18 个、5 个和 2 个百分点，增长面升至 53.7%。2020 年上半年，全省制造业增加值同比下降 21.5%，较一季度收窄 26.2 个百分点。三是市州恢复趋快。上半年，17 个市州规上工业增加值增速降幅继续收窄。"一主两副"中，武汉市规上工业增加值同比下降 20.1%，降幅较一季度收窄 19.6 个百分点；襄阳、宜昌分别同比下降 22.3%、19%，降幅均较一季度收窄 27.9 个百分点。仙桃（-12.6%）、十堰（-14.2%）降幅均

---

① http://tjj.hubei.gov.cn/tjsj/（根据湖北省统计局统计数据整理）。

在15%以内。四是匹配指标趋好。全省工业用电量、工业增值税连续两月保持增长,6月分别增长0.3%和1.8%,1~6月累计降幅环比分别收窄3.6个和6.7个百分点。1~6月,铁路运送货物2479.55万吨,已恢复到去年同期水平;港口货物吞吐量为2967万吨,为去年同期的97.2%。

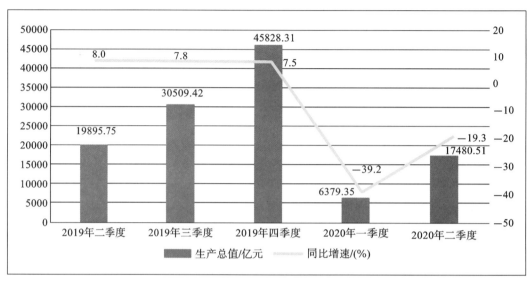

图 1-1-3　2020 年上半年湖北省 GDP 及同比增速①

3) 固定资产投资逐渐恢复

2020年上半年,全省固定资产投资(不含农户)下降56.2%,降幅比一季度收窄26.6个百分点。从投资结构看,全省民间投资、基础设施投资和工业投资分别下降57.0%、58.5%和61.6%,降幅较一季度分别收窄25.6个、25.9个和23.4个百分点。高技术制造业投资同比下降51.2%,降幅较一季度收窄30.3个百分点,高于制造业投资增速10.7个百分点。

4) 消费领域持续恢复

2020年上半年,全省共实现社会消费品零售总额7062.43亿元,同比下降34.1%,降幅较一季度收窄10.8个百分点。其中,全省限额以上企业(单位)共实现消费品零售额2525.36亿元,同比下降31.0%,降幅较一季度收窄18.1个百分点。分行业看,限额以上批发业、零售业、住宿业、餐饮业销售额(营业额)分别下降23.4%、27.3%、45.8%、42.0%,降幅较一季度分别收窄14.3、17.9、2.3、15.6个百分点。

5) 出口降幅持续收窄

2020年上半年,全省完成人民币计价进出口总额1666.6亿元,同比下降1.5%,降幅较一季度收窄19.4个百分点。其中,出口总额982.7亿元,同比下降7.6%,降幅较一季度收窄30.5个百分点;进口总额683.9亿元,同比增长8.8%,增速较一季度下降2.3个百分点(见图1-1-4)。

---

① http://tjj.hubei.gov.cn/tjsj/(根据湖北省统计局统计数据整理)。

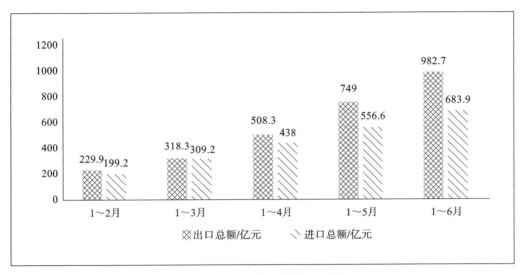

图 1-1-4　湖北省上半年进出口总额①

6）就业形势总体稳定

2020 年上半年，全省城镇新增就业人员 25.22 万人，同比下降 52.2%，降幅较一季度收窄 23.0 个百分点。"四上"单位从业人员 599.08 万人，同比下降 9.6%，降幅较一季度收窄 4.0 个百分点。农村外出从业人员同比下降 9.9%，降幅较一季度收窄 43.4 个百分点。

7）价格运行总体平稳

2020 年上半年，全省居民消费价格同比上涨 4.5%，较一季度回落 1.6 个百分点。其中，城市上涨 4.3%，农村上涨 5.1%。分类别看，八大类商品价格"七涨一降"，其中食品烟酒价格上涨 13.7%，衣着价格上涨 0.2%，居住价格上涨 0.5%，生活用品及服务价格上涨 0.1%，交通和通信价格下降 3.2%，教育文化和娱乐价格上涨 1.8%，医疗保健价格上涨 2.4%，其他用品和服务价格上涨 5.5%。②

8）湖北中小企业部分指标有所收窄

截至 2020 年上半年末，规上中小工业企业总户数为 15221 户，亏损面为 20.2%，较一季度收窄 9.7 个百分点；从业人员 185.7 万人，同比下降 5.9%，较一季度收窄 3.8 个百分点。从企业经营指标来看，上半年中小企业营业收入为 10314.8 亿元，营业成本为 8775.4 亿元，利润总额为 536.8 亿元，分别同比下降 24%、24.4% 和 29.8%，较一季度分别收窄 27.6、27.4 和 45 个百分点。另外，产成品存货为 1080 亿元，同比增长 13.1%，应收账款为 3009.2 亿元，同比增长 34.5%。

3. 全面恢复、未来可期

1）经济水平基本与往年持平

2020 年全年，全省完成生产总值为 43443.46 亿元，比上年下降 5.0%，降幅比一季度收窄 34.2 个百分点（见图 1-1-5）。分产业看，第一产业增加值为 4131.91 亿元，由一季度的下降 25.3% 转为与上年持平；第二产业增加值为 17023.90 亿元，下降 7.4%，降幅比一季度收窄 40.8

---

① http://tjj.hubei.gov.cn/tjsj/sjkscx/tjyb/tjyb2020/（根据湖北省统计局统计月报整理）。
② http://tjj.hubei.gov.cn/tjsj/tjfx/qstjfx/202007/t20200720_2685212.shtml（湖北省统计局数据解读）。

个百分点;第三产业增加值为22287.65亿元,下降3.8%,降幅比一季度收窄29.5个百分点。①

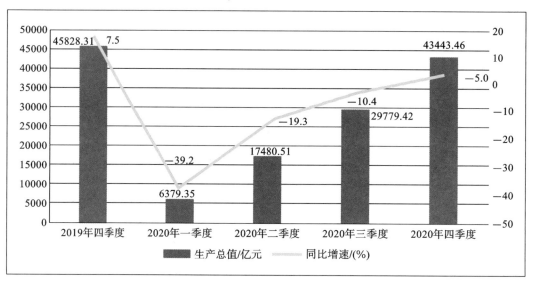

图1-1-5　2020年湖北省GDP及同比增速②

2) 工业生产基本恢复,与全国差距明显缩小

2020年,全省规上工业增加值比上年下降6.1%,降幅比一季度收窄39.7个百分点。月度增速连续8个月正增长,其中12月同比增长7.9%,增速比11月份加快1.8个百分点。分三大门类看,全年采矿业增加值下降16.0%,降幅比一季度收窄40.7个百分点,制造业下降6.2%,降幅收窄41.9个百分点;电力、热力、燃气及水生产和供应业下降2.5%,降幅收窄17.0个百分点;高技术制造业增加值比上年增长4.1%,增速高于全部规模以上工业10.2个百分点。从产品产量看,全年光纤、锂离子电池、电子计算机整机和印制电路板产量分别增长4.9%、2.9%、36.1%和4.9%。

3) 固定资产投资稳步复苏,补短板强功能项目加快推进

2020年,全省固定资产投资(不含农户)比上年下降18.8%,降幅比一季度收窄64.0个百分点。从分领域看,基础设施投资、工业投资和房地产开发投资分别下降22.8%、23.9%和4.4%,降幅分别收窄61.6、61.1和69.3个百分点;高技术制造业投资下降9.4%,降幅收窄72.1个百分点。其中,医药制造业、计算机及办公设备制造业投资分别增长20.4%、14.7%。补短板强功能建设加快推进,以5G建设为主的电信、广播电视和卫星传输服务业投资增长16.8%,卫生投资增长65.8%,航空运输业投资增长129%。

4) 消费领域持续回暖,月度增速首次转正

2020年,全省社会消费品零售总额为17984.87亿元,比上年下降20.8%,降幅比一季度收窄24.1个百分点,其中12月增长0.2%,月度增速年内首次转正(见图1-1-6)。从行业看,全年限额以上批发业、零售业、住宿业和餐饮业销售额(营业额)分别下降11.0%、12.2%、27.2%和16.5%,降幅分别收窄26.7、33.0、20.9和41.1个百分点;从商品类型看,升级类商品消费恢复较快,智能手机、能效等级为1级、2级的家用电器线上商品零售额分别增长18.8%、17.3%,实物商品网上零售额增长4.6%。

---

① http://tjj.hubei.gov.cn/tjsj/tjfx/qstjfx/202101/t20210119_3268441.shtml(湖北省统计局数据解读)。
② http://tjj.hubei.gov.cn/tjsj/(根据湖北省统计局统计数据整理)。

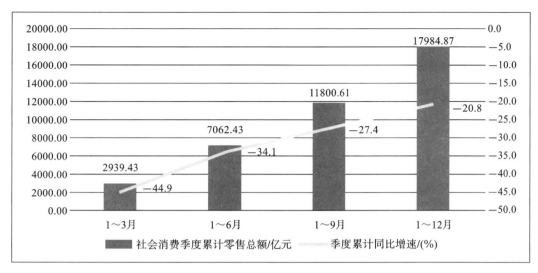

图 1-1-6　2020 年湖北省社会消费零售总额情况①

5) 进出口保持增长,外商投资降幅收窄

2020 年,全省完成人民币计价进出口总额为 4294.1 亿元,由一季度下降 20.9% 转为比上年增长 8.8%。其中,出口总额为 2702.0 亿元,由一季度下降 38.1% 转为比上年增长 8.7%;进口总额 1592.1 亿元,比上年增长 9.1%。全省实际外商直接投资 103.52 亿美元,比上年下降 19.8%,降幅比一季度收窄 76.5 个百分点。

6) 就业形势总体稳定,居民收入降幅收窄

2020 年,全省城镇新增就业人员为 75.18 万人,超额完成全年目标任务。城镇居民人均可支配收入为 36706 元,比上年下降 2.4%,降幅比一季度收窄 9.4 个百分点;农村居民人均可支配收入为 16306 元,比上年下降 0.5%,降幅比一季度收窄 9.7 个百分点②。

7) 湖北中小企业部分指标进一步收窄,多数指标改善明显

截至 2020 年底,规上中小工业企业总户数为 15477 户,亏损面为 12.4%,较一季度收窄 12.4 个百分点;资产负债率为 51.7%;从业人员为 189.4 万人,同比下降 5.9%,较一季度收窄 1 个百分点。从经营指标来看,2020 年中小企业营业收入为 27248.8 亿元,营业成本为 23179 亿元,利润总额为 1580.8 亿元,分别同比下降 9.7、10.2、7 个百分点,较一季度分别收窄 28.8、28.7、45.7 个百分点;产成品存货为 1122.7 亿元,同比增长 1.9%;应收账款 3364.6 亿元,同比增长 36.9%;投资收益为 50.5 亿元,同比增长 25%。

(二) 2020 年湖北省中小企业发展状况介绍

1. 数量与规模

1) 企业市场主体不断增多

截至 2020 年底,湖北省市场主体总户数达 571.35 万户(见图 1-1-7),其中企业主体达

---

① http://tjj.hubei.gov.cn/tjsj/sjkscx/tjyb/tjyb2020/(根据湖北省统计局统计月报整理)。
② http://tjj.hubei.gov.cn/tjsj/tjfx/qstjfx/202101/t20210119_3268441.shtml(湖北省统计局数据解读)。

145.55万户,较2019年分别增加29.39万户和10.04万户,同比分别增长5.42%和7.41%,尽管湖北省受疫情影响严重,但企业市场主体数量仍持续增加。2020年全省新登记市场主体73.1万户①,2016年至2020年,全省新登记市场主体共421.32万户。截至2020年底,全省规上工业企业数量为15769户,较2019年增长1.2%。

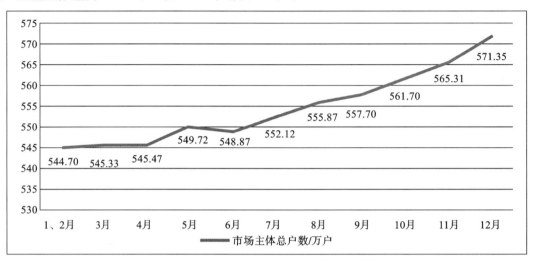

图 1-1-7 湖北省 2020 年市场主体总户数②

2)退规企业数量逐步减少

截至2020年底,全省新增规上工业和企业1352家,净增180家,扭转了近年来进不抵退的局面。③ 从规上企业数量的变动上看,全省采取了一系列行之有效的措施,如深化服务、创优环境,促进民营经济加快发展;认真落实"十必须十不准",大力弘扬"店小二"精神,全力优化民营企业发展环境;着力破解中小企业融资难题,联手建行、国开行等7家银行,启动实施"企业氧舱"计划;黄石、孝感、鄂州等地深化"双千"服务,黄冈、咸宁、恩施等地狠抓"稳规进规";持续加大领军企业培育力度,国家级制造业单项冠军和专精特新"小巨人"企业分别达22家和51家,并选派239名"科技副总"支持企业技术攻关。④

3)三次产业结构渐趋优化,中小企业贡献日益增强

随着工业化及城市化的进程加速推进,湖北的产业结构发生了从"二、一、三"到"二、三、一"的实质性变化,并在近几年间维持着"三、二、一"的产业结构。其中,第一产业在地区生产总值中的比例总体呈下降趋势,下降幅度较大。

2020年全省地区生产总值为43443.46亿元,其中第一产业增加值为4131.91亿元,与上年持平;第二产业增加值为17023.90亿元,同比下降7.4%;第三产业增加值为22287.65亿元,同比下降3.8%。三大产业结构由2019年的8.4∶41.2∶50.4调整为9.5∶39.2∶51.3。⑤ 第三产业在三大产业中占比略超50%⑥,在提升湖北省整体经济增加值方面发挥了不可或缺的作用。

---

① 数据来源:湖北省统计局。
② http://tjj.hubei.gov.cn/tjsj/(湖北省统计局统计数据)。
③ http://tjj.hubei.gov.cn/tjsj/sjkscx/tjyb/index.shtml(湖北省统计局2020年1~12月统计月报)。
④ 数据来源:2020年度湖北省人民政府工作报告。
⑤ http://www.hubei.gov.cn/hbfb/bmdt/202103/t20210318_3407376.shtml(《2020年湖北省国民经济和社会发展统计公报》)。
⑥ 数据来源:湖北省人民政府网站。

中小企业是推动经济增长、创新发展、扩大就业、改善民生的重要力量,在全省经济社会发展中具有重要的地位和作用。以中小企业为主体的湖北民营经济在全省的地位和贡献也可以概括为"56789":创造了全省50%以上的GDP,60%左右的税收,70%以上的技术创新成果,80%以上的新增就业,90%以上的市场主体。2020年,全省规上中小工业企业数量占全部规上工业企业的98.1%,营业收入、利润总额分别占比66.9%、62.8%。

2. 产值与投资

1)湖北省规上工业(含中小企业)产值状况

工业生产是V形回升。2020年,全省工业生产总体呈现"一季度大幅低开、二季度快速反弹、三季度稳步恢复、四季度加快复原"的运行态势。从增加值看,全省规上工业增加值自5月起连续8个月实现月度正增长,年累计下降6.1%,较一季度(−45.8%)、上半年(−20.8%)、前三季度(−11.3%)分别收窄39.7、14.7、5.2个百分点;四季度,规上工业增加值增长7.8%,较三季度(4.4%)提高了3.6个百分点,高于全国平均(7.1%)的0.7个百分点;12月份,规上工业增加值同比增长7.9%,高于全国平均(7.3%)的0.6个分点,连续4个月稳定在6%以上(见图1-1-8)。从增长面看,2020年,41个工业大类行业中8个行业实现正增长,较前三季度(5个行业)增加3个;12月份,28个行业增加值实现增长,增长面为68.3%。

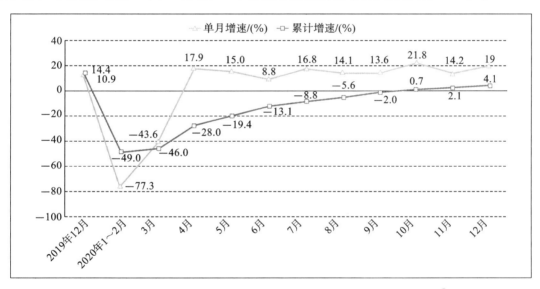

图 1-1-8　2020年各月湖北省规上高技术制造业增加值增速走势图①

支柱产业复原加快。汽车行业(占比13.96%)增长势头良好,增加值月度增速连续3个月保持在10%以上,年累计下降5.2%,年生产汽车209.4万辆,居全国第3位;烟草行业(占比5.91%)稳定增长,增加值全年累计增长6%;电力(占比7.59%)、化工(占比6.79%)、纺织(占比4.54%)、钢铁(占比3.02%)加快恢复,增加值全年累计分别下降2.2%、4.4%、1.4%、5.7%,降幅均低于全省平均水平。

新兴产业支撑明显。2020年,全省高技术制造业增加值月度增速连续6个月保持在10%以上,累计增长4.1%;高于全省增加值增速(全省增加值为−6.1%)10.2个百分点;占工业比重达10.2%,首次突破10%以上,同比提升0.7个百分点,为近年来最高水平。其中,医药、电

---

①　http://jxt.hubei.gov.cn/bmdt/jjyx/202102/t20210201_3327934.shtml(湖北省经济和信息化厅)。

子设备、仪器仪表制造业分别增长1.1%、4.4%、14.6%;微型计算机设备、平板电脑、光子器件产品产分别增长35.4%、66.6%、10.3%。

市州增长持续恢复。2020年,17个市州增幅持续回升,其中武汉累计下降6.9%,降幅较前三季度(-11.9%)收窄5个百分点,支撑了全省工业走势;恩施(9.7%)全年实现正增长;仙桃(-3.8%)、十堰(-3.8%)、潜江(-4.4%)、宜昌(-5%)、黄石(-5%)、孝感(-5.3%)、咸宁(-5.5%)、黄冈(-5.9%)降幅低于全省平均水平。

产销衔接形势好转。产成品库存周转加快。2020年,过半重点行业产销率超过上年,其中汽车、钢铁、烟草产销率达99%以上。2020年1~11月,规上工业企业产成品库存周转天数由上半年的平均17.9天缩短为14.9天。对外出口快速回升。2020年2月,湖北规上工业出口交货值大幅下降82.9%,4月增速转正以来,呈快速增长态势,12月同比增长21.8%,年出口交货值基本恢复到上年水平。部分重点行业"危"中博"机",对外出口逆势增长,其中计算机、纺织、医药全年出口交货值同比增长20%以上。

"一主两翼"快速恢复。"一主"加快回升态势。2020年上半年,武汉作为受疫情冲击最大的城市,其增加值回升幅度明显小于全省;下半年特别是四季度以来,呈现加快回升态势,12月增速达12.1%,高于全省4.2个百分点,1~12月累计下降6.9%,降幅比三季度收窄5个百分点。"两翼"恢复快于全省。2020年1~12月,"宜荆荆恩"与"襄十随神"规上工业增加值均同比下降5.7%,降幅小于全省0.4个百分点。其中,恩施率先转正,同比增长9.7%;十堰、宜昌、襄阳同比分别下降3.8%、5.0%、6.1%,降幅小于全省或与全省持平。"两翼"增加值占全省的比重达41.1%,比上年提高0.5个分点。

先行指标明显好转。从用电量看,2020年,全省工业用电1269.8亿千瓦,下降3.4%,降幅较前三季度(-8.3%)收窄4.9个百分点。从PMI看,12月份,湖北制造业采购经理人指数(PMI)为52.1%,较上月上升1.1个百分点,连续9个月位于临界点以上,制造业市场活力进一步增强(见图1-1-9)。从货运看,2020年,全省铁路货运量4611.5万吨,下降5.1%,降幅较前三季度(-7.25%)收窄2.15个百分点。

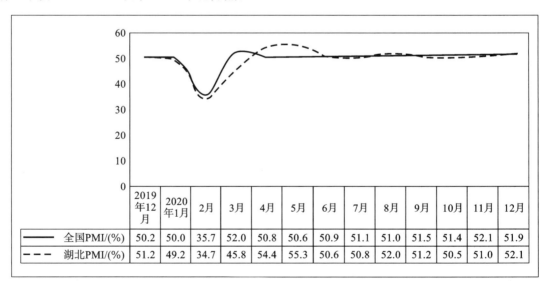

图1-1-9 2020年各月全国和湖北制造业PMI指数走势图①

---

① http://jxt.hubei.gov.cn/bmdt/jjyx/202102/t20210201_3327934.shtml(湖北省经济和信息化厅。)

2) 湖北省规上工业(含中小企业)投资状况

总量稳步回升,恢复增长行业增多。2020年,全省工业投资同比下降23.9%,降幅比前三季度收窄14.7个百分点,降幅与全国平均水平的差距由一季度的63.9个百分点收缩至24个百分点。工业三大门类投资降幅全部收窄,其中制造业投资同比下降24.5%,降幅比前三季度减少14.3个百分点。工业41大类中恢复增长的行业增加至5个:烟草制品业投资增长263.3%,石油和天然气开采业投资增长33%,医药制造业投资增长20.4%,黑色金属冶炼及压延加工业投资增长10.6%,有色金属冶炼及压延加工业投资增长6.4%。①

投资结构趋于优化,高新产业比重提升。2020年,作为"光芯屏端网"代表的计算机、通信和其他电子设备制造业投资恢复至上年同期的95%,总量位列全省工业大类第一,占工业投资的11.9%,同比提升2.4个百分点。高技术制造业投资同比下降9.4%,降幅比前三季度收窄17.6个百分点;高技术制造业投资占工业投资比重提升至20.5%,同比增长3.3个百分点,显示我省投资结构技术含量提升和新兴产业发展后劲增强。其中,医药制造业、信息化学品制造业、计算机及办公设备制造业受疫情期间居家办公等需求上升的影响,带动投资逆势上升,同比分别增长20.4%、24.6%、14.7%。

内资企业唱主角,私企撑起半边天。2020年,内资企业投资同比下降23.4%,降幅比前三季度收窄15个百分点,其中私营企业投资同比下降15.5%,降幅比前三季度收窄18.6个百分点。内资企业相对境外企业投资额有所增长,占全省工业投资额的94.2%,同比增长0.7个百分点。私营企业投资占全省工业投资比重达53.3%,同比增长5.3个百分点(见图1-1-10)。私企撑起工业投资的半边天,已成为支撑我省工业经济的重要力量。

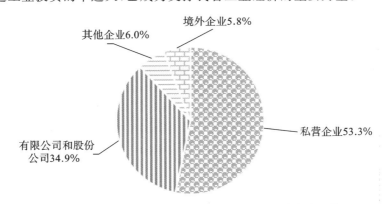

图1-1-10　2020年湖北省各经济类型企业投资额占比②

资金来源结构改善,国内贷款增长较快。为缓解项目融资难题,我省积极搭建产融合作平台,推动金融机构加大对工业领域支持力度,成效初现。2020年1～12月,我省工业投资来源于本年资金7059.6亿元,同比下降17%;国内贷款665.2亿元,同比增长42.1%,占本年来源资金9.4%,占比同比增长3.9个百分点,表明金融机构加大了对我省工业项目要素保障力度;利用外资60.8亿元,同比增长21.4%,凸显外资对我省工业投资信心增强。

市州稳步恢复,全域协同有所改善。2020年,16个市州工业投资降幅较前三季度全部收窄,收窄幅度在10～20个百分点,显示各市州呈稳步恢复态势。有9个市州工业投资增速快于全省平均水平,分别是恩施州、十堰、天门、武汉、黄冈、黄石、宜昌、荆门和咸宁。武汉自解封

---

① http://jxt.hubei.gov.cn/bmdt/jjyx/202102/t20210203_3333871.shtml(湖北省经济和信息化厅部门动态)。
② http://jxt.hubei.gov.cn/bmdt/jjyx/202102/t20210203_3333871.shtml(湖北省经济和信息化厅经济运行)。

后恢复态势明显,2020年1~12月工业投资同比下降20.4%,降幅较前三季度收窄14.6个百分点,投资额占全省比重由一季度的13.2%提升至21.5%;襄阳、宜昌工业投资占全省的比重分别为12.8%、12.3%。当前,我省着力优化区域投资布局,虽然部分市州工业规模较小,但始终保持追赶奋进态势,"全域协同"投资布局趋于改善(见图1-1-11)。其中,有11个市州占全省工业投资比重较前三季度有所提升,分别是潜江、天门、荆门、黄冈、十堰、随州、恩施州、荆州、鄂州、宜昌和神农架。

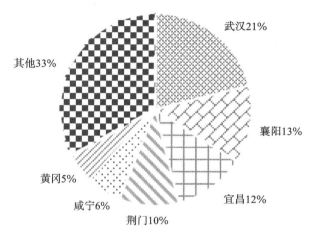

图 1-1-11 2020 年湖北省部分地区工业投资额占全省比重①

3)湖北中小企业投资与产值恢复中所存在的问题

工业投资恢复偏慢,发展后劲还需增强。湖北投资逐步恢复,但工业投资恢复相对偏慢,工业投资占比下降。2020年,湖北工业投资同比下降23.9%,工业技改投资同比下降28.3%,分别低于固定资产投资增速5.1和9.5个百分点。2020年,工业投资占总投资的比重较上年下降2.3个百分点。

新兴动能占比偏小,结构性矛盾依然存在。传统支柱产业仍然是拉动工业经济的主引擎,虽然湖北新兴产业增长较快,但对工业经济的支撑尚不足。2020年,湖北高技术制造业增加值占规上工业的比重提高到10.2%,但仍低于全国平均水平;规上高技术制造业企业数量占规上企业数的8.0%,占比也偏低。

县域经济回升滞后,全域协同任重道远。县域经济回升总体滞后:2020年,湖北79个纳入县域经济考核的区县规上工业增加值同比下降8.3%,降幅大于全省2.2个百分点。县域发展分化加大:79个区县中有41个降幅小于全省,但有25个降幅仍超过10%,其中10个降幅超过20%。

3. 收入与效益

1)营业收入逐季增长,降幅收窄至个位数

2020年,全省规上工业和企业实现营业收入40743.5亿元,总量居中部第2位(河南47292.7亿元)、全国第9位,同比下降9.1%,低于全国9.9个百分点(全国0.8%),降幅收窄至个位数,较一季度、上半年、前三季度分别收窄36.5、13.4、4.8个百分点,其中四季度实现营业收入13030.7亿元,同比增长3.2%,较一季度、二季度、三季度分别增长7763.3、2313.6、

---

① http://jxt.hubei.gov.cn/bmdt/jjyx/202102/t20210203_3333871.shtml(湖北省经济和信息化厅经济运行)。

1302.4亿元,营业收入逐季增长(见图1-1-12)。全省规上中小工业企业实现营业收入27248.8亿元,同比下降9.7%,低于全国(0.7%)10.4个百分点,降幅较上半年(24%)收窄14.3个百分点。

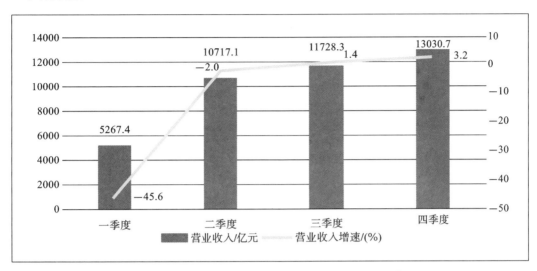

图1-1-12　2020年湖北省分季度营业收入和增速①

从行业看,2020年,41个大类行业中4个行业营业收入实现正增长,其中电子设备制造业、烟草制品业分别增长2.4%、2.2%;10个行业降幅小于全省平均水平,其中纺织(-1.2%)、电力(-2.6%)、汽车(-4.9%)行业分别小于全省平均水平7.9、6.5、4.2个百分点。从市州看,2020年,全省17个市州中有3个市州营业收入实现正增长(仙桃1.6%、林区0.8%、恩施0.1%),8个地市降幅小于全省或与全省持平(十堰-3.9%、随州-7%、黄冈-7.4%、咸宁-7.4%、黄石-8.1%、荆州-8.2%、天门-8.7%、孝感-9.1%)。从企业规模看,2020年,大中型企业营业收入同比下降6.2%,降幅小于小型企业(-12.3%)6.1个百分点。

2)企业利润持续改善,工业经济恢复加快

2020年,全省规上工业企业实现利润总额2519亿元,同比下降8.3%,降幅较一季度收窄69.9个百分点,与全国的差距由一季度的41.5个百分点缩小到12.4个百分点,全省规上工业企业第四季度季度实现利润总额870.5亿元,同比增长19.3%,利润增速由一季度下降78.2%、到二季度下降14.6%、到三季度增长25.9%、再到四季度增长19.3%,呈现"大幅低开、降幅收窄、由降转升、较快增长"的走势。全省规上中小工业企业利润总额为1580.8亿元,同比下降7.0个百分点,低于全国(8.7%)15.7个百分点,较上半年(29.8%)收窄22.8个百分点。

从行业看,2020年,41个大类行业中有39个行业处于盈利状态,比前三季度增加2个,盈利面达到95.1%。重点行业中,钢铁行业由前三季度的下降30%转为增长6.5%,汽车、电力、建材、化工行业利润分别较前三季度收窄21.2、11.8、5.6、12.7个百分点。从市州看,2020年,17个市州中4个市州利润总额实现同比增长(宜昌6.3%、恩施22.4%、仙桃80.1%、林区82.4%)。

---

① http://jxt.hubei.gov.cn/bmdt/jjyx/202102/t20210204_3336078.shtml(湖北省经济和信息化厅经济运行)。

3）百元成本低于全国，营收利润率不断提高

各种大规模减税降费，降低企业用电、用地及租金成本等惠企政策落地，有效降低了企业成本费用，减轻了企业负担。2020年，全省规上工业和企业每百元营业收入中的成本为83.65元，同比减少0.38元，低于全国（83.89元）0.24元；三项费用同比下降11.3%，其中销售费用、管理费用、财务费用分别下降11.4%、10.8%、13%（见图1-1-13）。2020年，全省工业和企业营收利润率为6.18%，接近去年同期水平，高于全国（6.08%）0.1个百分点，居中部第2位（江西6.43%），比一季度、上半年、前三季度分别提高3.78、1.28、0.18个百分点，企业盈利水平不断提高。

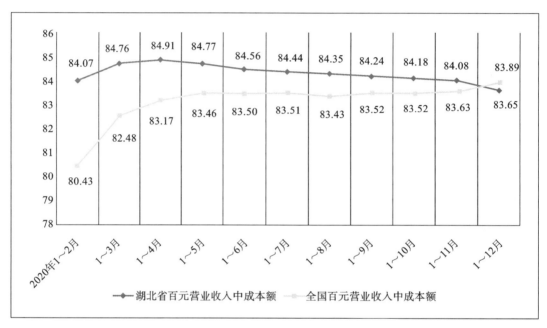

图1-1-13 2020年各月全国和湖北百元营业收入成本①

4）工业品价格指数下降，降幅环比持续收窄

2020年，受疫情和国际大宗商品价格持续下降等因素影响，全省工业品价格持续走低，5月份达到最低值（工业生产者出厂价格指数、购进价格指数分别为98.1、95.6）。随着国内疫情好转、复工复产加快以及国际大宗商品价格回升，6月起，全省工业生产者出厂价格指数、购进价格指数环比持续收窄，12月份工业生产者出产价格指数为99.6，较5月份收窄1.5个百分点，12月份购进价格指数为99.4，较5月份收窄3.8个百分点（见图1-1-14）。

5）亏损企业数持续减少，企业亏损面逐月回落

2020年，全省规上工业企业中亏损企业数1955家，较一季度（4676家）减少2721家，亏损面为12.4%，较一季度、上半年、前三季度分别下降17.8、7.9、3.9个百分点，低于全国（17.3%）4.9个百分点。其中，全省规上中小工业企业亏损企业数为1919家，较上半年（3075家）减少1156家，亏损面为12.4%，较上半年（20.2%）下降7.8个百分点，低于全国（17.4%）5个百分点，亏损企业亏损总额为198.8亿元，同比增长20.6%。从行业看，41个大类行业中，18个行业亏损面低于全省平均水平，其中建材、农副食品加工、纺织、化工行业亏损面分别

---

① http://jxt.hubei.gov.cn/bmdt/jjyx/202102/t20210204_3336078.shtml（湖北省经济和信息化厅经济运行）。

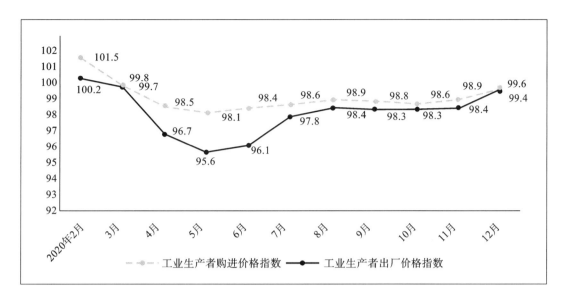

图 1-1-14　2020 年湖北省规上企业工业生产者购进价格指数和出厂价格指数

为 8.5%、9.6%、11%、11.4%。

6）中小企业期间费用降低，存货积压状况不断缓解

2020 年，全省规上中小工业企业期间费用明显降低，其中销售费用为 808 亿元、管理费用为 1005.3 亿元、财务费用为 254.4 亿元，分别同比下降 11.8、9.6、13.1 个百分点，分别低于全国水平 9.7、6.1、15.2 个百分点（全国销售费用同比增速为 －2.1%、管理费用同比增速为 －3.5%、财务费用同比增速为 2.1%）。全省规上中小工业企业产成品存货积压状况得到缓解，从全年来看，产成品存货为 1122.7 亿元，同比增长 1.2%，较第一季度、上半年和第三季度分别下降 10.5、11.9、2.4 个百分点，低于全国（9.7%）8.5 个百分点。

4. 技术与创新

根据中国科学技术发展战略研究院发布的《中国区域科技创新评价报告 2020》，湖北省在中部地区的综合科技创新水平最高，综合排名第 8 位。其中，高新技术产业化指数和科技促进经济社会发展指数均比上年上升 1 位，输出技术成交额排全国第 4 位，吸纳技术成交额排全国第 5 位。①

1）湖北省中小企业技术与创新水平

专利技术数量不断增加。湖北作为科教大省，在国家战略科技布局中占有重要一席，肩负重要使命。2020 年，全省专利授权总量为 110102 件，同比增长 48.91%，发明专利授权为 17555 件，同比增长 23.82%，专利授权增长率创近十年来最高纪录②。2020 年，全省企业专利授权为 74744 件，占全省专利授权总量的 67.89%，发明专利授权为 9050 件，占全省发明专利授权总量的 51.55%，两者均超过全省授权量的 50%（见表 1-1-1）。

---

① http://www.casted.org.cn（中国科学技术发展战略研究院）。
② 数据来源：湖北省统计局。

表 1-1-1　湖北省 2020 年 1～11 月专利授权总量及企业授权总量情况①

授权				企业授权			
总量		发明专利		总量		发明专利	
件数	同比增长	件数	同比增长	件数	同比增长	件数	同比增长
110112	48.91%	17555	23.82%	74744	67.89%	9050	51.55%

2020 年,全省知识产权主要指标在一季度下滑的情况下,到 6 月份由负转正,呈现 V 形反转,全年专利申请总量增长了 19.64%,达到 16.9 万件,授权总量增长了 48.91%,达到 11 万件,万人发明专利拥有量达到 12.41 件,比上年底增长 23.6%。全省科研机构专利授权 1694 件,占全省授权总量的 1.54%,发明专利授权 845 件,占全省发明专利授权总量的 4.81%。截至 2020 年 12 月,我省发明专利拥有量 7354 件,万人发明专利拥有量约为 12.41 件,同比增长 23.61%,连续 5 年保持着 20% 以上的增长率。2020 年,全省 PCT 国际专利申请受理量 1504 件,较 2019 年下降 23.34%,武汉市申请量因疫情下滑 23.93%,但武汉市仍然一家独大,占到全省申请量的 92.35%;新申请商标 21 万件,同比增长 11.33%,商标有效注册量达到 66.5 万件,同比增长 21.63%;新注册地理标志商标 33 件,同比增长 26.92%,创历史新高。②

科研经费投入总量持续加大。根据湖北省创新投入数据研究表明,湖北科技研发机构数量增长了 62.9%,R&D(专利申请及批复)人员数量增长了 240%(见图 1-1-15),R&D 经费内部支出增长了 564.7%。2015 年至 2019 年,我省全社会 R&D 投入由 561.7 亿元增至 957.88 亿元(见图 1-1-16),R&D 人员由 22.1 万人增至 28.55 万人,科研机构由 2245 家增至 3678 家,万人发明专利拥有量由 4.3 件增至 10.4 件,高新技术产业增加值由 5028.9 亿元增至 8922.86 亿元,高新技术企业由 3317 家增至 10400 家,技术合同成交额由 830.1 亿元增至 1687 亿元,分别增长 70.5%、29.2%、63.8%、141.9%、77.4%、213.54%、103.3%。湖北区域科技创新能力由全国第 10 位提高到第 8 位。全省科技进步贡献率由"十二五"末的 53.8% 提高到 2019 年的 59.34%。③

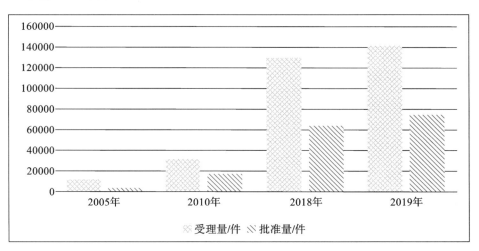

图 1-1-15　湖北省 2005—2019 年专利申请及批复数量④

---

① http://zscqj.hubei.gov.cn/fbjd/xxgkml/sjfb/202012/t20201228_3133584.shtml(湖北省知识产权局)。
② http://www.hg.gov.cn/art/2021/2/17/art_7103_1379138.html(黄冈市人民政府)。
③ 数据来源:2021 年湖北科技工作会议。
④ 数据来源:《湖北省统计年鉴——2020》。

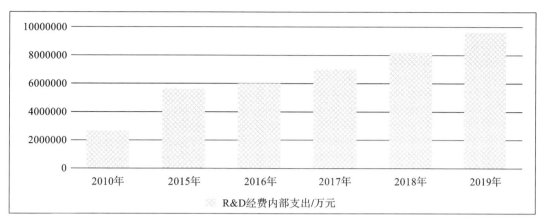

图 1-1-16　近年来湖北省 R&D 经费内部支出[1]

科技创新能力显著提升。国家科技部发布的《中国区域科技创新评价报告 2020》相关数据显示,湖北的科技创新环境、科技活动投入、科技活动产出、高新技术产业化和科技促进经济社会发展等五个方面的各项指标均位居全国前十。其中,湖北综合科技创新水平指数位居全国第 8 位[2],科技成果和高技术产品输出能力显著提升,展现出较强的科技创新综合实力。但与湖北高质量发展需求相比,经济发展粗放式增长的局面仍未改变,迫切需要强化技术创新、产业创新与模式创新,改善和调整现有产业结构、转变经济增长方式,推动科技优势转变为经济社会发展优势。

2) 湖北省中小企业提升技术与创新水平拥有的优势

政府部门高度重视为中小企业提供便捷的政策支持。在湖北省委、省政府的领导下,通过服务复工复产、强化知识产权保护、实施"三大工程"和品牌提升专项行动,助力湖北省中小企业疫后重振和高质量发展。当前,我国正在从知识产权引进大国向知识产权创造大国转变,知识产权工作正在从追求数量向提高质量转变,而对湖北省而言,无论是数量还是质量,都有很大提升空间。

教育体系为中小企业输送优质的研发人才。湖北省是教育大省,无论是高等教育还是中学教育在全国都享有盛誉。从高等教育规模来看,全省共有公办本科高校 35 所,独立、民办本科高校 33 所,高职高专院校 54 所,其中省会武汉更是国家重要的科教基地之一,普通院校达 69 所,居于全国第二位。湖北省的高校的质量和数量均列全国前茅,为湖北省经济发展输入了强大的"血液"。一方面,院校的科研教育成果能够很快在本地转化成产品,形成产、研的快速转化;另一方面,高校每年都有大量的优秀毕业生,他们为各行各业输入了优秀的管理、研发人才。

科技基础为中小企业打造良好的研发环境。湖北省有着数量庞大的科技人才,众多的科研单位和科技企业在科技领域取得了比较好的成果,截至 2019 年底,湖北省共登记重大科技成果 1597 项,高新企业近 6600 家。世界五百强企业纷纷在鄂设立研究所、分部、研发中心和工业园。湖北较为发达的科技基础为省中小企业提供了科学技术支持,为其提供了广阔的发展创新平台。聚焦科技创新,武汉光谷今年将全面启动东湖科学城及光谷科学岛建设,挂牌运

---

① 数据来源:湖北省经济和信息化厅。
② http://www.casted.org.cn(中国科学技术发展战略研究院)。

营光谷、珞珈、江城、东湖、九峰山等5个湖北实验室,优化提升脉冲强磁场、精密重力测量等2个大科学装置,启动建设武汉光源的2个大科学装置,预研预制5个大科学装置,建成15个以上前沿交叉研究平台,形成东湖科学城的基本框架体系。①

加快建设科技强省是湖北省的重大政治任务,是贯彻新发展理念、构建新发展格局、推动高质量发展的必然要求;坚定不移地把科技创新放在更加突出的位置、置于更加优先的发展方向,切实把湖北科教资源优势转化为创新优势、人才优势、发展优势;要搭好"竞技舞台",坚定不移地推进科技强省建设,全力以赴争创武汉国家科创中心,加快建设以东湖科学城为核心的光谷科创大走廊,建好、用好湖北实验室,坚持开放共享,建设一批大科学装置,不断增强我省科技创新策源能力;要构建"创新生态",充分调动广大科技工作者的积极性,广聚"第一资源",激发"第一动力",让一切创新创造的源泉充分涌流。

3) 湖北省中小企业创新发展过程中存在的不足

人才队伍创新能力不足。通过创新体系建设及企业创新主体地位培育政策实施,湖北省企业的创新动力、创新活力和创新能力均有较大幅度提升。但与沿海发达省市相比,湖北专利申请授权、高新技术产业主营业务收入、高技术产品进出口等情况仍较为落后,企业人才队伍创新能力不足。通过对湖北省武汉市130家工业企业进行抽样调查发现,超半数企业存在人才队伍创新能力不足问题,其中10.2%的企业存在严重不足。近年来,湖北省开展了创新方法试点、示范企业培育工作,该创新方法提升企业创新效能的作用初步显现,但企业内部创新方法长效应用机制尚未建立。在对全省创新方法试点、示范企业摸底调查中发现,仅有42.7%的示范企业与30.3%②的试点企业建立了创新方法推广应用长效机制,大部分企业仍缺乏高效的激励机制,导致企业职工主动学习和应用创新方法的积极性受限,繁重的业务压力和饱和的工作时间使得大部分员工很难有时间和精力开展创新方法培训与应用。同时,企业培养的创新方法工程师、培训师、咨询师也存在一定程度的流失。鉴于上述情况,迫切需要在企业内部建立创新方法长效应用机制,加大创新方法推广应用力度,强化企业人才队伍创新能力建设,从而提升湖北企业的创新质量与创新效率。

技术创新主体数量较弱。与先进省份相比,湖北省的创新性高科技企业还比较少,要聚焦这些短板和不足,持续深化改革,不断优化政策措施和服务方式,以推进湖北省知识产权高质量发展、高效能保护、高水平运用。企业通过技术创新可实现科技与经济直接对接,这既是经济活动的基本单元,也是技术创新主体。企业自主创新能力提升是强化企业创新主体地位、增强区域和经济竞争力的重要路径。培育一支高素质的企业人才队伍,释放企业资源活力,增强自主创新能力,加大创新产出成效,促进高新技术企业、科技型中小微企业以及独角兽企业快速健康成长是现阶段湖北省中小企业创新发展的关键所在。

科技成果转化能力不足。虽然湖北省武汉市技术转移服务机构成长很快,提供的成果转化服务也各有特色,但总体数量仍不足以支撑广大高校院所和企业对成果转化的需求,服务能力还有待提升,很多还停留在初期、简单的信息对接服务层面。每项成果的成功转化都需要耗费大量的时间和精力,在转化覆盖面与转化质量上无法同时兼顾:有些机构掌握了大量的科技成果,但没有精力去深挖;有些机构将注意力聚焦在个别熟悉的领域、项目、企业的跟踪服务上,很难扩大服务面(见图1-1-17)。机构数量增加也带来了对部分优质资源和项目的同质化

---

① https://baijiahao.baidu.com/s? id=16923271955532124698wfr=spider&for=pc(武汉发布公众号)。
② 数据来源:湖北省科技信息研究院。

竞争,机构之间很难达成合作共赢的共识,信息交换、资源共享不够,未形成差异化发展态势。机构在商业化发展过程中,对自己的发展方向缺乏明确的判断,很少从建设技术转移品牌的角度来规划未来,经常受环境影响,希望涉猎和探索的领域变化较多,自身的优势资源未进行充分的挖掘和发挥。

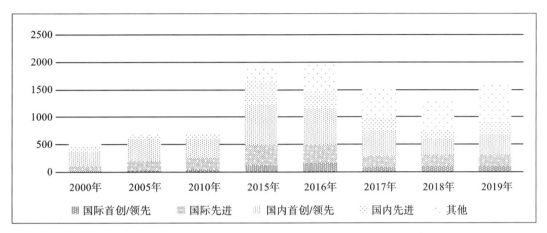

图 1-1-17　近年来湖北省申报登记省、部级以上成果分类①

5. 集群与转型

1) 湖北省中小企业的产业集群

(1)湖北省中小企业产业集群概况。

集群数量不断增加。2020 年全省百个省级重点成长型产业集群的各项主要经济指标增幅均高于全省工业平均水平,实现销售收入 16901 亿元,同比增长 8.5%,占全省规模以上工业主营业务收入总量的 37.4%;上缴税金 489.4 亿元,同比增长 17.8%,分别高于全省平均水平 1.7 和 17.5 个百分点。其中,销售收入超过 1000 亿元的有 2 个,超过 500 亿元的有 6 个,超过 100 亿元的有 53 个,超过 50 亿元的有 74 个,超过 30 亿元的有 91 个。湖北省企业集群稳步发展,影响力不断扩大②。

社会影响力不断增强。湖北省百个省级重点成长型产业集群从业人员 142 万人,上缴工商税金 489.4 亿元,同比增长 17.8%。孝感市(高新区、汉川市)纺织服装产业集群解决就业人口 8.1 万人,增强了区域经济活力,拉动地方经济快速发展。纺织业一直是汉川市马口镇的经济主导产业,全镇工业总产值的 80% 由纺织业提供,工业税收的 80% 来自纺织业,第三产业收入的 80% 也源于纺织业的拉动。该集群还带动了孝南、安陆等周边县市纺织业、服装产业及区域经济发展,辐射作用明显。湖北省中小企业产业集聚效应突出,带动区域就业③。

创新能力不断提高。湖北省百个重点成长型产业集群累计获得国家、省级科技奖励 267 项;拥有国家级高新技术企业 384 家,省级高新技术企业 336 家;省级以上技术中心 301 个;获得发明专利(包括实用新型专利)5629 项;在研产学研项目 712 个。襄阳市 10 个省级重点产业集群,拥有国家级高新技术企业 70 家,省级高新技术企业 26 家,省级以上企业技术中心 30

---

① 数据来源:湖北省统计局。
② 数据来源:湖北省经济和信息化厅。
③ 数据来源:《湖北省中小企业产业集群发展和升级研究》。

个,获授权专利技术295项,在研产学研合作项目60项。宜昌市10个省级重点产业集群,拥有高新技术企业20家,省级高新技术企业37家,36个省级以上技术中心,获授权专利技术477项,在研产学研合作项目70项①。集群企业内部联系密切,创新能力不断增强。

(2)湖北省中小企业产业集群地图。

武汉市各区形成特色产业。从产业空间布局来看,以五大产业基地为例,四大国家级产业基地分布在全市不同地方。国家存储器基地在东部的东湖高新区;国家网络安全人才与创新基地在西部临空港经开区;国家商业航天产业基地在北部的新洲区;国家新能源和智能网联汽车基地在西南部的武汉经开区;大健康产业基地则主要分布在东湖高新区、江夏区等。

三大世界级产业集群亮点纷呈。在光电子信息产业方面,2020年4月30日,武汉与华为公司签订"关于联合打造鲲鹏生态、发展鲲鹏计算产业"的战略合作协议,同日揭牌长江鲲鹏生态创新中心;当年5月,华工激光研制的三维五轴激光切割机在江铃汽车车间上岗,定位精度可达0.03 mm,堪比绣花针,能实现7天24小时连续稳定运行,首次替代了此前购买的进口设备。在汽车及零部件产业方面,2020年6月12日,东风公司技术中心试制车间,国内首款完全自主研发的L4级5G自动驾驶汽车——Sharing-VAN正式量产下线。在生物医药产业方面,华大基因武汉"火眼"实验室整体解决方案被复制到沙特等全球多地。2020年6月,全球领先、中国最大的医疗器械研发生产企业迈瑞医疗在武汉开工全球第二总部②。

"光芯屏端网云智"产业集群不断壮大。湖北省将"芯屏端网"进一步拓展为"光芯屏端网云智"七大数字经济产业集群,形成硬件软件齐头并进、创新要素高度集聚、创新主体协同发展的产业生态。湖北省已建成国内最大的光通信技术研发基地、最大的光纤光缆、光电器件生产基地,光谷就集聚了100余家5G产业链企业。

"3851"产业体系进一步完善。湖北省将进一步打造光电子信息、汽车及零部件、生物医药等3个世界级产业集群;巩固提升装备制造、钢材及深加工、食品烟草、能源、家电、石化、纺织服装、建材等8个传统优势产业;培育壮大商业航天、氢能、人工智能、5G、区块链等5个新兴前沿产业;加快发展工业设计、检验检测、工程设计、大数据、电子商务、工业互联网等一批现代生产性服务业。

(3)湖北省中小企业产业集群发展存在的问题。

企业技术含量低,产业创新能力较弱。湖北省很多区域性产业集群都是技术含量较低的资源密集型或劳动密集型行业,而高新技术行业少,产品附加值低,集群缺乏核心竞争力。例如,纺织、铜冶炼、农产品初加工等行业,由于企业大都处于价值链末端,仍然依靠传统的廉价资源和劳动力来进行价值创造,存在低水平的重复建设、技术创新能力较弱等问题。产业集群的形成旨在最大限度地利用规模效应,降低劳动力成本,提高生产效率。

企业间关联度弱,产业结构竞争力不高。湖北省中小企业产业集群主要以外力驱动为主,集群产业链缺乏整体规划和设计,配套能力仍然不强。部分集群只达到企业在地域上的集中,但相互之间的技术、信息、市场、人才等方面的交流与合作不紧密,没有发挥产业集群的最大优势;产业链的设计缺乏国际视野,产业布局不合理,区域的个性化、特色化未能充分体现。而且,因为缺乏龙头企业的引导,企业之间的联系薄弱,产业集群的有效性不高。

集群环境压力大,可持续发展动力不足。随着长江经济带发展战略的深入实施,湖北省沿

---

① www.hubei.gov.cn(湖北省人民政府门户网站)。
② 数据来源:《武汉市突破性发展数字经济实施方案》。

江产业集群的定位和发展必将带来较大影响。坚持"共抓大保护,不搞大开发"的发展战略不动摇,各地环保督查整治力度不断加大,湖北省中小产业集群发展进程减缓,政府政策支持力度有所减弱。产业集群的社会化服务配套体系还有待完善,很多产业集群区域的交通、电力、通信等基础设施建设不到位,对企业的供给不足。

2)湖北省中小企业的转型升级

数字经济时代的到来,让中小企业再一次认识到实体经济的局限性及数字化的重要性,中小企业需要积极谋求转型,发挥数字经济在企业转型升级中的促进作用。

(1)湖北省中小企业数字化转型现状。

相关政策制度利好。湖北省政府办公厅于2020年12月印发了《支持新一轮企业技术改造若干政策》,出台"技改13条"。此次技改政策有助于加快传统产业高端化、智能化、绿色化,推动制造业高质量发展。2020年,湖北虽遭遇疫情、汛情等多重冲击,但工业经济加快复原重振,规上工业增速自5月起连续保持正增长,累计降幅由一季度的45.8%收窄至1~12月的6.1%。工业行业增长面由一季度的7.3%升至1~12月的19.5%。"技改13条"包括支持重点项目实施技改、优化营商环境、加大资金投入、完善推进机制等四个方面。其中,对符合智能化升级、集群化发展、服务化延伸、绿色化转型、安全化管控等支持方向且总投资2000万元及以上的项目,采取全省竞争择优方式确定支持对象,按照项目设备购置额的8%给予补助,单个项目最高不超过1000万元。对实施技术改造后年营业收入首次突破1000亿元、500亿元、100亿元、50亿元的工业企业,分别给予1000万元、500万元、200万元、100万元不同档次奖励。①

数字经济应用初始实现规模化。湖北省政府坚持以"两化三融合"为主线,突破性发展数字产业化、产业数字化,通过实施5大数字新基建、7大数字新产业、3大数字新融合工程,促进人工智能、区块链、云计算、大数据、5G等数字经济新兴技术与实体经济、城市治理、社会民生深度融合,力争用3年时间,在数字经济上取得突破性成果,数字经济增加值占GDP的比重超过50%,成为全国5G先用先试城市,创建国家数字经济创新发展试验区,建成全国数字经济一线城市,成为全球数字经济产业链、价值链、创新链上的重要节点,助推形成超大城市社会治理现代化的武汉模式。

数字化转型发展迅速但深度不够。目前,在制造业产能过剩困局及数字化浪潮的推动下,越来越多的企业意识到数字化转型的重要性,纷纷布局企业的数字化转型与升级。此外,我国工业互联网平台建设基本完成,工业互联网安全体系也处于稳步建设之中。工业互联网的迅速发展,在某种程度上为我国企业的数字化转型搭建了稳健的基础设施。但是,目前湖北省大多数制造企业的数字化转型还聚焦在研发、制造及营销环节,真正实现集成互联、智能协同的制造企业屈指可数。

(2)湖北省三大数字"新融合",赋能中小企业数字化转型。

推动数字技术与一、二、三产业深度融合,不断提升产业数字化、网络化、智能化水平,提高全要素生产率,释放数字技术的倍增作用,全面促进产业和企业提质降本增效。

制造业数字化转型。依托国家数字化设计与制造创新中心等重大创新平台,贡献具有全国影响力的数字化转型"武汉方案":推广5G、工业互联网、人工智能等数字技术在工业企业中的应用,创建国家"5G+工业互联网"先导区;以企业智能化改造行动计划为抓手,实现全市规

---

① 数据来源:《支持新一轮企业技术改造若干政策》(湖北省政府2020年12月21日发布)。

上工业企业数字化诊断全覆盖,在每个重点产业形成一批标杆性的智慧工厂、数字化车间;加速打造两化融合升级版,发展数字化协同设计、大规模个性化定制、全生命周期管理等新模式,持续推动企业上云上平台;支持电子信息、汽车、装备、食品等行业龙头企业牵头,整合产业链、供应链上下游资源,建设工业互联网平台;推广工业大数据管理能力评估贯标;开展中小企业数字化赋能专项行动,对纳入"专精特新"中小企业培育体系和小型微型企业创业创新示范基地建设的企业予以重点支持。

服务业数字化提升打造新业态新模式。大力发展新零售,推行"无接触配送",鼓励开展直播电商、社交电商、生鲜电商、智慧菜场及各类门店到家等新业态新模式;实施物流智能化改造行动,支持一批智能物流项目建设。

农业数字化转型打造"武汉样板"。加快农业大数据发展,实施农业基础大数据平台项目;大力推广植保无人机先进飞防技术,推进智能农机应用;设立农业生产环境监测根节点,建设农业生产环境监测和应急指挥平台;探索农产品电子合格证制度,深化农产品质量安全追溯系统建设;引导大型畜禽规模养殖场数字化改造,择优选择一批渔业养殖主体实现数字化建设,建成一批数字渔场;强化电商企业与农业市场主体对接,建设"互联网+"农产品出村进城项目。

二、2020年湖北省中小企业面临的环境变化

(一)湖北省中小企业面临的机遇

1. 政策红利机遇

1) 中央政策

(1)直接财税政策。

减免税收。对疫情防控重点保障物资生产企业为扩大产能新购置的相关设备,允许一次性计入当期成本费用在企业所得税税前扣除;疫情防控重点保障物资生产企业可以按月向主管税务机关申请全额退还增值税增量留抵税额;对纳税人运输疫情防控重点保障物资取得的收入,免征增值税;受疫情影响较大的困难行业企业在2020年度发生的亏损,最长结转年限由5年延长至8年,其中困难行业企业包括交通运输、餐饮、住宿、旅游(指旅行社及相关服务、游览景区管理两类)四大类,困难行业企业在2020年度主营业务收入须占收入总额(剔除不征税收入和投资收益)的50%;对纳税人提供公共交通运输服务、生活服务,以及为居民提供必需生活物资快递收派服务取得的收入,免征增值税[1];2020年3月1日至5月31日,对湖北省增值税小规模纳税人,适用3%征收率的应税销售收入免征增值税,适用3%预征率的预缴增值税项目暂停预缴增值税;除湖北省外,其他省、自治区、直辖市的增值税小规模纳税人适用3%征收率的应税销售收入,按1%征收率征收增值税,适用3%预征率的预缴增值税项目,按1%预征率预缴增值税[2]。

延长申报纳税期限。在延长2月份申报纳税期限的基础上,对受疫情影响办理申报仍有困难的纳税人,可依法申请进一步延期。疫情严重地区,对缴纳车辆购置税等按次申报纳税的纳税人、扣缴义务人,因疫情原因不能按规定期限办理纳税申报的,可以延期办理;依法办理延期缴纳税款;对受疫情影响生产经营严重困难的企业特别是小微企业,税务机关要依法及时核准其延期缴纳税款申请,积极帮助企业缓解资金压力[3];对按月申报、按季申报的纳税人,在全国范围内将纳税申报期限由4月20日延长至4月24日;湖北省可以视情况再适当延长,具体适用范围和截止日期由湖北省税务局依法明确;纳税人受疫情影响,在2020年4月份纳税申报期限内办理申报仍有困难的,可以依法向税务机关申请办理延期申报[4]。

给予财税支持。对纳入国家、省级疫情防控重点保障企业在2020年新增的贷款,省级财政统筹按企业实际获得贷款利率的50%进行贴息,贴息期限不超过1年;对受疫情影响的小微企业,已发放创业担保贷款展期期限不超过1年的,财政部门继续给予贴息支持;对未能纳入疫情防控重点保障企业名单,但在支持我省疫情防控工作中作用突出的卫生防疫、医药产品、医用器材、医疗废弃物处置等企业在2020年新增的贷款(1000万元以内),省财政厅按照贷款合同签订日上月一年期贷款市场报价利率(LPR)的30%给予贴息;对纳入工信部支持新

---

[1] 《关于支持新型冠状病毒感染的肺炎疫情防控有关税收政策的公告》(财政部 税务总局公告2020年第8号)。
[2] 《财政部 税务总局公告2020年第13号》。
[3] 《国家税务总局关于充分发挥税收职能作用 助力打赢疫情防控阻击战若干措施的通知》(税总发〔2020〕14号)。
[4] 《国家税务总局关于延长2020年4月纳税申报期限有关事项的通知》(税总函〔2020〕55号)。

冠肺炎防护用品(具)技术改造设备购置补贴的重点企业,省财政厅给予设备购置费中央补贴后的剩余配套补贴;对纳入省级支持的企业,省财政厅全额补贴设备购置费用。在疫情防控调度任务结束后,对省疫情防控指挥部统一征用调配的重点企业已生产的库存产品,以及省定的医药物流企业已按指令采购的剩余产品,全部由政府兜底采购收储,省财政厅负责按分级负担原则落实资金。

(2)直接融资政策。

关于贷款到期本金与利息安排。对于 2020 年 1 月 25 日后到期的困难中小微企业(含小微企业主、个体工商户)贷款本金,银行业、金融机构应根据企业延期还本申请,结合企业受疫情影响情况和经营状况,通过贷款展期、续贷等方式,给予企业一定期限的临时性延期还本安排,其还本日期最长可延至 2020 年 6 月 30 日;对于 2020 年 1 月 25 日至 6 月 30 日中小微企业需支付的贷款利息,银行业、金融机构应根据企业延期付息申请,结合其受疫情影响的实际情况,给予企业一定期限的延期付息安排,其贷款付息日期最长可延至 2020 年 6 月 30 日,并免收罚息。其中,延期利息的具体偿还计划,由银行业金融机构与企业双方自主协商、合理确定。①

关于湖北地区特殊安排。湖北地区各类企业适用上述政策。银行业、金融机构应为湖北地区配备专项信贷规模,实施内部资金转移定价优惠,力争 2020 年普惠型小微企业综合融资成本较上年平均水平降低 1 个百分点以上。②

疫情地区和疫情防控企业的债券融资需求。允许企业债券募集资金用于偿还或置换前期因疫情防控工作产生的项目贷款。鼓励信用优良企业发行小微企业增信集合债券,为受疫情影响的中小微企业提供流动性支持。允许债券发行人使用的不超过 40% 的债券资金用于补充营运资金,同时将委托贷款集中度的要求放宽为"对单个委贷对象发放的委贷资金累计余额不得超过 5000 万元且不得超过小微债募集资金总规模的 10%"。对于自身资产质量优良、募投项目运营良好,但受疫情影响严重的企业,允许申请发行新的企业债券专项用于偿还 2020 年内即将到期的企业债券本金及利息。③

(3)企业减负政策。

自 2020 年 2 月起,湖北省可免征各类参保单位(不含机关事业单位)三项社会保险单位缴费部分,免征期限不超过 5 个月。

受疫情影响生产经营出现严重困难的企业,可申请缓缴社会保险费,其缓缴期限原则上不超过 6 个月,缓缴期间免收滞纳金。

2) 湖北省政策

与此同时,湖北省为了深入贯彻习近平总书记关于坚决打赢疫情防控阻击战的重要指示精神,全面落实党中央、国务院关于做好疫情防控工作的决策部署和省委、省政府工作要求,帮助支持全省中小微企业积极应对疫情影响、共渡难关,实现平稳健康发展,并出台政策措施。

(1)减负政策。

降低生产成本。①水电气优惠。工业用水价格、天然气价格均下调 10%,期限为 2020 年 1 月 1 日至 2020 年 6 月 30 日。对中小微企业生产经营所需的用电、用气、用水等,实行"欠费不停供"的措施;复工复产后 3 个月内,由企业补缴缓缴的各项费用,免收滞纳金。对参与生活

---

①② 《关于对中小微企业贷款实施临时性延期还本付息的通知》(银保监发〔2020〕6号)。
③ 《国家发展改革委办公厅关于疫情防控期间做好企业债券工作的通知》(发改办财金〔2020〕1111号)。

物资保供的商贸流通和防疫药品、医疗设备、物资器材等疫情防控相关生产的中小微企业,由企业注册所在地政府按销售目录电价中电度电价的30%给予电费补贴,省财政按地方政府实际补贴额的50%给予补助。②减免中小微企业房租。对承租国有资产类经营用房的中小微企业,3个月房租免收,6个月房租减半。鼓励疫情期间各类中小微企业发展载体减免承租企业租金等相关费用,对减免入驻中小微企业厂房租金的省级小型微型企业创业创新示范基地,省财政按照不超过租金减免总额的50%给予补助,每个基地补助总额不超过200万元。对租用其他经营用房的,鼓励业主(房东)为租户减免租金,具体由双方协商解决。③延长合同履行期限。对已与国有企业签订合同的中小微企业,确因疫情影响,无法按时履行合同义务的,可以适当延长合同履行期限,具体延长期限由双方协商后重新确定。④降低检验检测费用。疫情期间,对受影响较大的中小微企业停征特种设备检验费、污水处理费、环保检测费、计量器具检定费。⑤清理拖欠企业账款。持续推进清理拖欠民营企业中小企业账款工作,建立清理和防止拖欠账款长效机制。各级政府、国有企业要依法履约,避免形成新的拖欠。①

(2)强化金融支持。

加大信贷支持力度。各级金融机构要建立、启动快速审批通道,简化业务流程,切实提高业务办理效率;鼓励金融机构开通绿色通道、压缩办贷时限,加大信用贷款、无还本续贷力度;对受疫情影响、授信到期还款确有困难的中小微企业,金融机构要通过适当降低利率、减免逾期利息、调整还款期限和方式,帮助企业渡过难关,不得盲目抽贷、压贷、断贷。2020年,省内金融机构普惠小微企业贷款余额和新增额不得低于上年同期水平,其中新型政银担业务贷款规模占比不低于30%。②

降低融资成本。鼓励各级金融机构采取适当下调贷款利率、增加信用贷款和中长期贷款等方式,加大对中小微企业的支持力度,特别是对疫情防控物资重点生产企业,在原有贷款利率水平上降低10%以上。其中,小微企业新增贷款综合融资成本较2019年下降不少于1个百分点。

降低担保费率。政府性融资担保再担保机构对服务疫情防控相关的企业免收担保费、再担保费;对受疫情影响严重的小微企业,担保费率降至1%以下,再担保费减半。对确无还款能力的小微企业,为其提供融资担保服务的各级政府性融资担保机构应及时履行代偿义务,视疫情影响情况适当延长追偿时限,符合核销条件的,按规定核销代偿损失。各级政府性融资担保机构对受疫情影响较大的行业企业,要积极与合作金融机构协商展期、续贷续保等措施;加强与国家融资担保基金对接合作,积极争取政策支持。省财政厅及时补充省级再担保风险补偿基金,做好代偿补偿保障。各市、州、县政府应建立实施尽职免责机制,通过资本金注入、保费补贴、代偿补偿等方式,推动政府性融资担保机构发挥应有作用。③

提高贷款不良率容忍度。疫情期间金融机构向中小微企业发放的流动资金贷款不良率超出自身各项贷款不良率3个百分点以内且贷款规模增长的,合理确定其监管评级和绩效评级。对受疫情影响暂时失去收入来源的个人或企业,金融机构可依调整后的还款安排报送信用记录,相关逾期贷款不做逾期记录。

---

① 《省人民政府办公厅关于印发应对新型冠状病毒肺炎疫情支持中小微企业共渡难关有关政策措施的通知》(鄂政发〔2020〕5号)。
② 《省人民政府关于印发湖北省促进经济社会加快发展若干政策措施的通知》(鄂政发〔2020〕6号)。
③ 《省人民政府关于印发湖北省促进经济社会加快发展若干政策措施的通知》(鄂政发〔2020〕6号)。

给予企业贷款财政贴息支持。积极争取将我省疫情防控企业纳入国家疫情防控重点保障企业名单,并根据我省疫情防控工作需要,建立省级疫情防控重点保障企业名单。对纳入国家、省级疫情防控重点保障企业在2020年新增贷款,省级财政统筹按企业实际获得贷款利率的50%进行贴息,贴息期限不超过1年。对受疫情影响的小微企业,已发放创业担保贷款展期期限不超过1年的,财政部门继续给予贴息支持。对未能纳入疫情防控重点保障企业名单,但在支持我省疫情防控工作中作用突出的卫生防疫、医药产品、医用器材、医疗废弃物处置等企业在2020年新增贷款(1000万元以内),省级财政按照贷款合同签订日上月一年期贷款市场报价利率(LPR)的30%给予贴息。

拓宽直接融资渠道。中小企业股票质押协议在疫情防控期间到期,企业由于还款困难申请展期的,可与证券公司等金融机构协商,展期3~6个月;鼓励和支持金融机构采取信贷支持和债券承销相结合方式,指导企业用好用足发新还旧政策,多渠道缓解企业经营困境;积极推进拟上市公司IPO、新三板创新层企业申请精选层辅导验收工作,采取非现场等灵活高效方式进行辅导验收等相关工作;疫情期间,加快资本市场线上服务平台建设,组织辅导机构等有关各方加大企业挂牌上市线上培训力度。

(3)财税政策。

加大技改支持。对疫情防控重点保障企业扩大产能、提档升级项目,优先纳入全省支持制造业高质量发展专项资金支持范围,给予重点倾斜。

减免相关税费。因疫情影响遭受重大损失,纳税人缴纳城镇土地使用税、房产税确有困难的,经税务机关核准,依法减征或者免征城镇土地使用税、房产税;对捐赠用于疫情防控的进口物资,按规定免征进口关税和进口环节增值税、消费税;对卫生健康主管部门组织进口的,直接用于防控疫情物资依法免征关税;适用"定期定额"征收的个体工商户生产经营受疫情影响的,可依法提请合理调整定额。

延期缴纳税款。纳税人因疫情影响不能按期缴纳税款的,经报省级税务主管部门批准,可以延期缴纳税款,但最长不超过3个月。

(4)稳岗就业政策。

加强企业用工服务。实施灵活用工政策,企业因受疫情影响导致生产经营困难的,可与职工集体协商,采取协商薪酬、调整工时、轮岗轮休、在岗培训等措施,保留劳动关系。

缓缴社会保险费。对受疫情影响,面临暂时性生产经营困难,确实无力足额缴纳社会保险费的中小微企业,按规定经批准后,可缓缴养老保险、失业保险和工伤保险费,缓缴期一般不超过6个月,最长不超过12个月。缓缴期间,免收滞纳金,职工可按规定依法享受社会保险待遇。缓缴期满后,企业足额补缴缓缴的社会保险费,不影响参保人员个人权益。[①]

返还上年度实际缴纳失业保险费。对参保职工500人(含)以下的企业,可直接按上年度实际缴纳失业保险费的50%予以返还。对面临暂时性生产经营困难且恢复有望、坚持不裁员或少裁员的参保企业,可按当地6个月月人均失业保险金标准和参保职工人数返还失业保险费。[②]

增加就业补贴。对春节期间(截至2020年2月13日)开工生产、配送疫情防控急需物资的企业,符合条件的可按2000元/人给予一次性吸纳就业补贴。

---

①② 《省人民政府办公厅印发关于应对新冠肺炎疫情影响全力以赴做好稳就业工作若干措施的通知》(鄂政发〔2020〕10号)。

2. 产业发展机遇

1）大健康产业发展机遇

我国健康服务产业链主要有五大基本产业群：一是以医疗服务机构为主体的医疗产业；二是以药品、医疗器械、医疗耗材产销为主体的医药产业；三是以保健食品、健康产品产销为主体的保健品产业；四是以健康检测评估、咨询服务、调理康复和保障促进等为主体的健康管理服务产业；五是健康养老产业。

目前我国经济转型面临阵痛期，其中就包括新生人口不足、老年人口剧增、人口红利消失、生态环境恶化影响人体健康以及食品药品安全等问题，加上随着人们生活水平的提高及医疗保健意识的增强，人们对保持健康的需求显著提升。"健康中国"战略如能及时推出不仅能造福人民，而且利好相关医疗服务业，促进经济结构转型。湖北发展大健康产业的优势如下。

利好政策出台。前瞻产业研究院分析认为，结合发达国家的健康产业发展经验来看，中国大健康产业占GDP的比重不足5%，与发达国家的10%以上有很大差距。在产业结构调整成为主流趋势的情况下，中国出台利好政策鼓励大健康产业发展的可能性非常大（见图1-2-1）。

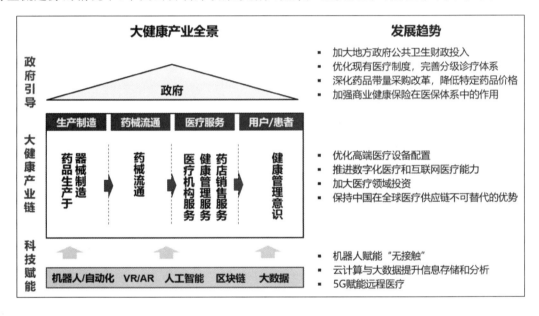

图 1-2-1　大健康产业发展趋势

制药企业进军大健康领域，大健康市场的蓝海吸引企业布局。近年不少制药企业进军大健康领域，寻找新的利润增长点，据《2016—2021年中国大健康产业市场运行暨产业发展趋势研究报告》预计，在2021年该领域将达到12.9万亿元，五年（2017—2021年）年均的复合增长率约为27.26%。

中国营养保健品行业日渐成熟，大健康已被纳入国家战略。国家在"十三五"规划中特别强调健康美丽新中国，在国民从温饱向健康消费迈进的进程中，保健的意识变得强烈，由此也催生了保健品消费的大市场。随着行业逐步规范化、国内外品牌的竞争加剧，国内保健品行业也会像电子、家电、普通食品等行业走过的路一样，从被动、应对到主动、崛起。尤其是在国家颁布并实施的《国民营养计划》《健康中国2030》等政策的支持下，保健品行业的黄金时期已经来临。

医疗资源密集程度高。武汉是中部医疗资源最密集的城市之一,拥有27家三甲医院和122个国家级重点专科,在中部地区辐射引领作用显著。光谷生物城落户企业2000多户,综合竞争力位居全国前三、人才竞争力位居全国第一。武汉在生命健康领域有着雄厚基础和先天优势,理应加速大健康产业发展,让"中部医都"上升为"全国医都",为全国乃至全世界人们的健康生活助力。

生产条件充足。仙桃作为口罩、防护用品生产基地,其规模进一步扩大,为今后的发展奠定了基础。

中医药业发展良好。此次疫情中,中医中药在疫情防控中发挥了重要的作用。湖北省位于长江中下游南北过渡地带,气候多样,蕴藏着丰富的中药药材资源,占全国品种的75%左右。另外鄂西、鄂东地区各类中药药材种植基地已形成较大的规模,全省种植面积约1867 km^2。

具有特色的医疗优势领域已形成。经过多年的发展,湖北省在生物制药、化学原料药和制剂等领域形成了自己的优势和特色,B族维生素产品、氨基酸系列产品、抗病毒药物、麻醉药、解热镇痛药、抗生素药物已经成为湖北的优势类品种。我省是最大的氨基酸生产基地之一,其中八峰药化股份公司可生产20余种氨基酸产品,其生产的氨基酸原料药占据28%的国内市场份额;武汉生物制药品种的特免球蛋白占据70%的国内同类产品市场份额;宜昌人福药业连续4年销售收入在麻醉行业排第一,其芬太尼类镇痛药为国内独家产品;广济药业的核黄素原料药生产名列世界第一位,其销售量占国内市场的90%,占国际市场的40%。

2) "宅经济"发展机遇

"宅经济"是随着网络兴起而出现的一个新概念,主要是指在家中办公或者从事商务工作、网上娱乐、线上培训学习等,包括在家中利用网络进行消费。它显著改变了人们的办公模式和消费模式,使办公场所更多地从单位转向住宅。"宅经济"过去是自发形成的,这次是因防控疫情需要而得到一定程度的倡导和鼓励。"宅经济"迅速蹿红还将进一步促进网红经济、社群经济和平台经济的发展,目前"宅经济"规模不断增大,但增速逐渐放缓。湖北发展"宅经济"具有以下独特的优势。

地理位置优越。湖北省位于中部地区,拥有独特的资源禀赋、开放的区位优势,作为全国枢纽中心,武汉也为"宅经济"的发展发挥了至关重要的作用。随着稳定红利持续释放,"宅经济"发展空间巨大、前景广阔。

政策红利叠加。以习近平同志为核心的党中央高度重视在中部地区发展工作,给予一系列特殊支持政策。近年来国家实施大数据战略和网络强国战略,支持互联网和实体经济深度融合,发展数字经济,为网络经济发展提供了更多政策机遇。伴随国家政策向中部城市的偏移,湖北在推进中部建设、连接国内国际2个大市场的发展中,将迎来更多重大商机。随着5G网络的覆盖,网络提速、资费下降、速度更快、成本更低,将进一步助推"宅经济"发展。

电商发展迅速。湖北省地处长江经济带,位于长江流域中心位置,交通枢纽地位突出,随着各种政策红利及配套基础设施的不断完善,跨境电商逐渐成为湖北省重点扶持的产业之一(见图1-2-2)。目前省内跨境电商出口企业已达1500家,2019年全省跨境电商清单量为542.5万票,同比增长29.3倍,货值12.7亿元人民币,同比增长12.3倍;进出口快件报关单量为113万票,同比增长8.9倍;进出口邮递包裹2379万件,同比增长8.2%。

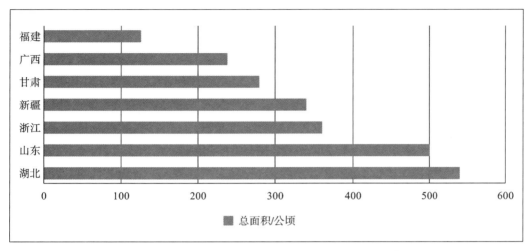

图 1-2-2 中国分省份跨境电商开发区总面积排名[①]

作为湖北省的中心城市,武汉市自然成为湖北省打造电商行业的标杆城市。根据湖北省政府印发的《中国(武汉)跨境电子商务综合试验区实施方案》,武汉跨境电子商务综合试验区将重点打造四个园区:东湖新技术开发区、汉口北市场采购贸易方式试点区、武汉新港空行综合保税区和天河机场。它提出了武汉跨境电商未来3年的发展目标:到2021年,累计引进、培育30个以上跨境电商龙头企业,集聚跨境电商企业3000家以上,打造优质特色跨境电商产业园5~8家,实现跨境电商进出口交易总额每年保持80%以上增速;3年内,还将设立跨境电商海外仓100处,引进培养跨境电商专业人才5万人以上。在疫情期间,通过线上经济的帮助带动了湖北经济的复苏,其中抖音助力援鄂复苏行动比较突出,42779家湖北商家在抖音带货达到41亿元。

3) 智慧产业发展机遇

(1) 智慧服务。

SARS后,我国建立国家传染病自动预警系统以监控全国传染病,而此次疫情暴露了这套系统的一些短板。打造一套更公开、更高效率、更可信、更安全和更智能的疫情监控系统理应是未来的发展方向,而区块链技术作为一套公开信任的技术方案,如果能同人工智能、工业互联网等多个模块进行结合,则很有资格成为新基建项目的重要组件、现有公共卫生预警系统的破局点和未来拉动信息技术行业的增长点。

(2) 智慧供应链。

此次疫情中的医疗物资紧张态势,让人们看到了传统供应链的弊端。而借此机会,智慧供应链的建设步伐有望提速,即以对供应链上企业各个环节的数字化改造为起点,逐步实现上下游的"四流合一"(物流、信息流、资金流、商流),如此既能及时响应市场上的各种需求,抑或能对各地市场变化做出提前预判,从而提高配给效率、降低库存成本,又能以更加柔性、灵活的方式来迎合消费者的定制化需求。

(3) 智慧农业。

进入"十三五"以来,智慧农业成为现代化农业进程中的重要组成部分,是农业现代化发展

---

① 数据来源:观研天下。

的必然趋势。党和国家高度重视"智慧农业"发展,多项政策文件中均提出要发展智慧农业及相关技术。这表明"智慧农业"的研究与推广符合我国现代农业发展的重大需求,是国家重要支持方向。

(4)湖北发展优势。

智慧基础设施先进。湖北省作为智慧基础设施的先行区,信息基础设施达到国内先进水平,固定宽带用户达1300万户,光纤入户率达到50%,实现宽带村村通。宽带省际出口12000 Gbps(吉比特每秒)以上,城市和农村家庭分别具备100 Mbps(兆比特每秒)、20 Mbps接入能力。4G网络实现行政村全覆盖,3G、4G用户达2800万户。楚天云成为全省统一的信息交换核心枢纽平台,达到国内领先水平。

产业转型升级发展成熟。信息技术向工业领域全面渗透,工业企业两化融合水平整体提升,两化融合发展指数进入全国前列。全省两化融合示范企业超过800家,贯标企业突破100家,智能制造、服务制造模式在重点企业得到全面推广,智能工厂/数字化车间突破100家,重点行业装备数控化率达到70%。

智慧政务运行高效。社会管理和民生服务的智慧化水平明显提高,建立跨地区、跨部门信息共享和业务协同机制。全省电子政务平台服务功能不断完善,基本实现行政审批事项全覆盖、网上办理流程全覆盖。移动政务得到广泛应用,信息便民、惠民、利民水平大幅提升,公共服务供给能力显著增强。

信息经济产业聚集。以新一代信息技术、信息与内容服务、新型商业模式和服务业态为主体的信息经济快速发展,其规模突破12000亿元。电子信息产业实现倍增发展,规模突破8000亿元。电子商务交易额达到14000亿元,其中网络零售额为3000亿元。

智慧城市建设发展迅速。初步建成具有湖北特色的智慧城市群,实现新型城镇化和城乡一体化智慧发展。智慧城市国家试点城市成为全国先进典型,地级以上城市基本实现智慧运行,网格化管理模式大范围推广。

智慧农业成为湖北农村农业发展的新时尚。近年来,湖北大力推进农业机械化、信息化、科技化,不断改善农田水利基础设施,农业物质技术装备水平明显提高,逐步建成了一个防洪、排涝、蓄水、灌溉等完整的农田水利工程体系,实现了从人扛、肩挑、牛耕到机器代人、机械耕作的转变,农业信息化也从无到有、由弱变强。

湖北"互联网+"现代农业成就显著。2018年,湖北累计安装各类农机北斗智能终端1.3万余台(套),主要农作物耕种收综合机械化水平达到69%;建设农业科技试验示范基地213个,培育科技示范主体28560个,农业科技进步贡献率达到58.7%。"互联网+"现代农业全面发展,"互联网+北斗+农机"的机信融合更加深入。

湖北农业政策支持。湖北着力提升农业生产能力,建设放心菜园、精品果园、生态茶园、道地药园,推进畜牧业与渔业转型升级,促进养殖业绿色发展;调整优化农业产业结构,坚持质量兴农、绿色兴农;加快乡村建设,开展农村环境整治,补齐农村公共服务短板;落实强农惠农政策,农民的获得感和幸福感不断增强。

湖北农业设备产业转型升级。为更好地发展智慧农业,湖北农业产业不断加强科研机构、设备制造企业联合攻关,进一步提高大宗农作物机械国产化水平,加快研发经济作物、养殖业、丘陵山区农林的机械,发展高端农机装备制造;优化农业从业者结构,加快建设知识型、技能型、创新型农业经营者队伍;大力发展数字农业,实施智慧农业林业水利工程,推进物联网试验示范和遥感技术应用,为湖北发展智慧农业提供了产业基础。

湖北疫情增强了食品安全诉求,推动了智慧农业的发展。新冠疫情让大家意识到食材质量与食品安全的重要性,同时也强化了老百姓对生鲜食品的诉求。大力发展智慧农业,既能提升农产品的产量及质量、确保食品安全,又能推动农业的可持续化发展。此外,出于对农产品运输过程中保质保鲜的考虑,冷链物流或将迎来利好。

3. 营商环境机遇

当前我国的经济面临着疫情冲击、结构性问题和周期性问题的三重压力。民营企业是中国经济的活力和韧性所在,也是推动经济恢复和落实"六稳""六保"的重要力量和关键一环。后疫情时代营商环境的优化和改革,特别是优化民企营商环境,对激发民营企业、小微企业的活力具有事半功倍的效果。

1)深化"放管服"

"放管服"改革是极大激发市场活力的战略举措。国务院强调全国深化"放管服"改革转变政府职能,提出了今后一个时期深入推进"放管服"改革的战略部署和具体要求。简政放权、放管结合、优化服务改革是一场刀刃向内的政府自身革命,是推动政府职能深刻转变、极大激发市场活力的战略举措,是一场涉及理念、体制机制、工作方式的深刻变革。

企业准入审批放宽。按照直接取消审批、审批改备案、实行告知承诺、优化审批服务等4种方式,有序推进"证照分离"由自贸区向全省覆盖;加快全省企业开办综合窗口建设,实现线下"一窗受理、同步办结",线上"一网通办、全程网办";在武汉、襄阳、宜昌、黄冈等地试点"一照通"改革。

产品准入制度改革。全面推行"一企一证"和"告知承诺",深化审批权限委托下放试点成果;全面落实食品经营许可改革措施,压减许可时限一半以上;探索食品小作坊证照联办制度,开展餐饮许可公开承诺制试点,全面完善食品生产经营许可电子证书管理。

监管方式升级。加快构建以"双随机、一公开"为基本手段、以重点监管为补充、以信用监管为基础的新型监管机制,健全企业年报、信用修复和强制退出制度,大力提升市场监管效能。

2)数据要素化

作为与土地、劳动力、资本、技术等并列的生产要素,数据在经济社会发展中将起到越来越关键的作用。据统计,在第十九届中央政治局学习中,就有四次直接与数据、数字技术、数字经济相关。下一步,我省要加快培育大数据交易市场,全面提升数据要素价值,促使数据要素成为推动经济高质量发展的新动能,为我省中小企业创造更良好的营商环境。

(1)政策加快数据要素市场的培育。

深入贯彻党中央关于统筹推进疫情防控和经济社会发展工作的决策部署,抢抓新产业、新业态、新模式发展新机遇,加大政策支持力度,加快数字经济发展,让更多的数字跑起来。起草《关于加快发展数字经济培育新的经济增长点的若干政策措施》一文,以数字产业化和产业数字化为主线,以细化政策、补齐短板、激活主体、释放信号为重点,提出实施五大工程(5G万站工程、产业数字化改造工程、万企上云工程、大数据开发应用工程、线上新经济培育工程),建设5个示范区(公共卫生应急体系信息化建设示范区、新一代人工智能创新发展示范区、5G+工业互联网创新发展示范区、信息技术应用创新示范区、新一代信息技术与传统产业融合发展示范区)等重点任务和相应的13条支持政策措施,其干货满、红利多,为数字经济提供了全速冲刺的跑道;同时,积极谋划省级"点线心站台园"(工业互联网顶级节点、网络干线、大数据中心、5G基站、工业互联网平台、数字产业园)项目共40个,投资额1303.257亿元。随着基础设施的落地见效,它既能持续推动我省大数据产业体系加速扩张,也能从政府部门、行业重点领域、互联网领域等领域加速数据资源的汇集,实现数据要素价值的裂变式增值,牢牢掌握数据资源主动权。

(2)多来源数据模式融合。

完善省级大数据交易平台、市县级政府数据开放和共享。建设基于机器学习和深度学习的数据融合,利用多来源多模态数据多个模式之间的特征层来实现融合;通过可信数据服务标准引入多源数据,应用语义分析技术实现多模态数据的融合分析,形成面向人工智能、气象、保险、能源等行业的数据流通技术应用平台。湖北省中小企业应积极地面向AI精准营销和产业数据深度合作,持续地投入研发力量,建设多源多模态数据融合技术平台,推动数据交易落地。

(3)提供精准招商服务。

2020年,充分借助数据优势和技术优势,湖北省商务厅、鄂州市招商服务中心、黄石市招商服务中心、黄冈市招商服务中心等政府机构使用由东湖大数据开发的,针对招商领域推出的产业招商地图、招商小程序、精准招商大数据平台、招商大脑等系列招商先进手段和工具,提供更加精准的招商服务。

(二)湖北省中小企业面临的挑战

2020年,前有保护主义上升、世界经济低迷、全球市场萎缩的外部环境,后受到新冠肺炎疫情严重影响,导致经济下行态势更为严重。同时,我国正处在转变发展方式、优化经济结构、转化增长动力的攻关期,经济增速放缓,传统行业利润空间压缩,这对湖北省中小企业也造成很大的冲击。以下将从疫情发展常态化、经济双循环、产业链布局和贸易异常化这四个重要的影响因子来阐述湖北中小企业在2020年受到的挑战。

1. 疫情发展常态化对湖北中小企业发展的影响

1)生产成本持续走高

据湖北省政府报告表明,湖北省80%以上的复工复产中小微企业明显感到疫情推升了运营成本,主要是增加了以下四大成本。一是财务成本增加。企业停工期间的人员工资、贷款利息、各项税费等刚性支付,导致财务成本趋紧。中小微企业特别是餐饮业用工紧张成为普遍现象,外省市员工不愿返鄂返汉工作,一些餐饮企业缺员达60%,库存食品原料过期浪费,经济损失惨重。二是原料成本增加。疫情期间,原料价格上涨,疫情过后价格依然高涨,同时上游企业开工不足,导致供需失衡,原料价格居高不下。三是物流成本增加。物流运输价格上涨30%左右,同时还存在"堵点",尚未完全解决"最后一公里"问题,部分物流公司不愿接出省业务,一些外地高速公路出口不允许湖北牌照的车辆下高速,导致物流不畅。四是防疫成本增加。疫情防控压力较大,防疫和隔离措施需持续投入经费。一些小餐饮店无力购买测温设施,大中型餐饮企业需为所有员工配备防护用品,开展洗手台前移、包间隔断、菜品透明化公示、食材溯源系统可扫描等改造工作,增加了经营成本。

2)产销梗阻之困

受疫情影响,2020年第一季度湖北省面临居家办公,导致产销几乎停滞。后期中小企业逐步复工,但因为中途产业链中断,产销之路还是受到了较大影响。中小微企业复工复产涉及上下游产业链,如果产销不协同,势必产生原材料供需矛盾、市场循环不畅等问题。据湖北省政府报告总结表明,目前产销受制于以下"三大因素"。一是供给不足。原材料、辅件、配件、零件、设备等供给不足和配套不够,直接制约了中小微企业生产和经营。特别是湖北各市县部分企业供应商为武汉的企业,受疫情影响出现停供问题,重新寻找或恢复尚需时日。二是产需低迷。生产商在武汉的企业由于开工不足,导致部分市县企业短期难以满岗满负荷运转。一些外省市企业或消费者抵触"鄂"产特别是食品类商品,导致湖北部分企业减量生产,甚至停工停产。三是订单锐减。湖北作为疫情重灾区,客户关系维系困难,一些物料、设备等份额被外省市先期复工企业消化,客户和订单流失严重。例如,天门某肉类加工企业反映,因找不到生猪货源,企业处于停产状态。咸宁市智莱科技公司原是亚马逊唯一供应商,现在部分市场份额被抢占。四是进出口几乎停滞。当时71个国家实行入境管制,多个国家对中国出口货物采取谨慎态度,湖北很多出口企业遇到外需不振、订单搁置等问题,不少企业原料和产品进出口均存在困难。潜江市某小龙虾出口企业反映,疫情对小龙虾的外贸出口、商务洽谈、市场开拓、订单履约等造成一定影响。另外,潜江市3家服装企业95%的户外运动用品订单来自欧美国家,受疫情影响,4月底完成订单后,生产经营陷入停滞。此外,有些外贸型中小微企业或因无法按期履约交货或因工程项目不能如期进场,面临国际索赔风险。

3)人力资源流失可能性加大

一方面,此次疫情影响湖北省各种产业的复产,特别是在第一季度,湖北全省经济断崖式下跌,企业订单大幅下降,导致许多企业的复产速度远不及预期,虽然在二、三季度,企业复产速度有所加快,但相对于其他兄弟省份,我省企业复产面临的困难更多,企业为纾困,降低用工数量的可能性大增,我省人力资源加速流向长三角、珠三角等发达区域的可能性也大增。另一方面,全省企业为求生存,降低员工工资应对疫情冲击的可能性也大增,从而进一步使我省人力资源向省外流出。

2.经济双循环战略对湖北中小企业发展的影响

党的十九届五中全会提出,构建以国内大循环为主体、国内国际双循环相互促进的新发展格局。省委十一届八次全会提出,要与时俱进全面深化改革,锐意开拓全面扩大开放,攻坚克难创新驱动发展,切实增强口岸功能、贸易功能、服务功能,着力打通国内生产、分配、流通、消费的各个环节,发挥中国超大规模市场优势,以满足国内需求作为经济发展的出发点和落脚点建设强大市场枢纽,构建内陆开放新高地,把湖北打造成国内大循环的重要节点和国内国际双循环的战略链接。

1)外贸发展不平衡,湖北省国际循环动力不足

湖北是联通东西部、承接南北方的市场枢纽,区位优势突出、市场腹地广阔、产业基础好、回旋余地大,使生产、分配、流通、消费更多依托国内市场,是国内循环的重要根据地。但是,在国际循环方面,湖北省动力不足,发展阻力较大。其一,湖北省人口红利减退,依靠劳动密集型产业吸引外资、获取国际竞争优势的时代已经过去;其二,全球经济陷入长期停滞,出口的扩大基本取决于竞争优势,而非把全球市场的蛋糕做大,因此,湖北省中小企业应抓紧时间转型;其三,湖北省外贸的发展过度依赖于武汉市,不利于形成出口导向型的经济形态,应积极挖掘除武汉市以外其他地市的潜力,形成全省对外贸易的合力。因此,省政府及其有关部门对其他地市承接国内外产业转移和有关外贸的建设项目要给予更多支持,以实现区域共同发展。

2)新基建投资进一步加大,湖北省中小企业承接力度不足

近年来,随着湖北省基础设施建设的完善,传统固定资产方面的投资对经济增长的刺激动能下降,传统投资处于萎靡阶段。新基建主要根据最新的科学技术,赋能到社会各行各业,从而实现全社会的数字化、智能化、智慧化、生态化,最终建立完善的现代化经济体系的基础设施建设。但湖北省很多企业都是技术含量较低的资源密集型或劳动密集型行业,高新技术行业不多,产品附加值低,企业缺乏核心竞争力,没有太多技术创新,且创新能力较弱,承接新基建的能力有限,又抓不住新发展机遇。

3)产业链集群关联度不够高,不能发挥回应双循环的整体优势

湖北省中小企业相互之间的技术、信息、市场、人才等各方面的交流与合作不紧密,没有发挥产业集群的最大优势。产业链的设计打造缺乏国际视野,产业布局不合理,区域的个性化、特色化未能充分体现。而且因为缺乏龙头企业的引导,企业之间的联系薄弱,产业集群的有效性不高。同时,产业集群的社会化服务配套体系还有待完善,很多产业集群区域的交通、电力、通信等基础设施建设不到位,对企业的供给不足。在国家提出双循环的背景下,湖北的产业链集群如果不能发挥整体的优势,极有可能被中部其他地区超越。

3. 产业链布局重构对湖北中小企业发展的影响

1)对外贸易发生断单与断链,湖北出口型中小企业发展艰难

产业链布局重构意味着美国为首的西方发达国家加剧与中国的经济竞争,一旦西方国家产业链布局重构取得较大进展,我国贸易总额就会快速下降,特别是湖北省的出口型中小企业将会面临极大困难,在供应链方面也将受到极大程度的冲击。"断链"对出口型中小企业的影响极大,会造成订单减少、用工波动、企业资金周转困难、原材料等供应不稳定、销售受影响导致产品积压以及成本上升等困难,长此以往,供应链中断,出口型中小企业可能会发生倒闭潮。

2)产业链重建资本投入过大,湖北中小企业回血困难

疫情已经持续了将近一年,很多企业的业务基本上处于停滞状态,现金流极其紧张,并且各种物料成本和加工成本上涨。疫情使整个产业链受到冲击,许多中小企业因无法抵御成本上升、技术受限而面临倒闭的风险。很少有制造企业能够依靠自身的力量投资重建工厂,湖北政府给予的政策性补贴也是极其有限的,在这样的条件下,产业链重建所需要的资本难以保障,并且资本市场也因为企业业绩下滑,失去了为重建这些企业所需要的资本融资的能力。

3)产业链外迁将成为趋势,湖北中小企业处境不利

新冠疫情可能使部分产业链的外迁步伐有所加快。新冠疫情前,在中美经贸摩擦日益升级、劳动力成本逐渐升高的背景下,一些劳动密集型产业(如家具、玩具、纺织品等)、加工贸易行业及以美国市场为目标的中低端产业已经开始了外迁进程。2019年,对美出口机电产品主要被墨西哥、日本、德国等替代,而家电、玩具等主要被越南、加拿大所替代,纺织品主要被越南、印度、印度尼西亚等替代。新冠疫情后,随着各国政府鼓励涉及国家安全和基础民生的产业(如医疗设备、药品、军工、高科技产业等)回流,以及跨国公司出于兼顾成本与分散风险等考虑而调整产能布局,会降低在湖北省生产的产业链比重,中低端产业链可能继续外迁,导致湖北中小企业发展面临失去配套链条的不利局面。

4. 贸易异常化骤变对湖北中小企业发展的影响

第一,导致我省中小企业出口额下降。例如,美国加增关税幅度25%,削弱了相关产品在美国市场的竞争力,导致我省中小企业外贸产品出口大幅度下滑。第二,提高了我省中小企业的生产成本。由于美国对从中国进口的商品加征高额关税,中国也采取了加征进口关税等反制措施。例如,猪肉制品占我省的进口份额较大,加征关税之后价格也会相应提高,势必一定程度地增加我省居民的消费成本。同时相关企业的进口原材料成本增加,导致总体生产成本的增加。第三,导致我省中小企业用工大幅波动。贸易异常化骤变导致我省进出口出现巨大波动,中小企业无法稳定地组织生产,大量企业会面临倒闭或停产的风险,为了生存,它们不得不在用工上采取谨慎的态度,降低现有的员工规模和减少招工力度。第四,阻碍我省中小企业获取高新技术。贸易异常化骤变会导致他国采用一些贸易保护壁垒阻止相关的技术和产品出口我国,这对我省一些依赖外国技术和产品的企业来说,将会造成较为严重的影响,将造成我省中小企业在获取高新技术和产品的难度加大,导致生产和销售的各个环节出现困难。

三、2020年湖北省中小企业发展亮点

虽然湖北省在2020年受新冠疫情冲击最大,但经过全省人民的奋力拼搏,在中央一系列政策措施的扶持下,湖北省中小企业呈现出顽强的生命力和充足的发展后劲。

1. 复工复产快速有序

湖北省疫情早于且重于外省,复工复产比外省晚了两个多月。各级政府迅速采取一系列有力措施,着力帮助广大中小微企业克服各种困难,加快复工复产。据工信部监测平台显示,从3月1日到6月1日,湖北省中小微企业复工率由14.4%上升到85.9%,与全国平均水平的差距由25.9个百分点缩小到5.8个百分点,呈现快速上升势头。

从行业看,各类企业复工复产有序推进。截至2020年5月30日,我省规模以上工业企业复工率、复岗率分别为98.4%、96.7%;限额以上批零住餐企业复工率、复岗率分别为99.7%、98.2%;规模以上服务业企业复工率、复岗率分别为96.1%、97.9%;资质以上建筑业企业复工率、复岗率分别为98.2%、100.6%;房地产开发企业复工率、复岗率分别为100%、98.8%[①](见图1-3-1)。从企业类型看,"专精特新"中小企业的复工率高于中小企业整体水平,规模越大复工复产率越高。[②] 从产品类型看,全省光纤、锂离子电池、电子计算机整机、印制电路板产量分别增长4.9%、2.9%、36.1%、4.9%,新产品增势良好。[③]

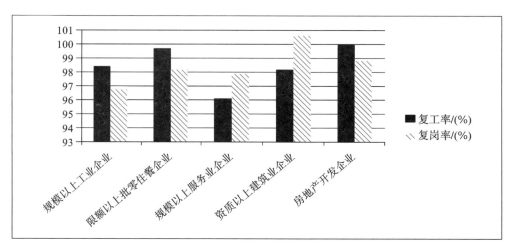

图1-3-1 截至2020年5月30日湖北省各行业复工、复岗率

---

① http://fgw.hubei.gov.cn/fgjj/ztzl/zl/2020/qyfwzl/gzjb/202005/t20200530_2372658.shtml(湖北省新型冠状病毒感染肺炎疫情防控指挥部)。

② https://tech.sina.com.cn/roll/2020-04-16/doc-iircuyvh8146757.shtml(来源:工业和信息化部对部分云平台大数据监测显示)。

③ http://tjj.hubei.gov.cn/zfxxgk_GK2020/zc_GK2020/gfxwj_GK2020/202101/t20210120_3271944.shtml(来源:湖北省统计局 2020年湖北经济运行情况)。

2. 市场主体稳步增加

2020年湖北省进一步优化营商环境,全省新登记市场主体73.1万户,市场主体总量达571.35万户[1],注册资本(金)达13.18万亿元,比上年底分别增长5.42%和15.09%。新增规上工业企业1352家,超额完成全年新增1000家的目标任务,扭转了近几年来进不抵退的局面;新增境内上市公司9家;高新技术企业突破1万家。[2] 虽然湖北省受疫情影响严重,但市场主体仍保持稳步增长。

3. 生产效益持续攀升

2020年,全省规上工业企业实现营业收入达40743.5亿元,总量居中部第2位(河南47292.7亿元)、全国第9位,同比下降9.1%,低于全国9.9个百分点(全国0.8%),降幅收窄至个位数,较一季度、上半年、前三季度分别收窄36.5、13.4、4.8个百分点。其中,四季度实现营业收入13030.7亿元,同比增长3.2%,较一季度、二季度、三季度分别增长7763.3、2313.6、1302.4亿元,营业收入逐季增长(见图1-3-2)。

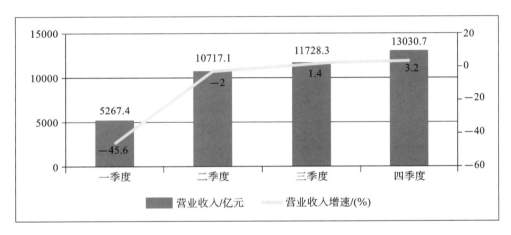

图1-3-2　2020年湖北省分季度营业收入和增速[3]

2020年,全省规上工业企业实现利润总额2519亿元,同比下降8.3%,降幅较一季度收窄69.9个百分点,与全国的差距由一季度的41.5个百分点缩小到12.4个百分点。其中,四季度实现利润总额870.5亿元,同比增长19.3%。全年利润增速由一季度下降78.2%、到二季度下降14.6%、到三季度增长25.9%、再到四季度增长19.3%,呈现"大幅低开、降幅收窄、由降转升、较快增长"的走势(见图1-3-3)。

---

[1] https://scjg.hubei.gov.cn/sjkf/(来源:湖北省市场监督管理局)。
[2] 来源:2020年湖北省《政府工作报告》。
[3] http://jxt.hubei.gov.cn/bmdt/ztzl/yffj/202102/t20210205_3336990.shtml(湖北省经济和信息化厅)。

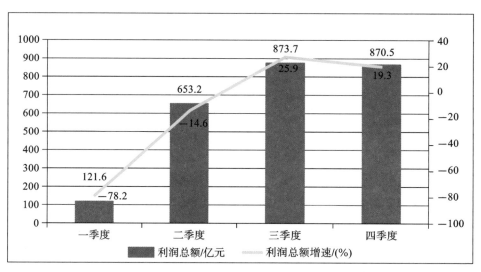

图 1-3-3　2020 年湖北省分季度利润总额和增速①

4. 产业结构逐步升级

在疫情的冲击下,全球经济发展存在着很大的不确定性,进一步提高中小企业"专精特新"发展水平,引导企业走专业化、精细化、特色化、新颖化发展之路,是推动中小企业转型升级、实现长期可持续发展的重要途径。2019 年 5 月,工信部中小企业局公布首批 248 家专精特新"小巨人"企业,我省有 9 家企业上榜。2020 年,我省持续加大中小企业培育力度,42 家企业上榜第二批国家级专精特新"小巨人"企业,为中部入选上榜比例最高省份。首批认定 116 家省级专精特新"小巨人"企业,建立企业动态库进行动态管理,并选派 239 名"科技副总"支持企业技术攻关。

新兴产业支撑明显。疫情产生了不利影响,也催生并推动了新产业、新业态快速发展,新兴产品持续较快增长。2020 年,全省高技术制造业增加值月度增速连续 6 个月保持在 10%以上,累计增长 4.1%,高于全省增加值增速(全省－6.1%)10.2 个百分点,占工业比重达 10.2%,首次突破 10%以上,同比提升 0.7 个百分点,为近年来最高水平(见图 1-3-4)。其中,医药、电子设备、仪器仪表制造业分别增长 1.1%、4.4%、14.6%,微型计算机设备、平板电脑、光电子器件产品产量分别增长 35.4%、66.6%、10.3%。高技术产业支撑作用不断增强。

---

① http://jxt.hubei.gov.cn/bmdt/ztzl/yffj/202102/t20210205_3336990.shtml(湖北省经济和信息化厅)。

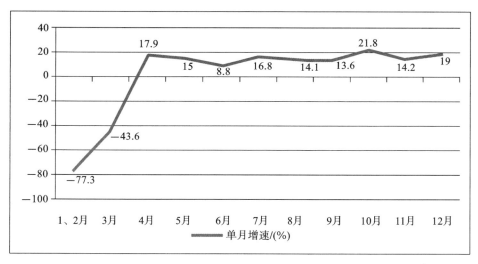

图 1-3-4　2020 年 1—12 月湖北省规上高技术制造业增加值增速走势图[①]

5. 吸纳就业总体平稳

疫情冲击最直接的就是就业,稳住了就业,就托住了民生。一直以来,我国中小企业多分布于劳动密集型行业中,是解决就业的主力,贡献了 80% 以上的城镇劳动就业,支撑着就业增长的基本盘。2020 年,全省城镇新增就业人员 75.18 万人,超额完成全年目标任务(见图 1-3-5)。9 月起城镇登记失业率持续下降,年末为 3.35%。城镇居民人均可支配收入为 36706 元,比上年下降 2.4%,降幅比一季度收窄 9.4 个百分点;农村居民人均可支配收入为 16306 元,下降 0.5%,降幅收窄 9.7 个百分点,兜住了民生底线。

图 1-3-5　2016—2020 年湖北省城镇新增就业人数[②]

[①] http://jxt.hubei.gov.cn/fbjd/xxgkml/sjfb/2020/202102/t20210201_3327886.shtml(来源:湖北省经济和信息化厅)。

[②] http://tjj.hubei.gov.cn/tjsj/tjgb/ndtjgb/qstjgb/202103/t20210322_3415583.shtml(根据湖北省统计局统计数据整理)。

6. 对外贸易保持增长

2020年,全省完成人民币计价进出口总额达4294.1亿元,由一季度下降20.9%转为比上年增长8.8%。其中,出口总额达2702.0亿元,由一季度下降38.1%转为增长8.7%;进口总额达1592.1亿元,增长9.1%(见图1-3-6)。2020年,欧盟替代东盟跃升为湖北省第一大贸易伙伴,双边贸易值为595.2亿元,增长17.1%。

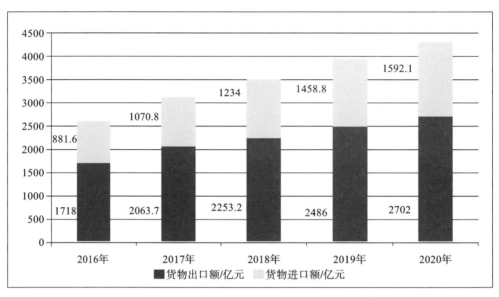

图1-3-6 2016—2020年湖北省货物进出口总额①

新批外商直接投资项目296个。全年实际使用外资103.52亿美元,下降19.8%。欧亚部分国家在湖北投资逆势增长,德国、荷兰、新加坡投资分别增长92.5%、27.3%、16.0%。全年高技术产业(制造业)实际使用外资1.07亿美元(商务部口径),下降16.9%。

全年对外非金融类直接投资额20亿美元,增长2.0%;对外承包工程完成营业额64.15亿美元,下降3.0%;对外劳务合作派出各类劳务人员12484人次,增长8.4%。

7. 科技创新显著提升

"十三五"期间,我省高新技术产业增加值由5028.9亿元增至8922.86亿元,高新技术企业由3317家增至10400家,技术合同成交额由830.1亿元增至1687亿元,分别增长77.4%、213.54%、103.3%。②

企业创新能力明显提升。湖北省2020年省科学技术奖共授奖327项,其中科学技术突出贡献奖2项,自然科学奖40项,技术发明奖30项,科学技术进步奖228项,科学技术成果推广奖12项,科技型中小企业创新奖15项。在评审出的应用研究项目中,企业牵头或者参与完成的项目共有238项,占比为87.5%。其中,在47项技术发明奖、科学技术进步奖一等奖项目中,企业牵头或者参与完成的项目有42项,占比达到89.4%。这充分说明了企业对科技创新的重视程度不断提高,产学研协同创新能力显著增强。

---

① http://jxt.hubei.gov.cn/fbjd/xxgkml/sjfb/2020/202102/t20210201_3327886.shtml(来源:湖北省经济和信息化厅)。

② https://www.thecover.cn/news/6688287。

国家科技部发布的《中国区域科技创新评价报告 2020》相关数据显示,湖北的科技创新环境、科技活动投入、科技活动产出、高新技术产业化和科技促进经济社会发展等 5 个方面的各项指标均位居全国前十。其中,湖北综合科技创新水平指数位居全国第 8,科技成果和高技术产品输出能力显著提升,展现出较强的科技创新综合实力。①

8. 集群建设取得突破

以省会武汉为代表的产业集群建设取得突破。"十三五"期间,武汉市大力培育光电子信息、汽车及零部件、生物医药及医疗器械等三大世界级产业集群,建成全球最大的光纤光缆制造基地,中小尺寸显示面板基地和国内最大的光器件研发生产基地;汽车及零部件产业规模中部第一;光谷生物城位列全国生物创新园区第四。"芯屏端网"光电子信息、节能与新能源智能网联汽车入选国家先进制造业产业集群,集成电路、新型显示器件、下一代信息网络和生物医药入选国家战略性新兴产业集群。②

在产业体系建设中,武汉市"3851"产业体系得到进一步完善,即打造光电子信息、汽车及零部件、生物医药 3 个世界级产业集群;巩固提升装备制造、钢材及深加工、食品烟草、能源、家电、石化、纺织服装、建材等 8 个传统优势产业;培育壮大商业航天、氢能、人工智能、5G、区块链等 5 个新兴前沿产业;加快发展工业设计、检验检测、工程设计、大数据、电子商务、工业互联网等一批现代生产性服务业。③

---

① https://www.sohu.com/a/451323515_121025879。
② https://baijiahao.baidu.com/s? id=1685678398049278995&wfr=spider&for=pc。
③ https://baijiahao.baidu.com/s? id=1671355070768267118&wfr=spider&for=pc。

四、湖北省中小企业发展面临的困难和问题

2020年是湖北省中小企业发展史上极不平凡、极不容易、极其艰难的一年。面对新冠肺炎疫情的严重冲击和严峻复杂的国际国内环境,全省中小企业一手抓疫情防控,一手抓经济发展,势头好于预期,成效较为明显。但在发展过程中,老问题与新困难叠加,挑战前所未有,情况较为复杂。

1. 经济复苏偏慢

2020年,全省中小企业经济发展呈现出"一季度大幅低开,二季度快速反弹,三季度稳步恢复,四季度加快复原"的运行态势,但发展速度赶不上全国中小企业平均水平,也赶不上全省平均经济发展速度,生产总值和经营收入尚未恢复到2019年的水平。

中国中小企业协会发布的2020年1~12月全国中小企业发展指数分别为92.6、76.4、82.5、83.1、86.6、86.4、86.6、86.6、86.9、87.0、87.1、87.2,其中2月份的76.4为该指数在2020年创建以来的最低值,而2019年1~12月分别为92.9、92.9、93.1、93.0、92.8、92.6、92.5、92.6、92.7、92.5、92.6、92.7。由此可见,全国中小企业2020年经济发展尚未恢复到2019年水平。

据国家统计局数据,2020年全国中小企业亏损面为17.4%,亏损企业亏损总额达6172.9亿元,同比减少2.1%;全国中小企业营业收入为616896.6亿元,同比增加0.7%;利润总额达36565.0亿元,同比增长8.7%。2020年,湖北省规上中小工业企业15477家,亏损面为12.4%;营业收入为27248.8亿元,同比下降9.7%;利润总额达1850.8亿元,同比下降7.0%;亏损企业亏损总额达198.8亿元,同比增加20.6%。湖北省中小企业除亏损面外,营业收入增长率、利润总额增长率、亏损企业减亏率均低于全国平均水平。

2. 经营成本增加

湖北省是2020年全国新冠肺炎疫情受灾的中心,尤其是武汉。1月23日10时,武汉关闭市内所有地铁、火车站、高速公路等对外通道;1月24日,湖北省宣布重大突发公共卫生事件一级响应;3月25日,湖北省除武汉市外其他地区解除离鄂通道管控;4月8日,武汉市全面解封。

受疫情影响,2020年湖北省中小企业与以往年度相比,各类成本大幅增加,有直接增加的防疫成本,也有间接增加的生产成本、销售成本,特别是刚性支出的比例大幅上升。一是防疫成本增加。在疫情期间和疫情防控常态化的形势下,湖北省各中小企业需要承担单位内部空间消毒、地面消毒、员工体检、核酸检测、口罩购置、出入口管控等方面的支出,这些支出在以前是没有的。二是生产成本增加。由于上游原材料价格上涨,产品滞销带来的仓储费用增加,导致生产成本增加。另外,由于疫情防控需要,企业员工的生产和工作距离相应加大,也导致生产成本增加。三是刚性支出负担加重。中小企业特别是劳动密集型中小企业,一方面销售收入大幅减少,另一方面必须承担的人员工资、债务本息、房租、物流仓储费用等刚性支出必不可少,占比上升,资金链压力骤然变大。

据中国中小企业协会发布的全国中小企业发展分项指数,2020年成本指数高达118.2,不仅高于总指数(87.0),也包括成本指数在内的宏观经济感受指数(101.4)、综合经营指数

(95.9)、市场指数(87.3)、资金指数(101.6)、劳动力指数(105.5)、投入指数(81.3)、效益指数(61.9)等8个分项指数中是最高的。其主要原因是部分大宗商品价格持续攀升,加之市场需求继续回暖,推动制造业采购价格和产成品销售价格上涨,推动中小企业经营成本上升。

3. 销售渠道变窄

中小企业是产业链供应链上一个小的环节,其生产的产品一般技术壁垒较低,绝大多数产品具有可替代性。2020年除新冠肺炎疫情防控产品的销路较好外,其他产品的销售面临巨大压力。一是其他省份复工复产要比湖北省早,这就带来湖北省部分中小企业原有的销售渠道为其他省份企业所取代,导致销售难。二是消费需求动力不足带来了产品销售的压力。据商务部数据,2020年我国全年社会消费品零售总额39.2万亿元,比2019年下降3.9%,无疑增加产品销售难度。三是世界其他国家比中国新冠肺炎疫情更为严重更为持久,导致产品出口受阻,有的订单被取消,有的物流出现困难,出口难度加大。

从监测数据看,湖北省中小企业销售承压的问题明显。湖北省监测的中小工业企业中,24.32%的企业表示国内市场订单减少。在监测的有出口订单的108家企业中,40.91%的企业表示出口订单减少。中国中小企业协会对全国6422家中小企业就新冠肺炎疫情下面临的困难和压力进行了调查,有57.59%的企业存在市场订单减少、客户流失的问题。

从国家统计局的统计数据看,湖北省2020年中小企业产成品存货达1122.7亿元,同比增长1.9%。

4. 资金缺口扩大

2020年,全省各地迅速落实国家和湖北省各项惠企政策,通过"企业氧舱"等多种措施,全年融资额明显提升。据统计,2020年全省小微企业贷款余款比2019年增长26%,在一定程度上缓解了融资紧张局面。但由于疫情影响,全省中小企业生产成本、销售成本增加,而销售收入减少,且销售回款难,再加上中小企业固有的资金调节能力弱的特点加剧了资金紧张局面,资金缺口呈现扩大的趋势。

据国家统计局数据,湖北省中小企业2020年应收账款达3364.6亿元,同比增长36.9%,比全国中小企业高15.8个百分点。

5. 人员流失严重

为应对新冠肺炎疫情,2020年2、3月,湖北的企业全部停工停产。原来在湖北省各中小企业就业的外省员工,由于迟迟无法返岗,只得到其他复工复产较早的省份谋求工作岗位。特别是一些高技能员工的流失,对湖北省中小企业的影响是比较大的。员工流失的问题在劳动密集型企业表现尤为明显,如随州市诺维尔、大同文化等企业无法满负荷生产,需要不断招工。

进入5月份以后,特别是下半年,受疫情影响留在湖北本省就业的湖北籍员工,随着疫情防控形势好转和人员流动限制的解除,又开始流向沿海及北上广深等发达地区就业。上半年在湖北省中小企业就业的外省员工,由于疫情封锁无法返岗,流失了一部分员工;下半年本来在湖北省就业的员工又向其他省份流失,双向叠加导致湖北省中小企业用工短缺的问题更加突出。

据国家统计局数据,湖北省在2020年末中小企业从业人员为189.4万人,同比减少5.9%,比全国中小企业减少2.5个百分点。

6.政策传导不畅

为应对新冠肺炎疫情的影响,国家和湖北省出台了一系列帮助中小企业的纾困政策,但由于政府和企业对政策制定和执行信息的不对称,导致落实力度与中小企业期望有较大差距,部分政策从发布到执行时滞较长,影响了政策效果。例如,2020年2月8日湖北省政府办公厅就印发了《关于应对新型冠状病毒肺炎疫情支持中小微企业共渡难关有关政策措施的通知》(鄂政发〔2020〕5号),其中涉及电费减免,但因省财政资金拨付较晚,部分中小企业在9月份才享受到电费补贴。政策纾困难以弥补停产两个多月的损失,导致企业获得感不强。

一些政策措施缺乏配套的具体实施细则,企业往往"看得到、摸不着、用不上"。有的政策没有统一的标准和细则,导致一些地方难以落实。一些优惠政策享受的门槛仍然比较高,特别是降低企业信贷门槛不够;一些地方尽管设立了中小微企业纾困基金,但能获得贷款的小微企业仍然偏少,小微企业份额获得不够。大部分银行在小微企业融资时,仍然需要以房产为主要的抵押物且需要担保,但小微企业普遍缺乏抵押物或者抵押不足,难以达到放贷条件。

中央层面和湖北省层面出台的惠企政策很多,但在走访部分中小企业时发现,很多中小企业对各类政策不清楚或知之甚少。根据相关规定,很多优惠政策都需要企业主动申报,由于政策梳理不够,宣传覆盖面有限,或因不知如何申请,导致中小企业没有全面享受到优惠政策,直接影响到中小企业的政策获得感。

五、推进湖北省中小企业发展的对策建议

2021年是"十四五"开启新征程的一年,也是湖北加快疫后重振、推进高质量发展的一年。2021年和"十四五"时期,湖北省中小企业要认真贯彻落实党的十九大和十九届二中、三中、四中、五中全会精神,在抓好新冠肺炎疫情防控常态化的前提下,增强忧患意识,坚持问题导向,勇于改革创新,积极融入以国内大循环为主体、国内国际双循环相互促进的新发展格局,培育壮大新经济、新业态、新模式,以自身发展的确定性有效应对外部环境的不确定性。

(一)着力落实惠企政策

2020年以来,为促进中小企业经济发展和有效应对新冠肺炎疫情影响,国务院及其有关部委、湖北省政府及其有关部门在减轻税费负担、强化金融支持、降低运营成本、减少费用支出、加大稳岗力度等方面出台了一系列帮助中小企业渡过难关的政策措施,对全省中小企业2020年经济复苏、复工稳岗发挥了重要作用,2021年要继续推动这些政策措施落地见效。

企业层面。一是中小企业要指定专人负责收集、梳理、研究现有适用于中小企业的优惠政策,弄清楚哪些是阶段性的措施,哪些是长期有效的政策,并结合本企业实际,提出运用惠企政策的具体思路和操作意见。二是中小企业管理层要及时召开会议研究惠企政策运用情况,及时向相关部门和相关单位申报、沟通、衔接,以便相关惠企政策在本企业落到实处,并尽可能把政策用好、用足、用活、用透。三是中小企业要结合自身特点与实际困难,向相关主管部门提出合理化建议,讲清困难的实质、讲清需要出台政策的精髓,力争政策尽快出台并精准落地。

政府层面。一是要抓宣传培训。中小企业主管部门要分行业、分类别、分层次对中小企业管理人员进行惠企政策方面的培训,使其了解政策、掌握政策、运用政策。二是要抓调研指导。要对中小企业落实惠企政策的情况开展调研,听取中小企业的反映和诉求,了解中小企业在生产经营中遇到的困难和问题,并有针对性地对企业落实惠企政策进行现场指导。三是要抓考核评估,要将中小企业落实惠企政策情况纳入主管部门考核体系,以中小企业政策获得感作为首要标准。四是要抓款项清欠。2020年7月5日,国务院以728号令颁布了《保障中小企业款项支付条例》,从2020年9月1日起施行。该条例对机关、事业单位以及大型企业对中小企业的款项支付时间等都做出了明确规定。工业和信息化部新闻发言人在国新办举行的2020年工业和信息化发展情况发布会上表示,2020年全年清偿拖欠民营和中小企业账款1865亿元;通过两年多开展集中清欠行动,到2020年底,已累计清偿政府部门和大型国有企业拖欠民营企业和中小企业逾期欠款8500多亿元。湖北省后续还要持续推动集中清欠行动,进一步改善中小企业生产经营状况。

(二)努力解决融资难题

融资难、融资贵一直是困扰中小企业发展的一个重大难题。为应对新冠肺炎疫情对中小企业的影响,尽快复工复产,顺利渡过难关,2020年国家和湖北省出台了一系列财政扶持、金融支持政策,湖北省中小企业要继续利用好这些优惠政策加快企业发展。在此基础上,"十四五"期间还需要采取一些长期性措施特别是要建立健全相关制度和机制,系统性解决中小企业

融资难、融资贵的问题。

间接融资方面。一是要健全多层次中小企业金融服务体系。除了加大针对中小企业的信贷投放外,加强中小企业金融服务体系建设至关重要,要推动普惠金融体系建设,深化大中型银行普惠金融事业部改革,推动中小银行、非存款类金融机构和互联网金融有序健康发展;鼓励金融机构创新产品和服务,发展便利续贷业务和信用贷款,增加小微企业首贷、中长期贷款、知识产权质押贷款等,开展供应链金融、应收账款融资,加强银税互动;推动金融科技赋能金融机构服务中小企业;加快推进小额金融纠纷快速解决等机制建设;完善规范银行业服务收费监管法规制度,降低小微企业综合性融资成本。二是要完善中小企业融资担保体系。中小企业融资难,主要原因在于中小企业抵押物少、融资担保体系不健全。抵押物少是中小企业的本质所决定的,中小企业自身无法在短期内解决这一问题,但融资担保体系建设是政府行为,可以在这个方面进一步下功夫。要进一步采取措施,发挥国家融资担保资金作用,实施小微企业融资担保降费奖补政策,完善风险补偿机制和绩效考核激励机制,引导各级政府性融资担保机构扩大小微企业融资担保业务规模、降低担保费率水平;鼓励银行业金融机构加大与政府性融资担保机构合作,合理确定风险分担比例和担保贷款风险权重,落实金融机构和融资担保机构尽职免责制度,提高小微企业融资可获得性。三是要强化小微企业金融差异化监管激励机制。健全商业银行小微企业金融服务监管长效机制,将商业银行小微企业服务情况与资本补充、金融债发行、宏观审慎评估考核、金融机构总部相关负责人考核及提任挂钩;引导银行业金融机构探索建立授信尽职免责负面清单制度;督促商业银行优化内部信贷资源配置和考核激励机制,单列小微企业借贷计划,改进贷款服务方式。

直接融资方面。一是要采取措施,引导天使投资人群体、私募股权、创业投资等扩大中小企业股权融资,更多地投长、投早、投小、投创新。二是稳定推进以信息披露为核心的注册制改革,支持更多优质中小企业登陆资本市场。鼓励中小企业通过并购重组对接资本市场。三是稳步推进新三板和湖北四板改革,健全挂牌公司转板上市机制。四是完善中小企业上市培育机制,鼓励地方加大对小升规、规改股、股上市企业的支持。五是加大优质中小企业债券融资,通过市场化机制开发更多适合中小企业的债券品种,完善中小企业债券融资增信机制,扩大债券融资规模。

财政税收方面。一是健全精准有效的财政支持政策。县级以上财政根据实际情况安排中小企业发展专项资金,引导有条件的地方政府设立中小企业发展基金,完善专项资金管理办法,加强资金绩效评价。二是建立减轻小微企业税费负担长效机制。实行有利于小微企业发展的税收政策,依法对符合条件的小微企业按照规定实行缓征、减征,免征企业所得税、增值税等措施,简化税收征管程序;对小微企业行政事业性收费实行减免等优惠政策,减轻小微企业税费负担;落实好涉企收费目录清单制度,加强涉企收费监督检查,规范涉企收费。三是强化政府采购支持中小企业政策机制。落实财政部、工信部在2020年12月18日印发的《政府采购促进中小企业发展管理办法》(财库〔2020〕46号)的有关规定,对采购限额标准以上200万元以下的货物和服务采购项目、400万元以下的工程采购项目,适宜由中小企业提供的,采购人应当专门面向中小企业采购;超过200万元的货物和服务采购项目、超过400万元的工程采购项目中适宜由中小企业提供的,预留该部分采购项目预算总额的30%以上专门面向中小企业采购,其中预留给小微企业的比例不低于60%。

（三）提升创新发展能力

一是加强"专精特新"企业培育。要按照工信部要求，着力培育和支持"专精特新"小微企业的发展，促进小微企业走专业化、精细化、特色化、新颖化之路。"专业化"指的是专注核心业务，提高专业化生产、服务和协作配套能力，为大企业、大项目和产业链提供零部件、元器件、配套产品和配套服务；"精细化"要求实施精细化生产、精细化管理、精细化服务，以美誉度高、性价比高、品质优良的产品和服务在细分市场中占据优势；"特色化"就是利用特色资源，弘扬传统技艺和地域文化，采用独特工艺、技术、配方或原料，研制生产具有地方或企业特色的产品；"新颖化"就是开展技术创新、管理创新和商业模式创新，培育新的增长点，形成新的竞争优势。湖北省要分层分类有重点地培育"专精特新"中小企业群体，在培育"专精特新"中小企业的基础上，加大对"专精特新""小巨人"企业的培育力度，并推动"小巨人"企业加快向单项冠军企业发展。要加大支持力度，积极引导小微企业创建国家级和省级"专精特新""小巨人"企业，不断提高"专精特新"企业的数量和比重，增强中小微企业的整体素质。要贯彻落实财政部、工信部《关于支持"专精特新"中小企业高质量发展的通知》（财建〔2021〕2号）精神，按照时间节点认真编制第一、二、三批实施方案，确保我省的重点"小巨人"企业和中小企业公共服务示范平台扶持资金应有份额。

二是开展数字化赋能专项行动。要认真落实《工业和信息化部办公厅关于实施〈中小企业数字化赋能专项行动方案〉的通知》（工信厅企业〔2020〕10号）和《工业和信息化部中小企业局关于推动落实〈中小企业数字化赋能专项行动方案〉的通知》（工企业函〔2020〕69号）要求，在助推中小企业上云用云、夯实数字化平台功能、创新数字化运营解决方案、提升智能制造水平、加强数字资源共享和开发利用、强化供应链对接平台支撑等多个方面出台一系列切实可行的行动计划，推进湖北省中小企业构建数字化生态体系，发展数字经济新模式新业态。要充分发挥中小企业主体作用，主动适应新形势，推进自我变革与数字化赋能，提升企业应对风险能力和可持续发展能力；要调动数字化服务商积极性，发挥中小企业公共服务示范平台和平台网络作用，帮助企业加速数字化网络化智能化转型；要按照"企业出一点、服务商让一点、政府补一点"的思路，鼓励各地将中小企业数字化列入中小企业发展专项资金等资金重点支持范围；对流动性遇到暂时困难、发展前景良好的中小企业，通过数字化改造升级推进转型发展的，金融机构在优惠利率贷款中应给予优先支持；要充分利用搭建的省数字经济监测平台，及时对我省5G基站建设、工业互联网、企业上云、两化融合等监测监控，为数字经济发展提供决策支撑。有力破解中小企业数字化转型中面临的三个痛点：转型能力不够，"不会转"；转型成本偏高，"不能转"；转型阵痛较长，"不敢转"。

三是促进产业链上大中小企业融通发展。要促进产业链上大企业带动中小企业协同创新发展，按习总书记提出的"围绕产业链部署创新链、围绕创新链布局产业链"的思想，构建大中小企业深度协同、融通发展的新型产业组织模式，形成大企业引领、中小企业主动融入的运行机制，提高产业链运行效率；要以构建大企业与中小企业协同创新、共享资源、融合发展的产业生态为目标，着力挖掘和推广融通发展模式；要通过夯实融通载体、完善融通环境，发挥大企业引领支撑作用，提高中小企业专业化水平，培育经济增长新动能，助力实体经济发展；要打造产学研对接的新型产业创新模式，提高产业创新效率，发挥中小企业活力，找准产业链布局中的市场短板，产教融合提升自主创新能力，改变传统"等、靠、要"的依赖式经营理念，提高自身的造血功能，形成特有的核心竞争力和盈利模式；加速构建数据协同共享的产业数字化发展生态，提高中小企业获取数据、应用数据的能力，推动中小企业数字化转型；支持制造业龙头企业构建基于互联网的分享制造平台，有效对接大企业闲置资源和中小企业闲置产能，推动制造能力的集成整合、在线共享和优化配置；鼓励大企业为中小企业提供一揽子的信息支持，包括上游产品供给、下游产品需求、产品质量及流程标准，提高全链条生产效率。

四是组建中小企业研发中心。在武汉成立由省政府支持的中小企业研发中心，利用湖北科教资源，与高校科研院所合作，实现人才和技术资源的共享，研发中心为全省的中小企业服务，解决武汉以外地市州中小企业引进人才困难、留住人才困难、研发困难、企业无法共享人才资源，人才与企业需求对接不畅等方面的困难和问题，切实解决中小企业科技人才短缺和创新机制的不足。研发中心旨在形成人才储备和技术储备，完成政府基于市场和企业实际的技术需求，更好完成科教融合和形成产教研战略联盟。

（四）提高企业管理水平

一是推动中小企业加快实现管理创新和创新发展。其具体措施包括，鼓励和支持中小企业管理创新，完善法人治理结构，建立现代企业制度，引导中小企业加强财务、安全、节能、环保、人力资源等管理创新；鼓励有条件的中小企业积极参加全国和地方企业管理现代化创新成果申报活动；加强管理创新实践和创新成果推广；建立和健全中小企业创新发展制度；推动完善创业扶持和创新支持制度，支持中小企业提升信息化水平，运用工业互联网新技术、新模式，对生产管理关键环节实施数字化、网络化、智能化升级，提高生产效率，实现管理技术现代化。

二是推动中小企业完善财务管理制度和监督机制。其具体措施包括，建立健全财务管理配套制度，明确管理人员工作内容和权利职责，提高财务人员工作意识，加强财务风险管理能力；积极树立科学的资金管理理念，建立规范的资金预算管理体系，强化信用政策执行力度，提升资金风险防范能力，培养和引进高素质资金管理人才；切实逐步完善相关法律法规，建立优质有效的财务管理监督制度体系，规范财务管理工作程序与秩序，使财务管理工作更加透明化和清晰化。

三是推动中小企业建立危险应对机制。其具体措施包括，引导中小企业科学甄别信息源，强化风险预测能力，提高风险防范意识，帮助中小企业应对自然灾害、事故灾难、公共卫生事件和社会安全事件等不可抗力事件，制定科学有效的应对预案；鼓励企业通过建立系统冗余机制，降低企业经营风险，适时调整经营策略，及时根据环境变化实施战略转型。

四是完善中小企业经营管理人才引进和培养机制。其具体措施包括，完善中小企业经营管理人才引进和培养机制，实施多样化人才培养手段，构建具有时代特点的多领域、多层次、线上线下相结合的中小企业培训体系；健全技能人才培养、使用、评价、激励制度，加快培养高素质技能人才，弘扬"工匠精神，切实把国家中小企业银行培训工程抓出更大成效；搭建人才交流平台，加强人才引进；继续开展政府与企业之间合作培训，实施中小企业国际化人才培训计划。

（五）切实改善营商环境

一是要认真落实《优化营商环境条例》。优化营商环境是促进我省中小企业疫后重振和高质量发展的长远之策、制胜之道，要进一步认真贯彻落实《优化营商环境条例》和《国务院办公厅关于进一步优化营商环境更好服务市场主体的实施意见》(国办发〔2020〕24号),推进治理效能改革,降低制度性交易成本,激发市场活力,增强中小企业发展动力。

二是要推进中小企业开办经营便利化。其具体措施包括,要全面推行中小企业开办全程网上办,提升企业名称自主申报系统核名智能化水平,在税务、人力资源、社会保障、公积金、商业银行等服务领域加快实现电子营业执照、电子印章应用;放宽小微企业、个体工商户登记经营场所限制;探索推进"一业一证"改革,将一个行业准入涉及的多张许可证整合为一张许可证,实现"一证准营"、跨地互认通用;梳理各类强制登报公告事项,研究推动予以取消或调整为网上免费公告;开展"一照多址"改革,简化企业设立分支机构的登记手续。

三是要改进政务服务。其具体措施包括,要全方位、全领域、全过程对标对表一流,以自我革命的精神、刀刃向内的勇气,推进政府部门改进政务服务;要以思想破冰引领发展突围,解放思想、更新观念,向发展聚焦、为发展开路,构建"亲清"政商关系,大力整治不作为、乱作为、慢作为等问题;要落地落实见效,把市场评价作为第一评价、企业感受作为第一感受、群众满意作为第一标准,一切奔着问题去,从企业反映最强烈的问题改起,从企业最不满意的地方抓起,变政府思维为企业视角,切实解决市场主体和群众办事的堵点、痛点、难点,推进营商环境持续优化;要打造高效便捷的政务环境,强化服务意识,以高效办成一件事为目标,推进跨部门、跨层级、跨地区的业务流程再造与系统重构,加快"一网通办、一窗通办、一事联办、跨省通办";以政府有为,推动市场有效、企业有利、社会有序。

四是要完善监管体系。其具体措施包括,要推进"互联网+监管",建立以"双随机、一公开"监管为基本手段、以信用监管为基础、以重点监管为补充的监管体制机制,形成监管合力,提高监管质效;要更多采取"企业点菜"方式推进"放管服"改革;加快推进政务服务热线整合,进一步规范政务服务热线受理、转办、督办、反馈、评价流程,及时回应企业和群众诉求;鼓励引导平台企业适当降低向小微商户收取的平台佣金等服务费用和条码支付、互联网支付等手续费,严禁平台企业滥用市场支配地位收取不公平的高价服务费。

(六)加强服务体系建设

一是要加强中小企业公共服务平台建设。健全和完善以省级公共平台为枢纽,以17个市(州)和15个重点产业集群公共服务平台为重点,以"国家中小企业公共服务示范平台""省级中小企业公共服务示范平台""省级小型微型企业创业创新示范基地"为标杆,以65家省级中小企业公共服务平台为支撑,以社会化服务机构为补充,线上线下结合、功能健全、服务完善、分工合理、覆盖全省的中小企业公共服务平台体系;要建立健全中小企业公共服务评价指标体系,建立公益性服务清单,明确支持范围、服务要求与质量标准,鼓励各类服务机构提供特色化、精准化、个性化、智能化服务。

二是要加强中小企业优惠政策和管理培训。中小企业主管部门要不定期收集、整理国家和省出台的针对中小企业发展的优惠政策,通过短视频、网站、微信、纸质汇编等多种方式及时传达给中小企业;要线上线下多种方式相结合举办中小企业经营管理培训班,讲形势、讲政策、讲管理、讲营销,提高中小企业经营管理水平。

三是要建立中小企业诉求响应受理机制。各级中小企业主管部门要重视中小企业诉求的处理,建立分办、督办、协调、反馈机制,即时响应服务,真正起到解决企业实际问题的作用;要加强对中小企业的走访服务,把走访服务中小企业作为深入开展走访服务企业活动的重要内容,建立常态化长效机制,畅通联系服务企业渠道。各级中小企业主管部门要继续做好中小企业的"店小二",密切关注中小企业生产经营状况,了解中小企业问题诉求,交由行业主管部门研究反馈,真正实现"有呼必应"。

四是要加强中小企业公共服务资金扶持。其具体措施包括,要抢抓财政部、工信部利用中央财政资金支持中小企业公共服务平台建设的机遇,在全省32家获得国家级中小企业公共服务示范平台称号的平台中,力争每年择优支持3~5家平台;要积极争取省级财政支持,采取以奖代补等多种方式,对其他国家级示范平台和省级示范平台给予财政扶持。

行 业 篇

行业篇选择了光电子、装备制造业、新能源汽车、生物医药和无纺布等五个重点行业进行分析。首先对这些行业中小企业2020年发展的基本现状进行梳理,然后基于数据和调研阐述需要关注的主要问题以及未来的发展趋势,最后提出相应的发展建议。

需要说明的是,五个行业的选取主要基于如下考虑:一是代表不同行业背景下中小企业发展问题的一般性,如成本、市场、技术创新、人才、融资等;二是行业的类型,既涵盖受疫情影响大、发展迅速的行业,如无纺布、生物医药,也包括光电子、装备制造业、新能源汽车等战略新兴行业;三是所选行业的转型升级趋势明显,以便厘清湖北中小企业当前现状、突出问题并提出有针对性的发展思路。

一、光电子行业的中小企业在 2020 年发展回顾及建议

光电子行业作为 21 世纪最重要的行业之一,是衡量一个国家经济发展和综合国力的重要标志。光电子行业是湖北省的优势产业,也是战略新型产业,主要涵盖光电子材料与元件、光信息、光通信、激光器与激光应用、光学器材等行业。[①]

1. 基本发展状况

1) 发展水平不断提高

光电子行业的企业生产经营活动技术密集型特征突出、创新性强。2020 年,由武汉东湖新技术开发区管理委员会、中国科学院科技战略咨询研究院联合编制的《光谷指数 2020》在武汉发布,围绕创新、经济、产业、开放、生态 5 个一级指标、43 个二级指标,对包括光电子行业在内的中小企业进行评估。结果显示,过去 5 年,光谷总指数年均增速 27.1%,创新驱动指数年均增长 29.4%,经济高质量指数年均增速达 28.4%。其中,在光电子行业细分行业的小企业发展中,光通信、激光行业企业国际竞争力不断增强,在国内占据领先地位;集成电路行业企业蓄势待发,新型显示、智能终端等产业企业加速发展;5G、北斗、物联网等新兴行业企业正在快速兴起。"十三五"以来,武汉东湖高新区企业万人拥有的有效发明专利授权数也逐年增长,且五年翻一番。光谷企业创新发展水平稳步提升,创新要素集聚能力愈发强劲。

2) 企业集聚规模大

近几年来,以武汉东湖高新区为代表的产业集群企业数量呈井喷式发展。光谷的光电子行业更是独树一帜,集群规模占全国 50% 左右。随着天马柔性屏、华星光电 T4、京东方 10.5 代线等重大项目的实施和量产,全国最大的中小尺寸柔性显示和新一代大尺寸高端显示面板产业集群基本形成。依托华为、联想、小米、富士康等知名终端的研发生产企业,如智能手机、平板电脑、机器人、可穿戴设备等终端产品产业集群正在加快培育。经过多年努力,武汉市建立了国内最大的光纤光缆和光电子器件生产基地、最大的光通信技术研发基地和激光产业基地,构建了通信光电子、能量光电子、消费光电子三大产业链,光纤光缆生产规模居全球第一,占国内市场的 2/3、国际市场的 1/4;光电器件、光传输设备在国内市场占有率分别为 60%、10%。在此背景下,涌现了一批行业优势突出、竞争实力强的明星企业,如武汉霓盛智能科技有限公司、鸣谷科技(武汉)有限公司、武汉来勒光电科技有限公司、武汉拓优智能股份有限公司、武汉佰力博科技有限公司、武汉金数字图像信号设备有限公司、武汉豆听科技有限公司等。当前,武汉市正充分发挥光电子行业院士集聚优势,完善武汉光电国家研究中心功能,加快建设国家信息光电子创新中心,谋划建设第四代同步辐射光源重大科技基础设施,做大"光"产业,做强"芯"产业,发展"屏"产业,深化"端"产业,布局"网"产业,着力打造"光、芯、屏、端、网"万亿产业集群。

近年来,孝感安陆市把发展光电子作为新旧动能转换和承接东南沿海产业转移的重要突破口,先后引进了中科铜箔、金禄电子、晶润电子、晶显科技、力聚电池等一批光电子企业。全市光电子行业投资规模接近 20 亿元,行业从业人员达 2000 余人,产品涉及电子铜箔、印制电路板、LCD 液晶显示屏、智能卡、LED 显示屏、手机数据线、纽扣式电池等 30 多个品种,全市光

[①] 刘颂豪.21 世纪的光电子行业[J].光电子技术与信息,2000,13(5):1-6。

电子行业集群初具规模。

3) 产量回升步伐稳

受新冠疫情影响,湖北光电子行业市场需求受到抑制,同时产业链的正常运行受到冲击,中小企业的生产受到较大影响,而后开始慢慢回升。这主要表现为光电子主要产品的产出规模在疫情初期下滑严重,随着复工复产的推进而开始稳步复苏。以光通信行业中的典型产品光纤、光缆以及数字影像行业中的可拍照手机为例(见图2-1-1),2020年1、2月份产量分别为28.8万千米、389.8万芯千米与120.9万台,累计增长率分别为－58.6％、－50.2％、－77.3％,其下滑十分明显;而到了一季度末、二季度初,随着疫情逐步得到控制和复工复产的大力推进,其产量快速回升;二、三、四季度总体上延续了平稳上升的趋势,行业与中小企业发展慢慢回暖,至12月份三种产品的产量累计增长率分别为4.9％、－17％与－32％。

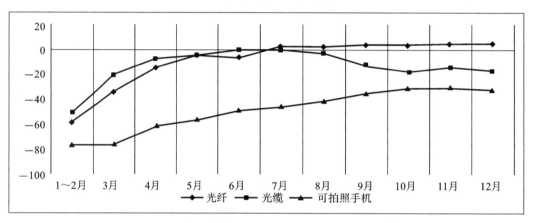

图 2-1-1 典型光电子产品的产量累计增长率/(％)①

总体来看,2020年湖北光电子产品产量虽受疫情影响较上年出现下降,但随着生产复苏的显现以及良好的市场预期,2021年光电子行业的中小企业的生产将持续乐观的势头。

4) 投资动力蓄势足

受疫情影响,湖北光电子行业固定资产投资规模下滑比较严重,但在外部环境逐步转好的条件下,也经历了一个快速恢复的过程。以信息传输、软件和信息技术服务行业为例(见图2-1-2),在2020年1～12月固定资产投资规模的变化显示了该行业较为强劲的复苏趋势。具体而言,在一季度,该行业固定资产投资累计增速为－90％左右,至12月则为－33.5％,相较于2019年下降较多,但投资恢复动力足,势头良好。

更为重要的是,近年来湖北省正积极谋划"一芯两带三区"总体产业建设发展格局,并规划十大重点产业链及企业分布。其中,以武汉为核心发展区,建设武汉国家存储器基地、武汉光谷集成电路产业园,以襄阳、宜昌、黄石、荆州、黄冈、随州、潜江、天门为发展区,重点布局光通信芯片、功率电子、车用元器件及配套产业等;依托武汉东湖新技术开发区,建设国内一流光通信技术研发基地、新型显示基地、光纤光缆生产基地、国家网络安全人才与创新基地等,辐射带动荆州、鄂州、潜江等地区;以武汉、襄阳、宜昌为核心区,重点发展激光等产业;依托宜昌、襄阳、黄石等地智慧城市建设,开展云计算、大数据、软件服务等示范应用。这些发展规划的落地实施,会在当前及未来一段时期内带动对光电子行业的大量投资,为中小光电子企业构建发展平台和产业生态,拓展其发展空间,使其赢得难得的发展时机。

---

① 湖北省统计局2020年统计月报(1～12月)。

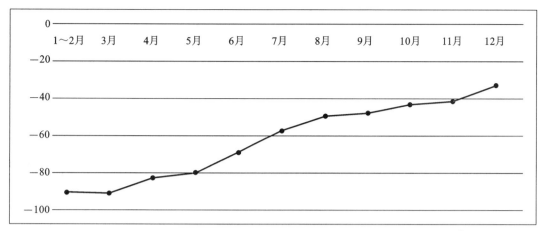

图 2-1-2　信息传输、软件和信息技术服务业固定资产投资累计增速/(%)①

2. 需要关注的问题

1) 中小企业竞争力不强

中小企业竞争力不强的现象较为突出。以集成电路为例,湖北省虽已基本形成了以武汉为中心、以存储器为重点、以长江存储为龙头,涵盖设计、制造、封测、材料、设备等相对完整的集成电路产业,但总体尚处于初步建设与发展阶段,中小企业规模偏小,市场同质化竞争,高端人才欠缺,技术研发投入不足,综合实力不强,竞争力偏弱。近年来,国家对以武汉为代表的湖北光电子行业的发展提供了大量的政策支持,但中小企业核心竞争力仍显不足,在各国各个光电子行业基地竞争力综合评估中,关于中小企业的核心竞争力指标并不突出。总体来说,湖北光电子的中小企业需要大力突破和发展,进而推动产业转型提升、增强持续发展的竞争力。

2) 产业链发展不均衡

从产业链来看,湖北光电子行业发展不平衡,核心上游材料和器件、关键制造设备等一直落后于国际水平,下游中小企业虽然数量众多,但技术含量相对上游企业而言较低。湖北光电子行业的很多细分领域从产业链中下游起步,上游和中游的关键材料及器件、制造设备等依赖进口,而下游组装在国内生产完成。光电子行业链的上游发展滞后于下游,对中小企业而言,这种不平衡不协调状况的形成,一是光电技术是前沿且综合性较强的领域,涉及多学科的交叉,其技术难度大;二是材料及器件的研发周期长、投入大、产品盈利慢,单靠市场行为无法形成持续、稳定的发展局面。可喜的是,近年来随着国家对自主创新的大力倡导,湖北以激光器件、红外焦平面探测器件、LED芯片、光学材料、显示材料及设备等为代表的领域已经逐步布局并部分本土化。

3) 研发环境有待优化

技术研发与创新是湖北光电子行业持续发展的关键所在,是创新驱动发展的重要抓手。当前,湖北光电子国产化步伐不断加快,但中小企业在设计与制造方面的能力还有待进一步提升,对核心技术的自主可控不足等问题仍然较为突出;在产业链上,中小企业工艺水平与发达国家尚有不小差距,这种现状主要与研发基础配套能力、研发模式以及研发投入等因素有关。

---

① 湖北省统计局 2020 年统计月报(1~12 月)。

以湖北本土具有一定优势的光通信行业为例,其产业规模和产品种类不断扩大,竞争力持续提升,尤其系统设备环节已成为全球中坚力量;但光通信产业"大而不强"的问题较为明显,尤其是位于产业链源头的光器件与领先国家存在较大差距。其一,设计工具、基础工艺、仪表装备等产业基础配套能力弱,中小企业固定资产投资负担重、利润率低,难以维系大量研发投入,因此行业发展以跟随为主,创新能力不足以支撑在新一代技术中实现超越。其二,从产业环境的角度看,光电子企业规模普遍较小,在融资、技术开发、标准引领等方面存在不足。湖北省虽拥有优质系统设备商,但上下游企业间的研发合作有限,国产芯片较难通过上下游之间的迭代验证来突破可靠性、量产等关键问题。此外,光器件芯片研发周期长,资金投入大,国家及湖北省的产业扶持资金和市场资本投入存在不足,从而限制了高端产品研发能力的提升,以及创新成果的快速转化落地。

4) 供给侧结构不尽合理

湖北光电子行业涵盖行业广,产品类型多。近年来,虽然该行业发展较快,但从供给结构来看,仍需要进一步优化产权结构和产品类型。从行业中观层面来看,投资类产品比例过大是湖北光电子行业的重要特点,相反地,消费类光电子行业相对薄弱,占比不足,如武汉光电子产品中光纤、光缆等投资类产品的生产规模最大,致使投资类产品的比例占总产品比例达70%左右;从产业微观层面来看,高中低端产品的产出结构不合理,高端产品比例偏低,中低端产品占比较高。还是以光器件产品为例,企业在无源及有源光器件芯片中低端产品领域以及光模块等领域紧与领先水平或与领先水平保持同步,然而高端产品研发能力薄弱,产出比例较低,产品结构不合理。

3. 主要发展趋势

湖北光电子行业正处于行业结构调整升级、实施高质量发展的阶段,其在技术创新、市场潜力、产业链竞争等方面主要体现出如下趋势。

1) 技术创新进一步深化

技术创新体现了光电子行业发展的核心竞争力,而主要载体是企业,尤其是中小企业。加大投入、优化创新组织形式、推动技术创新是提升产业发展水平的重要路径。结合湖北光电子行业的实际情况和未来趋势,技术创新的深化与推广应用将对光电子行业及其他相关行业的变革和发展产生重大乃至颠覆性影响。例如,量子通信技术是适应当前复杂的信息安全形势的技术创新,能彻底改变光电子行业的发展格局。从全球范围来看,量子通信技术已经逐步走向产业化,目前正朝着高速率、远距离和网络化方向发展。预计到2030年,我国将建成全球化的广域量子通信网络,并形成由元器件、通信设备、量子通信网络等环节构成的产业链。而作为在全国乃至世界占据一席之地的湖北光电子行业,量子通信技术的研发及应用势在必行。又如,智能化技术通过自动化软件开发技术,增强软件产品和服务的供给能力。为了满足大数据与网络化环境下日益增长的软件需求,可感知、能学习、善协同的智能化软件将成为主流,它将人类智能迁移至软件智能,结合众包、群智等新型软件开发方式,推动如软件工程与人机智能的深度交叉和泛在融合。石墨烯材料制备技术是当前和未来发展的重要颠覆性材料,已逐步从实验室走向实际应用,其相关产品涉及电子领域的高性能传感器、柔性显示屏、柔性电子器件等。

2) 市场发展潜力大

光电子行业技术进步,为其不断拓展应用领域、开发广阔市场奠定了基础。光电子的研究、开发和应用的发展相当迅速,器件和系统几乎年年更新。光电子器件,作为湖北省的优势行业,激光器和量子点激光器都是人们研究的热点领域;光电子集成电路也朝着高速、高灵敏度、高可靠性、多功能、扩大集成规模、低成本等方面发展。这些类型技术成果的产业化或与传统产业融合发展,不仅推动了国防、军事工业朝纵深发展,也提升了消费品等民用行业的发展质量,促其转型升级。从发展趋势来看,光电子行业及中小企业的发展,将成为湖北社会经济中举足轻重的一个重要部分,而人们生活的现代化与智能化也会更加紧密地与光电子联系在一起,市场前景好,发展潜力大,如图 2-1-3 所示。

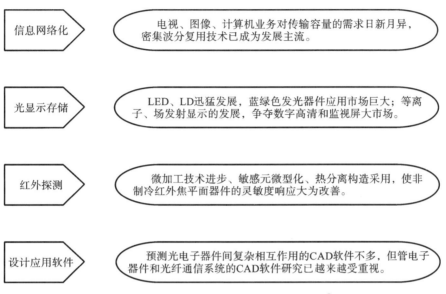

图 2-1-3　光电子器件行业市场发展前景①

3)竞争全产业链化

光电子行业已经进入全产业链竞争时代。在此背景下,中小企业竞争力的关键,正逐步由单一产品或技术优势转向对产业链较强的整合与协同能力上。光电子融合发展已经显现,各行业边界被打破,产业链上中小企业发展形成对软件、内容、终端的整合协同能力,往往就会率先确立市场的整体竞争优势。在当前国际竞争格局、国际贸易形势日益复杂、光电子国际产业链受到冲击的情形下,湖北光电子行业及其中小企业发展面临越来越大的挑战,政策、行业、企业主动作为,向产业链上下游环节有效拓展、构筑全产业链竞争优势,是湖北光电子行业保持并强化竞争力和优势地位的重要发展战略。

4.发展建议

1)完善产业链,补齐发展短板

针对光电子行业的特点,建议在"十四五"期间,重点支持湖北光电子行业各细分领域的上游和中游,倡导和扶持中上游的重点材料和器件企业多领域跨界发展,引导光电行业与电子、半导体等相关行业跨界融合,成体系、可持续发展,夯实产业基础。

光电子上游的材料和器件是整个产业的基础,属于固定资产投资高、技术密集的领域。参考国际技术领先的上游企业发展历程,要夯实行业基础、实现光电产业自主可持续发展,就需

---

① https://www.chyxx.com/industry/202009/896888.html。

要上游企业有较长时间的技术积淀,专注、可持续的发展氛围,这样才能保持对前沿技术的跟踪和创新。湖北省应集中各类优势资源,支持和培育若干家重点上游龙头企业,使其带动下的中小光电企业集群,专注于光电领域的关键材料和器件,以解决半导体激光芯片及大功率光纤、红外焦平面、高性能光学材料等重点领域的自主可控为先期目标,对技术成熟的国产材料及器件应予鼓励和支持,进而引导这些重点单位跨行业、多领域应用创新,紧跟国际技术发展趋势,逐步增强可持续发展能力和国际竞争力。

对光电行业已有规模优势的细分领域,如中低功率激光器、激光加工设备、LED 照明等,要积极探索产品新的应用领域,保持和扩大规模优势;同时要推动协同创新,引导行业在新材料、新工艺等方面加强研发,以实现规模和技术均保持领先优势。

2)推动企业间、区域间协同发展

理顺企业间分工协作关系,实现协同发展。湖北光电子行业中大部分为中小企业,面对光电子行业品种规格不齐全、成本高的通病,可以运用模块化分工激励中小企业创新,把研发转化为产品成果,提供更多差异化产品。另外,龙头企业具有强大的竞争力和带动力,可引领光电子行业发展方向,通过龙头企业产生"拉动效应",形成大中小企业协同发展局面。

在区域间,武汉东湖高新区应立足全球竞争和合作,加强光电子各领域产品线建设。以市场为导向,更紧密地融入全球高科技产业链,加强与世界高科技产业发达地区的合作,适时吸引国内外知名企业在园区内设立或共建区域总部、研发中心、营运中心基地,设立配套完善的针对性服务机构;加强与光电子行业领先地区(如中关村、张江高新区等)园区的合作,结成产业联盟共同攻关亟须解决的技术难题;另外,还要加强与周边"1+8 城市圈"及省内在光电子行业拥有良好发展基础和优势的区域联动发展,实施"大光谷"产业链整合,实现大规模生产。

3)继续完善科技创新与成果推广应用体系

第一,加强高端人才培养,积极参与国际交流合作。湖北光电子行业关键技术突破的核心在人,加快引进海外人才、外地高端人才与外籍专业人士是强力推动湖北光电子行业技术突破的不二选择。围绕湖北光电子行业发展对高端专业技术人才的需求,引进国际上的顶尖人才,带动湖北光电子行业高端技术的创新,特别是核心芯片、IC 集成电路方面的人才,以实现高速芯片与 IC 的自主创新,摆脱核心部分受制于人的状况;充分发挥行业协会、高等院校、科研院所及各类相关社会机构的作用,为行业的持续发展培养各级各类专业人才;加强国际交往与合作,积极参与国际标准工作,增强在国际标准领域的话语权。

第二,提升产业创新能力,推动产业升级。应持续完善湖北光电子行业的创新体系,依托核心企业,建立、完善创新平台,为中小企业创新提供支持,继续推进技术改造;鼓励中小企业增加技术投入,强化企业的创新基础,进一步促进行业基础研究成果与工程化、产业化的衔接,提升产业核心竞争力;通过组建产业联盟或技术协作联盟等形式,推进产业链上下游合作,开展联合攻关,提高产品技术水平,促进推广应用;积极引导企业转型升级,向精细化、节能环保型发展。

第三,加强核心关键技术与产品创新。重点技术领域应加强核心关键技术与产品创新。例如,在光通信行业光器件上,加大对波长可调制光源、半导体材料 InP 和 Ploymer 工艺、高速芯片、高速集成电路 IC 及光电集成技术等重点技术领域的研发投入;在 40 G、100 G 和 400 G 光器件及核心芯片下一代 PON 用光器件及模块等领域加快重点研发技术/产品的进程;在 10 G PON(无源光纤网络)、40 G 光器件及模块产品产业化应用、低成本 16×2.5 Gbps WDM 光纤接入芯片及传输模块产业化、100 G,400 G 器件与模块产业化等项目上加大研发力度。

4）强化政策引导作用

第一，发挥财政资金的引导作用，创造良好投融资环境。充分发挥创新基金、工程中心补助、技术改造专项资金、电子发展基金等各类财政资金的引导和带动作用，促进产业发展推动建立政府导向的产业投资基金；发挥财政资金带动作用，引导社会资源支持产业发展；积极促进企业与资本市场的结合，创造有利于产业发展的投、融资环境。

第二，及时出台鼓励和扶持政策，进一步开发湖北光电子应用市场潜力。出台奖励政策支持企业创制国际、国家和行业标准，给予申请专利的企业资助，促进技术标准和专利的结合，为湖北光电子行业营造良好的国际国内市场环境。

第三，完善产业政策。根据国家鼓励发展的研究与产业化目录，结合中小企业的实际情况，通过政策引导投资方向与重点，在鼓励项目的重要进口设备、材料在国内没有替代产品的情况下，继续保持现有税收优惠政策，积极支持国产化光器件企业的创新投入与产业化。

二、装备制造行业的中小企业 2020 年发展回顾及建议

装备制造业涵盖较广,一般包括金属制品业、普通机械制造业、专用设备制造业、交通运输设备制造业、电气机械及器材制造业、电子及通信设备制造业、仪器仪表及文化办公用品制造业等行业。

1. 基本发展状况

1) 行业发展稳步回升

2020 年,在各项政策大力引导下,湖北装备制造业复工复产迅速推进,主要行业发展快速回升,年末各项指标已接近 2019 年水平。如图 2-2-1 所示,2020 年 1~3 月,除通信设备、计算机及其他电子设备制造业工业增加值累计增长率为－43.3％以外,汽车制造业、铁路船舶航空航天和其他运输设备制造业、电气机械及器材制造业、通用设备制造业等行业增加值累计增长率均在－60％左右,行业企业受疫情影响较大;从 2020 年 4 月开始,这些行业增加值累计增长率都开始快速回升,之后持续平稳,稳中有升;至 2020 年 12 月,除了铁路船舶航空航天和其他运输设备制造业外,大多数行业的工业增加值累计增长率已恢复至 2019 年的 90％左右。从这些行业的增加值同比增长率来看(见图 2-2-2),全年变动趋势与此类似,自二季度以后趋于平稳,基本恢复至 2019 年水平;从增加值占规模以上工业的比重来看(见图 2-2-3),各主要行业在全年保持稳定。

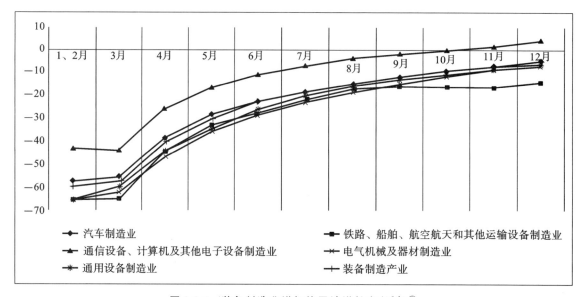

图 2-2-1 装备制造业增加值累计增长率/(％)①

---

① 湖北省统计局 2020 年统计月报(1~12 月)。

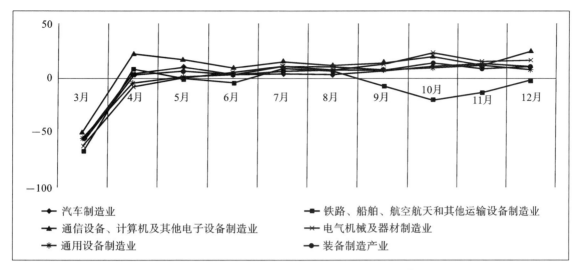

图 2-2-2　装备制造业增加值同比增长率/(%)①

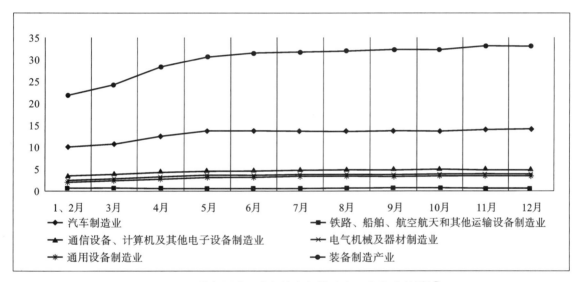

图 2-2-3　装备制造业增加值占规模以上工业比重/(%)②

2) 企业效益增速缓中有降

2020 年,湖北装备制造业中小企业效益增长缓慢,相较 2019 年有一定程度的下降。从规上企业 3~11 月的月度利润变化来看(见图 2-2-4),3 月为亏损,从二季度开始转为盈利,具体表现为:各行业二季度月度利润明显上升,除了汽车制造业出现较大波动外,其他行业均低幅平稳变动。全年行业利润较上年则有明显下降,截至 11 月,利润增速为－19.1%,其中汽车制造业为－20%,铁路、船舶、航空航天和其他运输设备制造业为 4%,计算机、通信和其他电子设备制造业为－51.2%,电气机械和器材制造业为－26.2%,通用设备制造业为－8%。

---

①② 湖北省统计局 2020 年统计月报(1~12 月)。

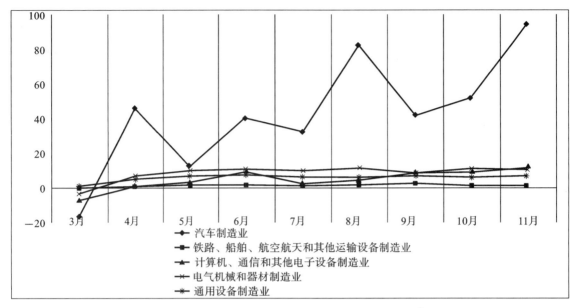

图 2-2-4 装备制造业规模以上行业月度利润/亿元[①]

随着疫情形势的好转以及行业市场的快速复苏,2021年湖北装备制造业发展运行将步入正常轨道,预期形势进一步好转,经济效益将稳步提升。

3) 产业集群基础好

当前,湖北省装备制造业涵盖船舶与海洋工程装备、卫星应用、航天、北斗导航、海洋、汽车、船舶等众多领域,逐步形成了以中小企业为主的产业集群。有代表性的如武汉创建的国家军民融合创新示范区、国家航天产业基地、北斗产业园等;孝感国家级示范基地三江航天产业园打造"五园一区";襄阳航空航天工业园创建的国家新型工业化产业示范基地;枣阳签约建设通用航空产业园;大悟打造的武船军民融合产业园;宜昌开工建设的总投资50亿元的商业航天动力产业园,打造世界先进、国内领先的商业航天固体动力。装备制造产业集群效益良好,如孝感三江集团产业园深度融合,技术创新专利达到459个,部分产品市场占有率达50%,远销20余个国家和地区;襄阳军民融合产业产值增速超两位数,其中"军转民"项目在工业产值中约占70%。伴随着产业集群的发展,各类合作平台先后建立起来。湖北成立高分辨率对地观测系统湖北数据与应用中心;省政府与国家国防科工局、中船重工、航天科工等签订战略合作协议;武汉军械士官学校与武汉团结激光股份有限公司开发生产民品;武汉理工大学与中船集团第七〇一研究所签署战略合作协议;华中数控、武汉奋进智能机器有限公司、华中科技大学、武汉大学等85家企业、科研院校,联合成立湖北机器人产业创新战略联盟,抱团推进成果商业化应用,突破机器人产业共性关键技术。

4) 融合发展赋能中小企业

高端装备制造业,已成为推动长江经济带工业迈向中高端、决胜区域竞争的重要引擎,计划2025年力争进入全国制造强省第一方阵。当前,湖北着力推动装备制造融合发展与智能制造,赋能中小企业并拓展其发展空间,使其面临难得的发展机遇。

湖北省以高档数控机床及系统、机器人、智能光电子装备、智能增材制造装备(3D打印)、

[①] 湖北省统计局2020年统计月报(1~12月)。

智能交通运输装备、智能医疗装备和智能制造核心基础设备等七大领域为重点,开展核心技术攻关,并参与全球智能制造竞争与合作,培育40家年收入过10亿元的骨干企业和50家集成能力强、辐射带动力大的工程技术服务公司。新一代信息技术与实体经济融合,赋予传统制造更聪明的"大脑"和更充沛的"体力"。在汽车制造这一领域,汽车企业与互联网中小企业已经展开深度合作,如武汉光庭信息技术公司研发的自动驾驶技术和高精度地图系统与东风公司、上汽集团合作。湖北省还推进北斗产业与汽车制造企业融合,仅从事北斗相关产业的中小企业,在湖北就有100余家,并实现了智能网联汽车领域新突破。在轨道交通装备领域,武汉市抓住机遇,大力发展轨道交通智能化装备制造业。2020年8月,武汉市选址黄陂区建设武汉轨道交通装备制造基地,该基地规划建设32平方千米,吸引轨道交通车辆、动力牵引、通信信号、场站配套、工程建设等装备研发制造以及装备材料研发制造、轨道交通设计咨询等40多家轨道交通关联中小企业入驻。

2. 需要关注的问题

作为重要的老工业基地,湖北有着发展装备制造业的坚实基础,也有向高质量发展转型的迫切要求,但当前中小企业产业化步伐有待加快、传统存量亟待转型升级、新兴力量还不够强大等问题较为突出,制约着装备制造业的发展。

1) 高端装备制造发展不足

高端装备制造是制造业的核心,也是装备制造业供给侧结构转型升级的发展方向。数据显示,国内在高端装备领域中,80%的集成电路芯片制造装备、40%的大型石化装备、70%的汽车制造关键设备及先进集约化农业装备仍然依靠进口;中小企业装备制造主要集中在中低端领域。类似的这种现象也体现在湖北装备制造中小企业的生产经营中。湖北装备制造业中小企业规模小,技术研发能力不足,长期以来重外延规模、轻内涵提升,投资分散,重复布局,产业组织不够优化。其中,重大工程项目的产品设计和制造分属不同部门,也影响了技术装备成套供应体制和能力的形成。而金融业参与装备制造业的投资、组合的渠道受到众多限制和约束,难以通过资本市场实现装备制造业中小企业的组织变革和结构优化。

2) 技术创新能力偏低

中小企业自主研究、开发意识薄弱,技术创新能力低,高新技术装备和重大技术装备在很大程度上还要引进外国的技术。由于设计和制造技术能力普遍不高,湖北装备制造中小企业难以以综合和系统的视角,从市场、设计和生产过程中寻找最佳的结合点,集合材料、工艺、控制、系统、工程等方面,开发设计技术先进和经济合理的产品,以最大限度地满足用户的需求,从而扩大市场占有率。同时,由于技术研发的不确定性,也在一定程度上弱化了中小企业研发投入的动力。严格意义上来说,中小企业还未真正成为技术创新和科技投入的主体。这种局面导致省内中小企业主要集中于中低端的传统装备制造,且不少产品生产能力过剩,供过于求,企业效益不好。与此同时,重大技术装备和高新产品生产能力又严重短缺,致使对国外高端装备制造及其核心技术依赖程度偏高。

3) 军民融合水平不高

装备制造业中包含大量军事工业与民用行业,军民优势互补融合发展是装备制造产业发展的趋势。军民融合发展已具备良好基础,但也存在一些突出问题。一是大型军工装备制造企业(集团)与中小企业融合程度发展不高。在湖北装备制造中,军民融合发展的相当一部分仍停留在军转民层面,民参军、军民两用发展不足;军民企业合作相对松散,融合不深。这主要体现为军民资源共享度较低、要素双向流动不足,大量民品资源(中小企业)难以在军工建设中发挥应有作用。同时,内生动力不强,依靠政府直接推动多,社会资本(中小企业)等市场投资驱动乏力。这与军民融合的制度障碍密切相关。一是军工企业条块管理、准入门槛高、军民生产标准不一;军民融合发展的激励约束等机制不畅。二是融合发展运行体系不尽完善,一方面,湖北装备制造军民融合发展大中小型企业间关联度不高,尚未形成紧密依存的专业化分工协作网络体系;另一方面,社会化服务体系滞后,如融资、研发、信息服务、市场推广等,产业链不完整,资源整合、服务功能不全,难以充分发挥集聚效应。这既有军民融合机制不健全的影响,也有发展规划不尽合理、投入不足、配套建设滞后等原因,还有服务平台培育不足的制约。

4)协同发展模式有待提升

湖北装备制造主要行业中,创新要素及其他资源在大中小型企业之间共享度不高、流动性不强,知识与技术外溢效应不显著;企业与科研院校合作平台建设尚显不足,合作深度不够,较大地影响了装备制造产业的联合研发、成果转化及各类资源配置效率。这一方面与协作机制不健全有关,对创新要素整合不足,效率偏低;另一方面,研发与创新投入来源较窄,投入不足,研发合作与协同发展受限。从投入来看,供应链金融对湖北装备制造产业发展的贴近服务性不强,各种不同所有制、不同规模的企业在融资渠道上处于分层状态。国有大型装备制造企业资金需求能够通过大型金融企业融资或财政投入得到满足,而大部分中小企业资金主要来自市场化融资,仍存在融资难、融资贵和融资渠道单一等问题。由于中小企业融入产业集群深度及广度受到影响,在整体上会制约装备制造产业的发展速度。

3. 主要发展趋势

1)装备制造高端化趋势进一步加强

高端装备制造是以高新技术为引领,处于价值链高端和产业链核心环节。它决定着整个产业链综合竞争力的战略性新兴产业,是推动工业转型升级的引擎。大力培育和发展高端装备制造业,是提升湖北产业核心竞争力的必然要求,是抢占未来经济和科技发展制高点的战略选择。

从国际竞争来看,新一轮科技革命和产业变革蓄势待发,装备制造企业纷纷将高端装备作为着力点,加大战略布局力度,抢占全球科技和产业竞争的制高点,重塑竞争优势。同时,全球高端装备制造业竞争格局正在发生重大调整,世界主要跨国装备企业纷纷通过兼并收购、服务增值等方式,提升企业核心竞争力。

从湖北省的当前情况来看,湖北装备制造业发展模式正处在从粗放型向集约型转变时期。集约化不再是盲目追求速度和产量,而是注重效率和质量,以及节约资源和降低污染。集约化的决定性因素是加速技术进步,其物质基础是开发先进、高效的技术装备。装备制造业承担着为湖北各行业和国防建设提供装备的重任,带动性强、波及面广,其技术水平不仅决定了各产业竞争力的强弱,而且决定了今后运行的质量和效益。

2)军民深度融合与集群化

湖北装备制造业军民融合在现有发展基础上,未来将朝多领域拓展、向纵深强化、产业链协同共生,其融合深度和广度不断提高,并更多地体现产业集群的组织形式。作为产业组织模式,军民融合产业集群在特定的地域空间内,以市场为导向,依托军工资源和军民两用产品,通过区域化布局、专业化生产、市场化联动、一体化经营以及社会化协作,集聚相关企业与政府、中介等支持机构,从而进一步扩大区域优势,提升核心竞争力。

军民融合产业集群的发展意义重大。依托产业集群,推动"军转民""民参军"衔接与融合,提升集聚效应,拓展军民两用资源应用前景,是提升军事效益与经济效益的创新模式;通过产业集群,构筑军民融合发展产业链,深化专业分工与协作,促进创新要素流动沟通,加速知识外溢与信息、技术共享,是湖北创新驱动发展战略的有力支撑;通过产业集群,促进产业融合发展,进而转型升级,深入发掘军民融合发展巨大潜力,是湖北社会经济持续发展的有效增长点。在当前发展背景下,结合湖北实际,推动军民融合产业集群发展,既是国防现代化的可行路径,也是湖北高质量发展的重要内涵,具有十分重要的战略意义。

3) 主要行业市场升级

当前,湖北装备制造业正处于转型升级的关键阶段,通过智能制造引领装备制造行业发展并提升网络化、智能化、绿色化、高端化发展水平是适应高质量发展的内在要求。湖北已将装备制造业的发展标杆立在了国内一流、世界水平。《中国制造2025湖北行动纲要》明确指出,打造全国智能制造发展高地,成为全国一流制造业创新中心。从主要行业来看,这些均体现了创新发展的良好势头。

在航空装备行业,随着大型民用飞机研制成功,大型飞机企业与中小型配件、服务型企业合作将成为常态;民用机发动机、机载系统及航空材料的研发生产、客户服务商业模式将更为专业化、国际化。支线飞机制造及零配件、服务供应的集中度不断提高,产品面向国际市场,需求向较大座级产品转移,降低油耗成为技术革新的焦点。

在卫星及应用行业,面向消费者的大众应用服务板块拥有非常好的市场前景,未来对卫星制造、发射、地面设备制造将产生更强的牵引力。同时,随着商业航天热潮的兴起,众多民营资本纷纷进入这一领域,商业航天将逐渐成为卫星与应用行业的主要业态。对湖北省而言,民营资本的进入和商业化、市场化发展,卫星制造及其应用服务的市场潜力极大。

在轨道交通装备行业,未来几年,这一行业将重点实施绿色、智能轨道交通装备创新工程。在技术创新和产品研发上,铁路客货运技术、产品和服务模式创新将加快;面临"一带一路"战略机遇,轨道交通装备、技术、服务整套解决方案和标准输出,"走出去"步伐将加快;快捷、节能、环保、智能等关键技术研发和应用服务能力将得到提升。

在海洋工程装备行业,海上油气开发装备、海底矿藏开发装备、海洋可再生能源开发利用装备、海上大型浮式保障基地及装备、海洋生物与化学资源开发装备等在技术与产品层面将面临升级换代。

在高端数控机床行业,数控机床及基础制造装备被《中国制造2025》列为加快突破的战略必争领域,需前瞻部署和突破关键技术,积极谋划抢占未来科技和产业竞争的制造点,提高在国际分工中的地位和话语权。

在工业机器人行业,其发展重心将转移到机器人智能化水平的进一步提升上,机器人与信息技术、大数据、网络、人工智能等深度融合,建立工业机器人技术创新高地。

4. 发展建议

1) 强化顶层设计,加大统筹力度

装备制造业的重要性不言而喻,所涉行业门类众多,需要对其未来的发展做好顶层设计和科学规划。一是加强组织领导,优化对装备制造产业发展的工作机构及其引导,完善职能配置和工作机制,建立统一领导、顺畅高效的组织管理体系,加强统筹协调,推进管理协同;二是加强政策统筹,抢抓"一带一路"、长江经济带重大战略机遇,前瞻性地制定形成省市"十四五"装备制造的规划与政策体系，以更好地发挥指导作用；三是适应湖北经济转型升级的要求，进一步梳理装备制造产业优势资源（包括资金、人才、大型企业、重大基地、研究平台等），优化整合、凝聚合力，深度发掘产业发展潜力。

2）优化产业组织，激发企业活力

从产业组织视角，湖北装备制造业的振兴必须首先通过改制、改组来激发企业活力，即加快企业产权多元化的进程，加强企业激励机制与制衡机制的建设。围绕湖北装备制造业的优势和强项进行产业结构、组织结构的调整与重组，打破部门、行业保护，加大企业间重组、并购力度，建立起大装备制造业体系；按照国际化和专业化生产的思路，大力培育一批在国际上有竞争力的大型企业和一大批强、精、专的中小企业集群；同时，压缩过剩的、落后的生产能力，加大严重亏损、没有发展前途企业的破产、退出力度。通过这些措施，优化湖北装备制造业产业组织，完善中小企业协同运行机制，提高经营管理效率，为产业高质量发展和企业提质增效奠定组织基础。

3）推进装备制造信息化、智能化发展水平

推进大数据与智能制造深入融合。近年来，随着大数据、云计算等支撑的智能制造核心技术的不断发展，湖北省越来越多的装备制造中小企业开始寻找可以落地的应用。针对智能制造这一目标，中小企业在设计环节可以应用大数据发展"顾客对工厂"（C2M）等模式；在生产环节可以应用大数据对流水线作业进行实时监控与优化；还可以联合高校、科研院所等建设"大数据＋智能制造"的数字化智慧工厂；在条件允许的地区实施"大数据＋智能制造"试点行动，探索可复制的经验模式，在其他企业进行推广应用。

4）推动装备制造军民深度融合

结合湖北实际，应遵循"深化融合、创新机制、激发动力、提升水平"的思路，推进湖北军民融合产业集群深化发展。

第一，弱化行业壁垒，深化集群融合。一是结合当前实际，降低民参军、军民合作准入门槛，更多地吸纳拥有竞争优势的民用企业和社会资本加入产业集群，推动军民企业融合。二是推进军民品生产标准融合，国家标准、军用标准及行业标准协调互补；非特定领域军民品可建立统一标准。三是由政府相关部门、军工管理机构牵头，联合行业协会，组建军民产业联盟，建立完善的军、地、企三方信息沟通渠道，形成产业集群链上中下游垂直整合与水平扩散的融合机制。

第二，推动机制创新，激发内生动力。一是推行产权改革。集群产业链上下游军民企业以合资、参股、合作、联盟等多种形式联合，进一步探索混合所有制改革。二是构建多元投入机制。积极支持国家与省产业投资基金、产业与创意基金、各类社会资本参与、推动军民融合产业集群的发展。三是落实落细各项优惠政策。优先保障军民融合产业园建设用地，土地使用税（费）给予特殊优惠；研究制定军工企业民用品研发生产、科技创新的税收优惠政策。

第三，健全信息平台，促进资源流动。一是健全省市两级军民信息共享平台，并与国家军民融合公共服务平台对接。依托平台，可以整合军工部门及企业需求信息并分类发布；同时建立民参军企业数据库，解决地域间信息不对称问题。二是省级层面规范网络服务平台信息交互标准和共享接口，鼓励军民探索线上线下多渠道信息对接方式。三是完善科学仪器、科技文献等科技资源平台，推动军民融合产业集群内外部的合作研发、委托研发、智力引进和民用技术转化。

5) 完善研发体系,提升创新水平

针对中小企业研发意识薄弱、技术创新能力不足、研发模式不完善的问题,应搭建各类创新平台,充分整合湖北智力资源,发挥创新资源优势,完善研发体系,提升企业合作研发成效。第一,在企业层面,增强中小企业对技术创新的认识,提高中小企业对智能制造的重视程度,激发中小企业应用现代工艺、信息化手段对传统制造、中低端制造进行改造升级,带动企业转型发展。第二,围绕湖北装备制造业重点技术领域,大力推进高校、科研院所与中小企业加强合作,建立工程实验室、研究中心、技术创新联盟等协同创新平台以及具备一定规模同时拥有较大影响力的大数据研究交流中心。第三,依托一批湖北国家级产业示范基地、创新中心,开展"军政产学研用"协同创新深度合作。加快建设一批产业技术基础平台和服务支撑平台,推进共性技术研发及推广应用,实现技术引领装备制造产业集群发展。

另外,在引进国外先进技术的同时,将引进技术的消化吸收和自主创新有机结合起来,这是推动传统制造业转型升级、实现高端化的可行路径。湖北省应根据自身装备制造业的实际情况和结构调整的战略,积极引进发达国家装备制造业的关键装备技术、配套零部件生产技术,并努力消化、吸收与创新,最终实现国产化,带动传统制造业的转型升级。在此基础上,湖北中小企业应逐步加大自主开发和自主创新的力度,使装备制造业的技术创新模式由引进技术向引进技术和自主开发相结合转变,进而走向自主创新。

三、新能源汽车行业中小企业 2020 年发展回顾及建议

发展新能源汽车是汽车产业转型升级的重要方向。新能源汽车主要是指驱动能量全部或部分由电能进行输出的汽车,主要包括混合动力汽车、纯电动汽车、增程式电动汽车等。当前,包括湖北省在内的全国主要省份正大力发展新能源汽车产业,并在政策、产业基础设施等方面予以引导或支持。

1. 基本发展状况

1)复工复产推动产量稳步上升

2020年对湖北新能源汽车产业影响较大,但随着外部环境的逐步好转,行业产出开始稳步回升。全年新能源汽车产量持续回升,从1、2月的549辆上升至12月的3.2万辆,累计增长率由-78.8%变为-48.4%,相较2019年总体下降幅度较大。但从汽车产出结构来看,在基本型乘用车(轿车)产量中,新能源汽车的占比却在上升,从1、2月的0.98%上升至12月的3.76%,反映了汽车生产结构转型升级的趋势。而新能源汽车的相关产品如锂离子电池、太阳能电池,前者产量上升明显,增长率由负转正,从1、2月的-34.8%上升至12月的2.9%;后者产量则出现产量波动(见图2-3-1)。据深圳市车研咨询有限责任公司对全国500家典型新能源汽车生产企业产能进行调研统计,2020年湖北新能源汽车综合产能位于陕西、安徽、河北、广东、山东之后,排第六位。

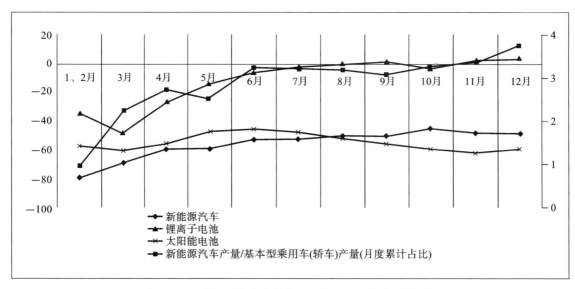

图 2-3-1 新能源汽车产业产品产量累计增长率/(%)[①]

2)产业政策体系逐步完善

根据国家关于新能源汽车产业的发展战略和相关指导政策,湖北省根据自身实际情况,制定出台了相关政策,用于扶持、激励、规范新能源汽车产业的发展,形成了较为完善的政策体系。《中国制造2025湖北行动纲要》《湖北省新能源汽车及专用车产业"十三五"发展规划》规

---

① 湖北省统计局 2020 年统计月报(1~12月)。

划了湖北省新能源汽车的总体发展战略、目标和思路,确立了发展框架和方向。在新能源汽车推广应用方面,制定出台了《湖北省促进经济社会加快发展若干政策措施》等政策;在基础设施建设方面,制定出台了《湖北省能源发展"十三五"规划》《湖北省电动汽车充电基础设施建设专项规划(2016—2020年)》等政策;在激励措施方面,制定出台了《稳定和扩大汽车消费若干措施》等政策;在环保方面,制定出台了《湖北省"十三五"节能减排综合工作方案》等政策。与此对应,新能源汽车主要发展城市都相应出台了实施细则,如《武汉市人民政府关于加快新能源汽车推广应用若干政策的通知》《武汉市新能源汽车推广应用地方财政补贴资金实施细则》《武汉市新能源汽车充电基础设施补贴实施方案》《武汉市碳排放达峰行动计划(2017—2022年)》《关于襄阳市2018年新能源汽车推广应用财政支持政策的通知(征求意见稿)》《襄阳市中心城区充电设施专项规划》等。迄今,已形成多层面全方位用于指导湖北新能源汽车产业发展的立体化的政策体系,也成为新能源汽车中小企业投资、研发、生产经营、市场推广的行动指南。

3)中小企业广泛参与产业链布局

湖北省形成了两大汽车产业走廊。一是以武汉为起点,连接孝感、随州、襄阳、十堰,沿着汉江、斜向鄂西北的汽车产业走廊;二是从武汉沿长江上溯下延,形成了一条新兴的汽车走廊,即宜昌—荆门—荆州—武汉—黄冈—黄石。

依托两大汽车产业走廊,在东风乘用车、东风商用车、东风本田、神龙、上汽通用、程力、三环、广汽乘用车、猎豹、星晖电动车、汉龙等众多龙头企业带动作用下,各类产业集群得以形成,并紧密协同,形成了相对完整的新能源汽车产业链。在产业链各主要环节,中小企业广泛参与、深度融入,得到了快速发展,涌现了一批在新能源汽车产业具有一定竞争力的中小企业。在整车生产与研发环节的有湖北智轩科技有限公司、武汉贝特威尔电动汽车有限公司、湖北神箭汽车工业有限公司、湖北大汉新能源汽车制造有限公司等企业;在电池、材料、电池管理系统环节的有湖北京远新能源科技有限公司、湖北金泉新材料有限责任公司、能一郎科技股份有限公司、华夏新力(武汉)新能源汽车有限公司等企业;在电机及驱动控制环节的有襄阳宇清传动科技有限公司、武汉溢丰电动技术有限公司、武汉理工通宇新源动力有限公司等企业;在充换电设备及服务环节的有武汉合康智能电气有限公司、武汉新瑞科电气技术有限公司、武汉益商电动车有限公司等企业;在产业链其他环节的有武汉斑马快跑科技有限公司、湖北同创朝阳新能源汽车销售有限公司、楚泰通新能源汽车(武汉)有限公司等企业。

4)良好投资形势给中小企业带来机遇

新能源汽车产业适应湖北产业结构调整的内在要求,代表着当前及未来湖北汽车产业发展的重要方向。即便处于疫情的困难时期,主要投资方及企业仍基于新能源汽车良好的发展势头和市场前景,围绕生产制造及相关配套基础设施提前布局,落地实施或规划大量投资项目。2020年,国内领先的充电桩运营商特来电新能源有限公司继续在武汉投资建设近1000个充电桩;襄阳市建设完成电动公交车配建专用充电桩800个、电动环卫车配建专用充电桩500个、电动物流车配建专用充电桩800个、城市公共充电桩配建3325个、充电桩建设总体规模为5425个;中国燃气拟投资11.52亿元,在湖北宜昌建设电动汽车充电桩等项目。截至2020年年底,全省建成充电桩19万个,跻身全国前十。其中,武汉市全年累计推广建设充电桩1.5万个,规模在中西部城市中位居前列。在项目投资协议达成方面,黄冈市格罗夫氢能产业生态园,协议投资88.6亿元建设"一院五项目",即黄冈新能源工业技术研究院和格罗夫(黄冈)整车制造基地项目、燃料电池中外合资项目、中极氢能源制氢和油氢站项目、泰歌燃料电池动力系统项目、氢骑氢能汽车出行服务运营平台项目;武汉中极氢能源有限公司与湖北祥云

(集团)化工股份有限公司签订中极祥云年产1.5万吨制氢项目合作框架协议。这些项目的最终实施完成,优化了产业发展环境,带动了汽车及零配件中小企业的发展。

2. 需要关注的问题

1)中小企业生产受新冠肺炎疫情冲击较大

新能源汽车产业及中小企业尚处于起步发展和市场推广阶段,总体规模小,抗风险能力不强。从产业链来看,受新冠肺炎疫情的影响,湖北新能源汽车中小企业在物流、人工、采购和物资供应调配方面受到冲击,产量下降。从中小企业实际经营管理来看,销售收入下降,资金回流变慢,而场地租金、人工成本居高不下,总成本显著提升。这使得中小企业经营陷入困境,压力变大。新冠肺炎疫情同样对国际社会、贸易以及全球化形势产生影响。中小企业往往核心技术及产品储备不足,国际疫情的严峻形势以及逆全球化、单边主义的蔓延,部分中小企业面临断供进而产品供应不足的问题。

2)市场需求出现一定萎缩

一是经济下行压力增大,人们收入增速减缓。2020年,湖北省GDP增速为-5%,在全国省份中是唯一负增长的省份;人均可支配收入也有下降,增速为-1.55%。居民对作为大件消费品的新能源汽车的消费信心减弱,消费能力有所下降。二是新能源汽车产品的市场竞争力不强。其购置成本相对较高、充电便利性不足、电池续航能力不强等问题仍然存在,使得电动汽车的综合性价比仍有待提升,市场竞争优势不够显性化。三是汽车市场整体不景气,作为新能源汽车替代品的燃油车加大降价促销力度,车价拉开差距,一定程度上挤压了新能源汽车的市场空间。四是近年来国际市场受冲击较大,国际贸易受阻,对湖北新能源汽车产业的海外出口造成一定影响。

3)核心技术还需要进一步突破

在先进技术研发、产品一致性保障以及国际化发展方面,湖北中小企业与国内新能源汽车先进省份相比,仍有一定的差距。从整车来看,真正意义上的新一代纯电驱动的平台大多还没有纳入企业的研发计划,以企业为主体、产学研用相结合的创新体系还亟待完善。在新能源汽车产业链,电池技术、智联网技术等方面虽然有一定进展,但在新材料、车规级功率半导体和芯片等核心技术攻关方面还需加强。湖北新能源产业要持续发展并向产业链两端攀升,需在这些方面联合攻关予以突破。

4)动力电池使用与回收问题突出

电动汽车的发展需要更好的电池,动力蓄电池的比能量、寿命、安全性和价格对纯电驱动汽车的发展至关重要。其中,具有比能量高、寿命长等优点的锂离子电池是目前最具实用价值的电动汽车电池,在混合动力汽车、纯电动汽车和燃料电池汽车上均得到广泛应用。但是锂离子电池的进步空间不足,续航里程有限,安全性问题偶有发生、生产费用也很高昂;动力蓄电池退役后,如果处置不当,随意丢弃,一方面会给社会带来环境影响和安全隐患,另一方面也会造成资源浪费;再加上锂矿分布不均,如电动汽车都采用锂离子电池,依旧会出现受制于锂产量的情况。基于此,电池技术正在往新材料和清洁能源的方向发展,也取得了重大的突破,但是在商业应用上却很少,其重要原因在于不能有效降低成本和提高容量。综上所述,当前新能源汽车在动力电池上面临较为突出的问题,对未来市场发展趋势适应性有待提升,需要在技术上突破。

5) 基础配套设施尚待完善

基础设施建设及运营环节决定着电动汽车产业的发展,从某种程度来讲,新能源汽车充电站或充电桩的商业开发及运营模式决定了新能源汽车的保障运行安全和市场发展空间,同时也决定了产品推广的程度。当前,湖北省将充电桩等纳入新基建建设范畴,加大招商和支持力度,充电桩数量得到显著增加。

尽管如此,还是存在一些较为突出的问题。第一,充电难的问题。在对新能源汽车车主的调查访谈中,相当一部分车主反映虽然充电桩数量增加,但充电难的问题依然存在。以武汉市为例,车桩比已达到1∶1(而全国平均水平为2.7∶1),充电量在全国城市里排前五,理应不存在充电难的问题,但艾瑞咨询2020的调研显示,充电速度慢、数量少和费用贵是用户使用的三大痛点,客户最为集中反映的问题中位列前三位的分别是油车占位、充电价格贵、希望增加其他区域站点。从武汉市新能源车构成来看,80%是出租车、网约车等营运车辆,20%是私人车辆,而占据大多数的营运车辆充电频繁,对充电时间、便利性以及价格更为敏感。对于此情形,相当数量的消费者表示暂时不会购买新能源汽车,原因是充电不方便。第二,充电桩布局的问题。湖北省对充电基础配套设施还缺乏科学系统的统筹规划和专项实施方案。当前,充电桩主要分布在武汉、襄阳等大城市,其他小城市还没有设置居民小区、停车场等停车设施配电充电方案,建设数量明显偏少。湖北新能源汽车产业尚处于发展初期和市场推广阶段,这样在充电桩基础设施的地域、城市间配置就容易出现"有桩无车,有车无桩"的结构性失衡局面。另外,与之相关的必要配套服务设施也是当务之急,同时也应增加新能源汽车维修网点、新能源汽车售后服务、保险等为主的现代服务业,为促进湖北新能源汽车发展做好坚实保障。

3. 主要发展趋势

1) 新能源汽车引领多产业融合发展

随着消费结构的转型升级以及技术创新驱动,在政策的持续支持下,新能源汽车转变为大型移动智能终端、储能单元和数字空间,具体表现为多ECU整合、功能多元化、多传感器融合、智能化提升、硬件平台免费化、软件增值业务化等。新能源汽车制造越来越成为产业融合创新的平台,有着广阔的发展前景,将引领多个领域的深度融合发展。而支撑新一轮新能源汽车革命的是绿色能源、智能电网互联网、新一代移动通信、数字经济和人工智能技术的快速发展。这些因素与汽车变革的交融互动对新能源汽车的电动化、智能化、网联化和共享化提供了重要的技术基础和丰富的想象空间。

2) "四化"趋势催生企业技术变革需求

电动化、智能化、网联化、共享化是新能源汽车产业发展的大趋势,其智慧驾驶、动力传动、车身控制、安全系统和娱乐设备等功能的实现在技术层面为中小企业指明了方向,也提出了更高的要求。以纯电动汽车为例,这些技术主要涉及整车集成技术、锂离子动力电池技术、充电技术等方面。在整车集成技术方面,新能源汽车的整车总体结构布置由单纯的部件布置向能源动力系统与整车结构有机结合,系统高度集成,主要包括电驱动系统集成、动力系统集成以及整车集成;在锂离子动力电池技术方面,主要涉及电池材料(即正极材料、负极材料和电解质)以及电池新体系(即新型锂离子、锂硫、全固态、锂空气电池体系);在充电技术方面,未来充电技术将朝着充电快速化、通用化、智能化、电能转换高效化和充电集成化方向发展,主要涉及无线充电、快充技术等。湖北新能源汽车已进入品质提升的关键阶段,"卡脖子"和短板技术的突破将成为产业实现持续健康发展的关键,中小企业必须适应这一趋势。

3）产业与企业生态圈扩大

新能源汽车产业的不断发展，使传统的汽车产业价值网络重心由汽车制造转移至汽车多样化应用和新兴市场服务环节。在大数据、人工智能等技术支撑下，新能源汽车面向商业（B端）与客户（C端）应用服务的价值内涵和深度、广度不断拓展，形成了以基于大数据的业务应用、基于汽车价值链的业务拓展、基于智能汽车的未来出行服务为核心的B端服务链；以选车、购车、用车、养车、换车需求为导向的C端服务链，综合构成新型汽车产业生态圈。以用户需求为目标，以新能源汽车为主要载体，汽车产业生态圈将继续迅速扩张，越来越多的新体系、新领域将参与未来出行变革，继续革新汽车行业的生产组织方式和商业模式。

4. 发展建议

1）健全科技创新体系，提升技术创新能力

第一，完善技术研发体系。建立健全的以政府为引导、市场为主导、企业为主体、产学研用紧密结合的新能源汽车科技创新体系，完善政府对科技型企业创新扶持政策，形成以市场为导向的创新驱动机制，加强企业研发能力和创新管理能力建设。

第二，提高对中小企业技术研发支持力度。一是组织行业专家、企业代表梳理湖北省新能源汽车、智能网联汽车"卡脖子"技术清单，如动力电池、车规级芯片、车载操作系统等，制定攻关优先级和时间表。二是充分发挥新能源汽车科技重大专项、研发项目、产业创新联盟等的重要作用，加大研发资金和资源在"卡脖子"技术方向的支持力度。三是遴选技术研发基础好、创新能力强的中小企业，通过减免企业所得税、加强金融支持等政策，激发企业技术创新活力、增强产业发展动力。

第三，强化对中小企业人才保障。一是在了解湖北新能源汽车产业技术研发、行业管理等方面人才需求基础上，从专业技术人才、高技能型人才、复合型人才等方面编制《新能源汽车产业紧缺人才目录》。二是创新人才培养机制，通过建设重点企业研究生联合培养基地、大学生创业孵化基地等形式，搭建校企双向沟通桥梁，促进高校人才培养和企业用人需求有效契合，缓解中小企业人才紧缺情况。

2）多管齐下，实施新能源汽车消费促进政策

针对当前及未来一段时期内内外部环境对新能源汽车消费的影响，应采取消费促进政策，多管齐下，进一步开发市场需求潜力。

第一，加大营销促销力度。加强新能源汽车整车、零部件产销衔接，组织中小企业积极参加国内国际展会，提升湖北省汽车及零部件的知名度和认可度；进一步扩大武汉汽车展会的规模和影响力；用好线上直播、云端平台等新媒体，开展多渠道营销促销。

第二，加大政府采购力度。依法依规将湖北省内生产的新能源公共服务领域用车纳入协议供货范围、加入各级政府采购电子卖场（电子商城、网上超市等）。相关企业生产的新能源乘用车、小型客车、专用车辆、载货汽车（含自卸汽车）获得相关认证机构颁发的环境标识产品认证证书的，实施政府优先采购。

第三，加快更新城市公共领域用车。推动城市公共领域车辆更新升级，加快推进城市建成区新增和更新的公交、环卫、邮政、出租、通勤、轻型物流配送车辆使用新能源或清洁能源汽车；鼓励各地加大新能源汽车运营支持力度，降低新能源汽车使用成本。

第四，培育特色消费市场。积极探索住行一体化消费模式，统筹规划建设旅居车（房车）停车设施和营地，完善配套水电、通信等设施，促进旅居车市场发展；鼓励发展长租、短租、分时租赁等多种租赁模式,构建多元化汽车消费体系。

第五,用好汽车消费金融。鼓励金融机构加大对汽车经销企业的信贷支持,不得对汽车经销企业盲目抽贷、断贷、压贷。鼓励银行机构通过采取调整还款期限、展期续贷、减免逾期利息等措施,给予企业一定期限的临时性延期还本、延期付息安排;鼓励金融机构创新汽车金融产品和服务,适当下调首付比例、延长还款期限,简化汽车消费贷款办理流程。参考LPR定价(贷款市场报价利率),适当降低个人汽车消费贷款利率,促进汽车消费贷款市场发展。

第六,鼓励中小企业走出去,开拓国际市场。随着全球疫情逐步得到控制,国际贸易及竞争将回归正常。应建立企业"走出去"政策支持体系,支持企业把握"一带一路"机遇,提前布局国际目标市场,在技术、产品、品牌等方面实现全方位国际化发展,深度融入全球供给和销售体系。

3)实施新能源汽车动力电池提升工程

动力电池是新能源汽车最核心的部件,其性能直接决定产品竞争力。湖北省内外虽已形成电池关键材料、系统集成、回收利用、装备生产、基础研发等相对完善的锂离子电池产业链体系,但其基础性、支撑性的研发工作还相对薄弱。面对动力电池当前问题,需与省内外知名动力电池企业、研究机构等加强多种形式的合作,并加大投入力度,在如下几方面加强研发并予以突破。

(1)加强电池安全研究。加快建立动力电池的热点耦合模型,应用新型隔膜、新型电解液、安全涂层等,切实提高动力电池的安全性能,建立健全安全监控体系。

(2)加快新体系电池技术开发。推动金属空气电池、锂硫电池、固态电池等新体系电池的研发,并推进工程化开发。

(3)建立相对完善的动力电池回收利用体系。力争锂、石墨等回收利用率达到60%,镍、锰、钴等综合回收利用率超过98%。

(4)推动湖北省形成一批具有较大产销规模的电池生产企业,鼓励标准化生产和模块化供应,实现规模经济效应,从而降低电池成本,提高电池稳定性。

(5)显著提升电池堆及系统的性能、寿命和成本等关键指标。

4)优化基础设施经营管理

针对湖北新能源汽车充电桩等基础设施方面存在的问题,需要从以下几个层面予以改进和优化。

一是进一步完善新能源汽车基础设施,提高充电便利性和运行效率。加大对充电设施的支持力度,加速解决部分城市充电桩数量不足和布局不合理的问题。落实数字化"新基建"的要求,加快完善相关标准体系,引导充电桩、换电站形成规模化和标准化发展模式,加快实现互联互通,构建全省统一管理平台,提升充换电基础设施服务水平。

二是强化新能源汽车使用车位管理。以数字化、智能化、网络化为重点,加快已有停车设施升级改造,推动立体停车设施建设,增加车位供给。在城市中心区的餐饮、商超等场所周边道路增加停车泊位,延长高峰时段允许停车时限;在不影响安全通行条件下,允许城市非严管路段夜间停放车辆;鼓励机关和企事业单位与周边居民小区建立停车设施,昼夜错峰使用调配机制,提高现有停车设施利用效率。

四、生物医药行业的中小企业 2020 年发展回顾及建议

生物医药行业是以生命科学理论和生物技术为基础,以疾病预防、诊断、治疗为目的的高新技术产业,具有高风险、高投入、高技术、周期长等特点,是现代产业体系中最为活跃的领域之一。从行业细分来看,它主要包括基因重组、化学制药、植物药物、中成药等制药产业,医疗器械及医学生物工程材料产业,医疗诊断试剂产业等。本书所述生物医药行业主要包括制药、医疗器械等制造行业。

1. 基本发展状况回顾

1)产业布局已经形成

湖北省聚焦生物医药及医疗器械产业前瞻布局,保持了平稳、快速发展的良好态势,基本构建了涵盖医药、医疗器械、智慧医疗、精准医疗等细分领域 20 多个子行业,即种类齐全、规模结构互补的产业体系,形成了以东湖高新区为发展核心区,江夏区、临空港经济技术开发区、汉阳区等为扩展区,武汉城市圈为辐射区,多层次集聚发展的产业格局(见图 2-4-1)。其中,武汉国家生物产业基地光谷生物城经过 10 多年高速发展,综合发展实力居全国生物园区第 3 位,形成了以生物医药、生物医学工程、生物农业、精准诊疗、智慧医疗、生物服务为特色的产业集群。特别是大力培育精准诊疗产业,选取基因检测、医学影像领域,以个性化靶向药物、细胞免疫治疗为重点布局精准治疗,结合"互联网+"、大数据、人工智能的医疗应用,构建智能化健康医疗新模式,抢占技术高点和行业发展新阵地。

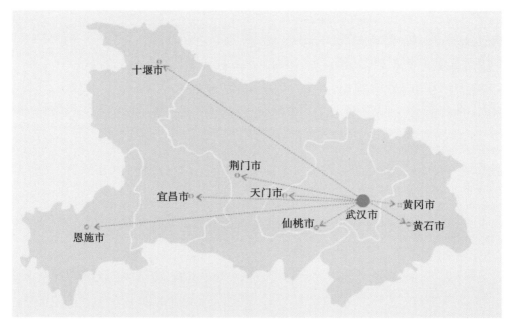

图 2-4-1 湖北省生物医药产业布局

湖北生物医药规划构建"核—极—园—圈"的梯次发展新格局,聚集优势资源,打造具有全球影响力、国内一流的生物医药和医疗器械产业集群,构建"一核一极多园、辐射形成环城产业圈"的梯次发展空间布局。从发展趋势来看,目前正处于生物技术大规模产业化的开始阶段,

生物医药及医疗器械产业进入快速发展期,并逐步成为世界经济的主导产业。

2)平台助推企业成果转化

鼓励市场化,打造专业创新创业支撑体系。2020年,湖北省建成总面积140万平方米,包括生物医药、医疗器械、生物农业、干细胞中心、智慧医疗等一批专业孵化器和加速器,其中4个孵化器获批国家级孵化器;基因测序、蛋白质结构分析、动物实验中心、生物药中试放大、公共信息服务、诊断试剂加速生产、种子检测与交易等30多个公共技术服务平台投入使用,涵盖了生物健康各个子领域产业链的多个环节。这些孵化器和平台都由专业化的市场主体进行运营服务,既提供了专业的服务,又提升了服务的效率和质量;通过政府激励政策支持,既降低了企业的研发成本,又补贴了平台的运营成本,加速了企业的成果转化步伐。

3)行业成为经济发展新引擎

生物医药及医疗器械产业已成为全球经济发展的新引擎。随着经济全球化的发展、人口总量的增长和社会老龄化程度的提高,生物医药及医疗器械销售额平均每年以25%~30%的速度增长;国家战略布局推动生物医药及医疗器械产业快速发展。随着我国"健康中国2030"、创新驱动发展等重大产业发展战略的引导,药品、医疗器械审评审批改革,生物医药及医疗器械产业将成为中国经济发展新的增长点。而以湖北生物医药产业为代表的"生物经济"初现端倪,已具备良好的发展基础,日益成为湖北经济发展的重要支撑和新发展引擎。

4)技术跨界融合催生发展新模式

在移动互联网、人工智能、云计算、大数据、3D打印等新技术的加持下,基于新靶点、新作用机理的治疗药物不断被发现,基因测序、干细胞治疗、免疫治疗等技术日趋成熟,打破了传统的产业边界和模式,引领生物医药及医疗器械产业朝着系统化、智能化、定制化、网络化的趋势发展。

5)产业发展处于战略机遇期

武汉城市建设赋予产业发展新机遇与新挑战。武汉迎来"中部崛起""长江经济带"等重大战略机遇,将生物医药及医疗器械产业列为新兴产业的三大增长极进行重点培育,产值年增速保持在15%以上;总体技术在国内处于领先水平,部分产品技术在世界处于领先水平,加上国家重大新药创制、中药标准化等一系列利好政策,赋予了产业加快发展、实现赶超的良好契机。

2.需要关注的问题

1)中小企业创新力量不足

原研药作为生物医药领域的龙头产品,科技含量占据该行业创新层面的重要位置,新的原研药就代表新的市场,因此进行原研药生产研发是医药企业发展的必由之路。虽然湖北省内大部分生物医药集群都有自己的实验基地,中小企业也具有一定的创新能力,但相较于全省生物医药产业规模和发展速度,实验室数量仍然太少,不能满足快速发展所需的创新动能。整体集群产业及企业产品创新在一定程度上效仿国外技术,自主研发新产品相对不足。生物医药产业集群内大型企业研发的资金较为充足,但是科研人员基地和研发的项目数量限制导致无法实现资金利用的最大化。中小企业资金投入少,自身实验环境条件不足,产品研发人员缺乏,无法进行深度研发。虽然湖北省高校云集,学校科研资源丰富,但是并没有充分与生物医药中小企业相结合,已有的校企合作也仅仅局限在就业、项目联名方面,真正涉及实际科研技术的创新研发不多。科研机构相比高校更具有研发实力,但部分科研机构较为保守,很少同中小企业进行合作研发,也间接限制了医药产品技术的研发。

2) 服务体系不尽完善

中小企业的发展离不开完善的服务体系。围绕生物医药产业的发展,湖北相应的中小企业服务体系尚不十分完善。在融资方面,生物医药产业作为高新技术产业,具有投入高、回报周期长的特点。但是,中小企业由于自身原因和融资环境的问题,融资问题仍然存在;尤其是处于疫情这种特殊困难时期,政府需要给予更大力度的支持,解决现有融资渠道无法满足中小企业融资需求的问题。在专利保护方面,对中小企业来说,不论是研发技术还是产品专利,都是作为推动企业发展最核心的因素,应当受到政府与法律的保护;否则,某些技术被模仿或者非法获得而不需要承担严重后果的现象出现,就会使中小企业缺乏创新动力,抑制企业研发水平的提升。在药品审批评审方面,随着湖北省医药市场环境的不断改善,企业的新药研发活动日益活跃,药品申报数量日益增多,但药品审批速度滞后已成为一个普遍现象,这明显阻碍了新药的研发工作及医药工作的开展。由于当前的体制因素,审评人员待遇相对较低,出现在岗人员流失现象,专业人才招聘相对困难,使得审评人力资源不足的形势更加严峻。

3) 龙头企业对中小企业带动需强化

龙头企业在产业集群中,可以为产业集群吸引大量的客户,接纳更多的专业人才,在企业管理模式上也可以为中小企业提供经验。龙头企业的快速发展也会引起政府的关注,为产业集群带来更宽的融资渠道,加强产业集群内基础建设,为中小企业创造更好的发展环境。但湖北生物医药产业集群在实际运行中,龙头企业与中小企业关联度不高、合作模式不尽完善、合作深度不够,带动作用未能充分体现出来。一方面,虽然龙头企业在创新方面有更充足的资金和更好的实验环境,也产生了较为可观的研发成果,但其技术外溢效应并不显著。另一方面,湖北省生物医药产业集群,虽然是龙头企业引领和驱动模式,但现有生物医药产业龙头企业数量偏少,集群内企业数量不多,导致集群规模较小。湖北省生物医药产业集群龙头企业带动整个集群力度不足,对产业的带动潜力还有待进一步挖掘,生物医药产业的竞争力还需要进一步增强。

3. 主要发展趋势

1) 智能化、数字化

随着人工智能技术的突破,大数据及智能技术在生物医药产业发展过程中的重要性越来越显著。

研发智能化。人工智能有利于促进医药行业的制造品质提升,加大药品生产过程中的可追溯性和药品数据的可靠性。全球大量的药企(如 Merck、Novartis、Roche、Pfizer、Johnson & Johnson)已经开始探索人工智能与新药研发相结合,通过智能技术加速新药研发进程,提升研发效率。目前主要智能化应用包括开展新药设计、理化性质预测、药剂分析、疾病诊断靶标、药物组合使用等研究,并且在药品研发过程中数据已经无处不在。加快生物医药与人工智能产业融合是大势所趋。

产业数字化协同。生物医药产业业态复杂化程度高、细分领域多,各产业链环节之间信息孤岛较为严重,产业协同效率交叉。如何构建生物医药产业创新资源协同系统,通过数字化技术打破信息不对称,加速信息及资源的流通及提高交易频度成为重要的研究课题。

2) 生物医药产业链延伸

"健康中国2030"的出台,标志着我国大健康产业时代的真正来临,产业从传统生物医药产业的原料药、医疗器械、流通、医疗服务等环节拓展到覆盖"医、康、养、健、药"五大细分领域。

创新小型化、服务规模化。随着MAH试点、医改深化、36条、仿制药一致性评价等重磅政策的出台,生物医药产业对创新的要求越来越高,对流通环节的管控越来越严。如何快速提升创新能力并基于规模效应提升研发、生产、流通服务能力,同时降低边际成本,将面临新的挑战。借鉴国外生物医药产业发展路径,可以看出跨国药企早期通过创新快速占领市场,中后期通过资本方式整合行业创新资源,并深耕公司临床能力、生产能力、渠道开拓及把控能力。

3)区域集中化、差异化发展

以大城市为中心的生物医药产业生态圈、协同圈初步形成。由于大城市高昂的创业成本及城市功能定位的改变,部分地区生物医药产业集群已经完成初步的资源集聚期,开始出现产业外溢现象,核心城市与周边城市的产业群初步出现。

中心城市生物医药产业升级加速源头创新。产业集群经过人才引进、专项政策、龙头企业等已经覆盖产品早期发现、临床研发、生产、流通等产业全流程,地区产业发展也更关注源头创新。

非中心城市生物医药产业差异化发展是大势所趋。生物医药产业对资源集聚要求高,对政策依赖性强,其产业集群的发展受地区产业基础、企业基础、政策基础、资本环境、营商环境等方面的综合影响。地区基于本地化产业发展现状并借鉴领先地区发展经验,制定适合地区发展的产业定位、产业发展策略至关重要。

4)自主创新助推行业发展

生物医药行业需要大量资料,只有借助资本,才能自主创新,成为生物医药发展的关键。生物医药具有周期长、投入高、风险高、回报高的特点,发展缓慢的最大原因之一是缺乏资本助推。近年来排名靠前的头部企业在研发人员的引进和研发资金的投入方面,都不同程度地加大力度,对研发的重视程度不断提高。因此,投资者的关注点将从企业当下业绩转变为在研药物未来的临床价值和销售潜力,以及生物技术未来应用场景所具备的潜力。

4. 发展建议

新形势下,生物医药行业作为高技术产业逐渐崛起,湖北省已有的生物医药产业发展都粗具规模,但也面临着相似的发展障碍。根据当前较为突出的问题,结合产业未来发展趋势,提出以下建议。

1)强化对中小企业的金融支持

(1)充分发挥政策引导作用。

提高引导基金规模、出资比例及让利,引导民间资本参与融资活动;鼓励国有资本参与长周期投资,扩大融资总规模;对技术的股权化和资本化给予税收优惠;在创新平台的认定、税收减免、成本加计抵扣方面实施备案制;提高国有创投基金使用灵活度;推进优质医疗产品尽快纳入医保,通过扩大产品市场规模拓宽融资渠道。

(2)落实企业投资主体地位。

引入职业经理人、基金管理人等高级管理人员,引入商业保险来分散研发风险等;开拓专利质押贷款等间接融资渠道,引导鼓励技术持有人和核心管理人员参与投资,带动机构投资者跟投、银行跟贷、财政跟贴、保险跟保、社会公众跟投。

(3)设计多样化产品,应对"市场失灵"和"区域失灵"。

设立国家级生物医药产业引导基金、投资基金,深度聚焦、精准扶持重大项目;对企业生命周期各阶段,特别是对企业初创期,有针对性地提供融资服务;探索保险参与科技成果转化过程,创新保险产品;银行和基金等投资机构,要"因地、因时制宜"地设计产品。

2)完善中小企业服务体系

构建信息交流、沟通平台。第一,搭建药物安全信息交流平台。在湖北省药监局网站设置"药品风险监测信息公告"栏目,及时公布相关风险信息,提示企业改进管理,防范化解风险;设置"企业资源信息"栏目,及时公布企业的合资合作信息,为企业投资合作提供信息服务。第二,建立沟通咨询机制。设立技术咨询接待日,开展面对面的咨询服务;建立重大疑难问题会商机制,及时解决企业遇到的困难和问题;组建湖北省药物安全专家咨询委员会,充分发挥药物安全专家对政策法规解读、药物研发指导和注册风险研判、厂房设计和工艺制定、药物安全事故应急处置、药品安全科普宣教等方面的智囊作用。

简化审评审批流程。

(1)取消市级初审环节。

取消药品(特殊药品除外)、医疗器械注册和生产经营审批事项中涉及市级监管部门初审、签署意见(盖章)环节,企业可直接向省局提出申请。

(2)建立快速审批程序。

对药品生产经营许可证中登记事项变更,纳入即办事项,即时予以许可。对无须进行现场检查、样品检测、技术审评的行政审批事项,采取告知承诺制直接出具审批结论,企业对提交资料真实性、合规性负责。

(3)简化中药饮片新增品种审批程序。

中药饮片生产企业在原认证范围炮制方法项下新增生产品种,无须备案公示,具备相应的生产、检验条件后,可直接进行生产销售。药品生产许可证生产范围项不再注明中药饮片品种。

(4)简化委托生产(配制)延续事项办理。

企业申请药品委托生产延续申请以及医疗机构申请医院制剂委托配制延续申请,若委托双方的生产条件、工艺处方、质量标准等未发生变化的,提供相关证明材料和承诺材料,即予以许可。

(5)简化药品再注册流程。

对首次申请再注册的新药、仿制药、技术转让品种等,依申请直接予以再注册;对已经再注册的品种,仅需提交五年内在产情况和相关承诺书,资料审查合格后即予以再注册。

加强检验检测服务。其一,加快检验检测服务。对创新药、首仿药和列入《湖北省第二类医疗器械审批程序》的注册检验检测事项,由省级检验检测机构启动加急检验检测程序。其二,有效利用第三方检验检测机构资源,探索鼓励第三方检验检测机构开展药品、化妆品、医疗器械检验工作;对因审评、检验、核查、监测与评价等工作需要检验报告的相关企业,可在经相关部门指定或中国计量认证(CMA)且在其承检范围之内的检验检测机构,按照相关标准进行检验。其三,推进仿制药质量和疗效一致性评价。定期组织龙头企业和业内专家开展交流培训,解答企业在一致性评价过程中面临的实际问题;引导省内申办方与临床试验、样本检测、数据管理机构以及合同研究机构之间的项目对接,加速省内企业通过一致性评价。

3)支持中小企业做大做强

(1)加快产学研平台建设。

完善产学研合作机制集群升级最核心的要素是技术创新。湖北省现有的生物医药产业集群大多没有把产业重心放在产品创新科研上,而是把重心放在生产周期短、盈利快的仿制药方面,拥有专利知识产权的自主研发产品较少。湖北省想要生物医药产业的市场规模跻身全国前列,就必须大力开发原研药,提升自己的创新竞争力。湖北省内高校、各科研机构和湖北省的生物医药产业之间缺少一个合作平台,学、研分离现象严重。企业、科研机构以及高校成立集群科研部门,高校与科研机构利用企业与政府提供的资金、技术管理支持进行产品研发,同时该部门与企业直接进行反馈,企业也对该部门进行监督。针对不同企业和市场对产品的需求不同,高校和科研机构可以分别研究具有针对性的单项产品,以此缩小企业的盈利周期。利用产学研合作平台,培养具有综合能力的高素质人才,同时对就业人员进行再培训,提升企业劳动力素质水平,带动整个产业集群的劳动力升级。

(2)重点突破一批拥有自主知识产权的生物技术。

依托武汉光谷国家生物产业基地,重点突破一批具有行业前瞻性、自主知识产权的核心生物技术,做大做强一批龙头企业和重点产品,提升湖北省生物产业影响力。力争到2022年,其主营业务收入达到3000亿元以上。

湖北省生物医药产业以生物药、化学药、中药、高端医疗器械和生物医用材料、药用辅料、包装材料及制药设备、健康保健产品等领域作为产业发展重点。通过贯彻实施"增强产业创新能力""实施'巨人'培育工程""实施智能制造工程""实施绿色制造工程""实施质量管理提升工程""推进产业集约集聚集群发展""提高开放发展水平""开拓发展新领域新业态"等八项重点任务,促进医药产业创新升级,全面提升发展质量和效益,以实现生物医药产业做大做强。

(3)支持中小企业兼并重组。

支持和鼓励药品生产企业通过兼并重组等方式加快发展,对于符合医药产业政策并实施整体兼并重组的中小企业,在具有相同质量保证体系的前提下,可按照规定办理药品批准文号变更。

(4)支持医药产业园区发展。

支持武汉国家生物产业基地以及各区域生物产业园区承接发达地区产业转移、科技成果转化,为落户到园区的企业开辟绿色通道,优先审评审批。

(5)支持药品经营现代化发展。

允许药品生产企业以全资子公司形式开办符合药品现代物流要求的药品批发企业和其共用仓库;允许药品生产企业异地设仓库;鼓励药品现代物流发展,支持配送效率高和连锁集中度高的药品第三方物流企业参与药品配送。运用"互联网+"技术,在药品零售连锁企业推行执业药师远程审方和药事服务制度,解决执业药师人手不足的问题。

(6)支持中药产业发展。

鼓励运用"公司+基地+农户"的规范化种植形式,实现中药材标准化、产业化深加工,推进道地药材"一县一品"优势品种建设。支持中小企业按要求开展经典名方申报工作;积极搭建医疗机构应用传统工艺配制中药制剂备案平台,实行快速办理;鼓励企业开展中药配方颗粒试点工作;鼓励新技术、新设备运用于中药饮片炮制。湖北省药品生产企业可以按照国家标准、省级中药饮片炮制规范,生产和销售中药饮片,饮片执行标准须注明具体饮片炮制规范名称或标准编号;支持医疗机构根据临床实际需求,在紧密型医联体内开展中药制剂调剂使用。

4)维护良好市场秩序

首先,提升企业质量安全意识。组织开展药品生产企业负责人和关键岗位人员的警示教育和法规培训,以案说法,提升药品生产经营企业的管理水平,增强企业法律意识和质量安全意识,进一步夯实企业第一责任人责任。

然后,加强行业监督管理。生物医药产品关系到人民生命财产安全,因此生物医药产品监督管理工作是重中之重。医药产品原材料的获取、生产、加工、销售都是影响药物安全的重要环节,政府必须严格把控,制定严格监测惩罚政策。实行终身责任制,即产品加工企业的每一层管理人员所负责的每一条生产线,所产生的问题都无限追究,通过加强对人员的管理进而提高产品质量,时刻以医药产品安全为第一要务,引领行业高质量发展。

最后,营造公平公正的市场环境。严格落实"四个最严"要求,深入开展专项整治,严厉打击制售假冒伪劣药品、化妆品、医疗器械等违法违规行为,对严重失信企业实施联合惩戒,为诚信守法生产经营的企业营造公平公正、有序竞争的良好市场环境。

五、无纺布行业的中小企业在 2020 年发展回顾及建议

无纺布即非织造布,广泛应用于医疗卫生、家庭装饰、服装等工农业,其行业分类较多,是纺织行业中最年轻而又最有发展前途的一个新兴产业。2020年,在新冠疫情的特殊背景下,口罩、防护服等医疗卫生用品的需求激增,湖北无纺布行业中小企业抢抓国内外市场,得以快速发展。

1. 基本发展状况回顾

1)产业规模不断扩大

湖北省无纺布行业基础坚实,发展态势良好,近年来总体规模不断扩大,市场主体数量位于全国前列。2020年,湖北省无纺布行业的中小企业总数在全国排名第六位,依次是浙江省(16.68%)、安徽省(14.65%)、广东省(12.71%)、河北省(12.10%)、河南省(9.15%)、湖北省(7.63%),如图 2-5-1 所示。

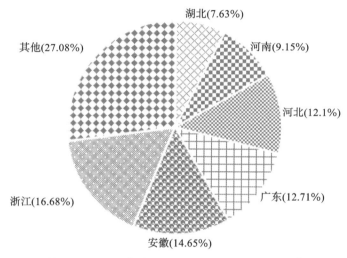

图 2-5-1　2020 年全国无纺布行业企业数量分布①

从产量来看,湖北省规上企业的无纺布产量显著增长,如图 2-5-2 所示,从 2016 年的 40.82 万吨上升至 67.18 万吨,平均增速为 24.64%。而作为湖北省最大、全国六大无纺布生产基地的仙桃市,拥有非织造布及其制品企业 1018 家,其中规上企业 105 家,非织造布生产线 116 条,从业人员超过 10 万,年产各类非织造布及制品 130 万吨,占全中国 60% 的无纺布产品市场份额。无纺布制品主要有医用防护服、防尘防水防渗透防护服、防水抗静电覆膜透气服、隔热服防护衣、手术床单、口罩、医用无菌卫材等 130 多个系列品种。2016—2019 年,仙桃市无纺布产量从 18.28 万吨上升至 32.4 万吨,平均增速达到 30.37%。

---

① 资料来源:前瞻产业研究院(https://bg.qianzhan.com/)。

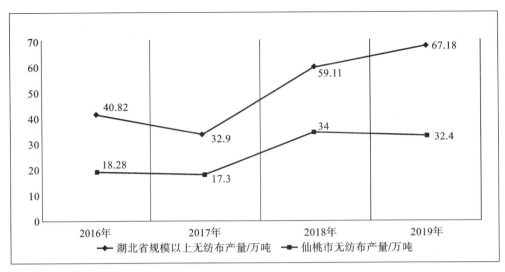

图 2-5-2　湖北省无纺布行业规模以上产量变化①

2）生产工艺多样化，产品应用领域广

基于非织造布生产工艺和产品性能优势，非织造布行业发展迅猛，各类工艺产品多样化，应用领域广泛。

从各生产工艺产出结构来看，湖北无纺布行业以纺粘产品为主，在行业总产量中占比达50.10%；其次分别是针刺、水刺、化学黏合、热黏合、气流成网、熔喷和湿法，分别占比22.96%、10.83%、6.61%、5.43%、2.51%、0.90%和0.66%（见表2-5-1）。

表 2-5-1　湖北无纺布生产工艺产品占比②

生产工艺	产量占比/(%)
纺粘	50.10
针刺	22.96
水刺	10.83
化学黏合	6.61
热黏合	5.43
气流成网	2.51
熔喷	0.90
湿法	0.66

目前，湖北无纺布的应用主要集中在高新技术的渗透和新型材料使用上；在建筑、汽车、服装、卫生材料、航空航天、环保等行业使用也较为广泛，尤其是在卫生材料市场中的需求量逐渐扩大；车辆用纺织品、鞋类和人造革市场同样呈现新气象。无纺布凭借其高附加值和高效益的竞争优势，行业潜力巨大。

3）企业进出口效益显著

疫情期间国内外医用物资均面临紧缺状态。国外疫情日趋严重，中、低收入国家医疗资源对外依赖程度高，急需医疗资源进口满足庞大人口的疫情需求。在此情形下，湖北无纺布行业

---

① 资料来源：《湖北统计年鉴》(2017—2020年)；《仙桃统计年鉴》(2017—2020年)。
② 数据来源：中国产业用纺织品行业协会官网(http://www.cnita.org.cn/)。

中小企业逆势而上,抢抓医疗物资出口先机,充分利用产业集群效应和政策杠杆作用,实现外贸出口和引进外资在经济形势低迷状态下逆势增长。2020年1~6月,仙桃市140多家非织造布出口企业形成集群效应,实施满负荷生产,口罩、防护服等非织造布制品出口美国、欧洲,包括"一带一路"的国家或地区。仙桃完成进出口总额116.4亿元,增长276.9%,其中出口增长342.4%,实际利用外资3123万美元,比去年同期增长35.78%。2020年1~8月,仙桃市累计完成进出口总值165.7亿元,增长285.8%。完全恢复正常生产后,仙桃每天向全球100多个国家和地区,供应一次性医用口罩、医用外科口罩、民用口罩、防护服、鞋套、圆帽等,销售额达3亿元,最高超过5亿元。

其中,作为仙桃市工业重镇,彭场镇拥有自营出口资质企业65家,产品销往美国、欧盟、日本、南美、新加坡等30多个国家和地区,年出口货柜2万多个,与英国BBA公司、美国阿尔法公司等一大批国际知名企业建立了贸易关系。

4)品牌形象进一步提升

湖北省无纺布产业及其中小企业产业集群在全国享有盛誉。湖北省仙桃市创建了"国家医用防护用品储备基地""全国非织造布制品生产基地""全国非织造布原材料供应基地""全国非织造布出口贸易基地""国家级非织造布产品质量监督检验中心""国家级非织造布创新中心"。仙桃市彭场镇是国内最大的非织造产业基地,2004年12月被中国纺织工业联合会授予"中国非织造布制品名镇",两次入选"中国县域产业集群竞争力百强",连续七年被评为"湖北省重点成长型产业集群",现有无纺布生产及制品加工企业近千家,其中规上企业51家。它拥有非织造布生产线78条,从业人员达4.2万人,年产各类无纺布25万吨、无纺布制品50万吨,占全国总产量的10.2%、出口总额的31.4%,产销量稳居全国第一。

另外,由于2020年新冠疫情的发生,口罩等无纺布制品需求剧增,而湖北省作为全国知名的口罩生产基地,医用口罩方面获生产批文企业数量为56家,居河南、江西、江苏之后,在全国排第四位,如图2-5-3所示;获欧美认证企业109家,新增75家;获批"白名单"的企业就高达

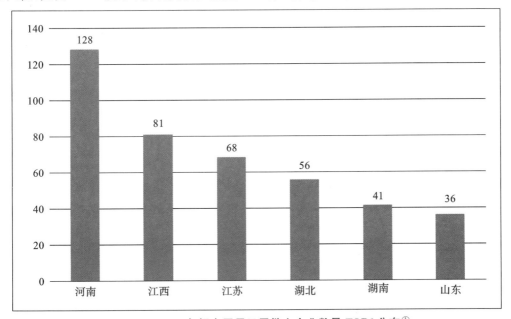

图2-5-3 2020年拥有医用口罩批文企业数量TOP6分布[①]

---

① 资料来源:国家药品监督管理局。

109家,占全省总数的57.6%。在应对疫情促进企业复工复产等方面表现突出,在保障全省及国内的防护物资供给上发挥了巨大作用,进一步提升了湖北无纺布行业的知名度以及企业形象。

2. 需要关注的问题

1)企业竞争力不强

湖北省拥有仙桃市这样的全国唯一的"中国无纺布产业名城",无纺布产业在全国处于领先地位,但其在整个行业内的竞争力正逐渐落后于江浙地区。省内企业发展中的许多问题在2020年疫情中暴露了出来。

一是企业规模偏小。湖北无纺布中小企业呈现低水平重复建设趋势,导致产业内中微小企业偏多,生产规模偏小、产能偏低,且缺乏龙头企业的带动,实力不强。

二是产品结构不合理,且呈现出单一化、低端化特征。湖北省无纺布企业生产的产品中相当部分用于出口,且大部分企业生产工业级防护物品。不仅如此,企业在生产医用防护物资过程中出现了断层,如生产防护服用到的防护涂料需要进口。对湖北省无纺布中小企业的抽样调查显示,约有60%的企业认为口罩、防护服制品产能过剩;29%的企业认为高端产品产能不足。这些问题在疫情期间给湖北无纺布企业大规模优质医用防护物资的生产带来难题,也表明其竞争力亟待进一步提升。

三是企业利润总体偏低。湖北无纺布行业市场竞争总体处于低端同质化阶段,主要依靠低成本优势占据市场份额。多数无纺布中小企业以生产附加值低、同质化程度高的中低档产品为主,国际知名品牌不多,基本处于全球价值链中附加值最低的加工制造环节。

2)产业链位次偏低

湖北无纺布产业虽形成了涵盖建筑、医疗、日用、环保、服装、电子、汽车、航空航天等32类行业的产业布局,但是该产业的单一制品加工让其在国际产业链中处于"加工车间"的地位,在无纺布供应链中处于中后端,产业缺少原材料生产企业及品牌包装企业的布局。

2020年疫情暴露出了湖北省无纺布产业的这一问题。以仙桃市为例,疫情初期,该市共有生产各类应急防护物资企业113家。这些企业主要是外贸企业,未取得医疗器械生产许可证、医疗器械产品注册证,不能在国内销售,只能外贸出口。这些企业中具备医用防护服国内生产资质的只有两家,且只具备资格,并没有生产能力,也就是说没有企业能真正生产医用防护服。在2020年2月底,仙桃市处于口罩等防护用品熔喷布"一布难求"的窘境,下游的口罩生产企业受到较大影响,只有口罩机却没有熔喷布,无法正常生产。

3)企业创新水平不高

创新是引领发展的第一动力,湖北无纺布产业内出现了科技创新短板。

一是创新激励不足。湖北无纺布企业大多为中小微企业,相比赚钱快、成本较低的直接生产模式,许多企业不愿投入大量资金自主研发,政府对企业的创新激励机制不完善,导致企业的创新动力不足。不仅如此,仙桃非织造布产业还出现了缺乏技术创新人才,科技金融结合不紧密等短板。

二是创新体系不完善。无纺布中小企业和科研院所尚未形成互联互通、充分发挥各自优势的发展格局,分立发展的孤岛现象比较普遍,机构之间共利机制尚未完全建立,未能形成社会协同效应。

三是专业技术人才不足。从现实情况来看,无纺布中小企业专业技术人才存在匮乏等现象,既不能满足社会发展需求,也不能很好地适应国际化发展潮流。

4）标准建设、检测等有待提升

作为无纺布行业一个较为普遍的现象，大多数无纺布中小企业更加关注生产环节，在标准化、监测评价方面缺少技术支撑和专业化管理，其下游使用规范、法规认证、数据库与标准等未完全建立。湖北无纺布制品领域多、产品种类复杂、标准归口单位多，造成产业用纺织品标准分类不统一、标准实施困难。就口罩、防护服的标准体系的问题对湖北省无纺布中小企业进行调查，其结果表明，仅有 27% 的企业认为口罩、防护服标准体系完善（20%）或非常完善（7%），说明该方面仍有较大提升空间。湖北大量的防护服企业采用欧盟和美国标准生产出口订单，而没有获得国内的生产许可。在疫情暴发初期，国内的监管部门虽然紧急许可这些企业的产品进入物资供应体系，有效缓解了产能矛盾；但进入 4 月份，随着疫情在全球范围内蔓延，湖北口罩和防护服生产销售再次面临标准和监管不一致的问题，给中小企业生产和政府监管都造成很大困扰。

3. 主要发展趋势

1）绿色无污染技术是主流技术趋势

当前的材料产业发展进步过程中，绿色无污染技术是主流方向，并且在无纺布主流技术当中得到了很好的体现。未来，绿色无污染技术进行深入创新阶段。首先，无纺布主流技术的调整，在于对各类设备和技术理念做出持续性的优化，在降低成本的同时，不能影响质量的提升。其次，技术的推广过程中，应结合不同的需求来完善。无纺布主流技术本身的要求比较高，同时在很多特殊材料的生产加工过程中，必须按照足够的配套设备和技术系统来完成。因此，未来在无纺布主流技术的便捷性研究以及大面积的推广应用上，都要做出更多的测试和分析。

现阶段的无纺布主流技术的研发、应用在很多方面都可以按照预期设想来调整，并且在经济效益、社会效益的创造上，表现得更加理想。未来，应继续对无纺布主流技术的综合效用进行更好的调整，确保在后续工作的实施过程中，能够取得更加卓越的成绩。

2）良好市场前景拓展企业成长空间

随着现代社会健康意识的逐步增强、老龄化社会的来临，人们对健康服务与健康产品在品质上的要求越来越高，大健康产业面临前所未有的发展机遇。作为大健康产业的重要构成部分，无纺布产业的发展前景向好。

在对湖北无纺布中小企业的问卷调查中发现，2020 年，64% 的企业在口罩、防护服板块生产经营情况比较好（37%）或者很好（27%），有 53% 的企业预计 2021 年生产经营情况比较好（39%）或者很好（14%）；在投资计划方面，有 53% 的企业在 2021—2023 年选择保持产能稳定，有 20% 的企业拟加大防疫纺织品领域的投资。这种良好的行业发展状态以及由此形成的乐观预期，在对湖北省无纺布行业当前的投资布局中初露端倪。行业内富有一定竞争力的中小企业（如恒天嘉华、新发塑料、裕民、兴荣等一批骨干企业）近年来相继扩规裂变、上档升级。新发塑料投资 8 亿元的新鑫无纺布一、二期先后建成投产，企业生产规模已跃居全国第一，员工达 8000 多人。恒天嘉华新征地 500 亩，投资 15 亿元打造成国际一流的非织造新材料示范基地、非织造布检测中心及国家级非织造新材料研发中心。

在此背景下，中小企业转型发展也成为必然趋势。进一步而言，针对未来可能发生的疫情，无纺布中小企业将加强对医用防护服、口罩的生产工艺、产品设计、核心原材料的研发，特别是高过滤效率的熔喷非织造布、静电纺丝技术、高防护等级的面料、可洗涤的重复使用面料的研发，保护医护人员的安全；针对普通民众的防疫需求，研发不同防护级别的民用口罩，做到防护效果和成本的平衡，在疫情暴发后能够大量生产；制定、完善针对不同人群和应用场景的口罩、防护服标准、评价和认证体系,规范生产和市场流通秩序。

3)行业向高纵深广方向转型升级

非织造工艺涉及流体力学、纺织工程学、纺织材料学、机械制造学、水处理技术等多项理论及应用学科,各学科相互渗透、复合创新,带动了国际无纺布工艺的快速发展。中国在无纺布技术方面仍处于引进与追赶国际先进技术水平阶段,这使得湖北省无纺布工艺技术与设备可以以国际先进工艺与设备为参照,以一个更高的速度不断提升。目前国内无纺布研发主要集中在新型原料、新型生产装备的开发、功能整理技术、在线复合技术等领域。无纺布技术的提升带动了产品性能的改良,使得其无论在质量还是功能方面均能满足越来越多领域的需求,从而进一步拓展了下游市场,推动了整体产业的升级。

4. 发展建议

1)高度重视无纺布产业链环节升级,加快完善产业创新体系

引导企业继续整合国际产业链、价值链高端资源,包括高端品牌及渠道、研发技术资源等;投资无纺布原料基地,弥补产业链发展短板。由此来完善湖北无纺布产业链并提升在产业链的位次。

坚持以市场为导向,以企业为主体,推动产学研,建立长期稳定的供应链合作关系,构建产业创新联盟。加强创新资源整合,发挥重要科研基地的引领辐射作用,加快创新服务平台建设;加强共性技术研发和推广应用,特别是关系行业发展的重大关键技术、共性技术、基础工艺技术、重大装备和新技术的研发等。

加强无纺布行业人才队伍建设。构建以纺织高等院校为主,职业学校、技工院校、职业培训机构和重点企业相结合的人才培养体系,加强实用技能型、创新型、战略型、复合型等多层次人才队伍建设;高度重视工匠精神与工匠队伍建设,为职业群体创造良好环境;重点培养战略型人才和创新创业型领军人才;推动校企共建实训基地,促进学科水平提升、技能培训与无纺布行业转型升级协调共进。与此同时,增强企业创新激励机制,提高企业创新动力,从创新优化产品工艺设计和制造流程、提高产品质量、增加高端化产品等方面提升产业整体竞争力。

2)加快推动智能制造、绿色制造,增强国际竞争力

围绕着降本增效、品质提升、供需对接的要求,推动无纺布行业数字化、智能化进程;加强应用数字化、网络化、智能化技术,对无纺布产业链不同环节、生产体系与组织方式、企业与产业间合作等进行全方位赋能;加快运用大数据、人工智能等信息网络技术,促进产业内的人、物、服务以及企业间、企业与用户之间互联互通,资源与要素相协同,优化工艺流程,减少劳动力需求,提升全要素生产率以及无纺布产业的国际竞争力。

湖北无纺布企业应推动绿色生产和节能技术的研究与应用,建设节能减排和清洁生产标准。湖北无纺布企业在绿色生产的同时,也需要充分利用可循环资源,节约能源,降低成本,打造循环经济系统,实现可持续生产目标。

3)加强市场建设,挖掘行业市场潜力

激发内需市场消费潜力,扩大产业内需应用。积极引导湖北省无纺布中小企业落实"三品"战略,提升产品与内需消费的适应性;加强对优势产品的宣传推广,扩大产品消费需求;运用好政府采购措施,扶持无纺布产品参与采购竞争。

推进企业与医疗卫生、环境保护、交通工具、安全防护和农业等应用领域的合作,并且加强行业内企业的互相学习与合作,促进产业融合,推动协同创新,不断拓展终端市场。

针对严重自然灾害以及大范围的公共卫生事件,要建立完整的重要产品以及重要原辅料、装备的生产企业数据库,建立重点企业白名单,储备应急物资生产技术和生产能力,以方便在短时间内能够动员行业力量投入到物资保障工作中。同时,在全球范围内加强重要防疫物资的标准、认证的统一和紧急状态下的互认工作,减少贸易的非关税壁垒,方便这些物资的跨境流动。

4)加强无纺布标准体系建设

密切跟踪、研究、采纳国内外先进标准,积极参与产业标准制订与修订,推动湖北无纺布优势产业技术标准成为行业统一标准,并推动无纺布标准国际互认;完善行业标准化体系,加强新材料、新工艺、功能性无纺布制品、产业用无纺布制品、智能制造和两化融合等领域标准制订与修订;促进无纺布产业链上下游标准衔接配套;推动团体标准和企业标准发展优于国家标准和行业标准。

5)实施品牌战略,提升自主品牌影响力

湖北无纺布企业应强化品牌意识,建设有影响力的各类产品品牌并强化品牌宣传与推广。具体而言,继续建设并强化以重点产业集群为依托的行业区域品牌;大力培育或引进龙头企业,强化对中小企业的带动,创建更多的品牌企业;不断优化产品结构,推进产品创新升级,提高品牌综合影响力。

专题篇

专题篇分为湖北省中小企业"专精特新"发展策略、湖北省中小企业公共服务体系建设现状与服务效果、惠企政策转为中小企业发展红利研究三个部分。湖北省中小企业"专精特新"发展策略专题通过梳理湖北省中小企业"专精特新"发展基本现状、对比其他省份的先进经验来分析湖北省"专精特新"发展的影响因素，提出发展策略和路径选择；湖北省中小企业公共服务体系建设现状与服务效果专题对湖北省中小企业公共服务总体状况、后疫情时代服务需求和服务成效进行了调研，分析其存在的主要问题，并借鉴国内优秀中小企业公共服务体系建设的经验，提出提升湖北省中小微企业公共服务效能的对策建议；惠企政策转为中小企业发展红利研究专题对疫情冲击下湖北省中小企业扶持政策进行了梳理，通过广泛的调研总结了中小企业的政策诉求及政策取得的成效，分析了湖北省中小企业扶持政策存在的主要问题并提出相关建议。

一、湖北省中小企业"专精特新"发展策略

2020年,面对新冠肺炎疫情带来前所未有的困难与挑战,在党中央、国务院的领导下,湖北省委、省政府带领湖北人民迎难而上、直面"大考",统筹做好常态化疫情防控和经济社会发展,抢时间、抢机遇、抢要素,坚决打赢了疫后重振攻坚战。全省经济社会发展由一季度"按住暂停"的全面下滑,GDP掉了40%,转向二季度"重启恢复"的强力反弹,经济指标降幅持续收窄,三季度猛涨,其中武汉的GDP在全国大城市里,排进了全国前十。湖北经济运行总体复苏态势持续向好,企业复工率达98.8%,中小企业复工率达86.9%,均赶上全国平均水平,而且新产业新业态新模式激发重振新动力,上半年34家央企在鄂签约的72个项目中,总投资3277亿元,主要集中在新能源、生态环保、智能制造、信息技术等领域,同时高新产品微型计算机、光纤、锂离子电池产品产量分别增长17.8%、10.8%和48.5%。

目前,中小企业已渗透在我国国民经济生活的方方面面,其生存与发展直接关系国民经济发展,关乎社会民生。据统计,我国中小微企业一般贡献50%以上的税收、60%以上的GDP、70%以上的技术创新、80%以上的城镇劳动就业,是国民经济和社会发展的生力军,是扩大就业、改善民生、推动经济实现高质量发展的重要支撑。因此,中小企业的复苏和发展对我省当前"稳经济"起着至关重要的作用。但中小企业普遍存在规模小、实力弱、抗风险能力不强等自身不足,再加上近年来,国内要素成本上升、国际贸易环境恶化等不利因素增多,中小企业生产经营活动进一步承压,生存愈发艰难。因此,走"专精特新"发展道路,不仅是中小企业整体素质提高的需要,而且是实现我省产业组织结构升级的需要,是提升传统行业、培养新兴产业的需要,是发展新业态、创新新模式的需要,是中小企业走出困境、出奇制胜的重要法宝,是促进大中小企业融通发展的重要途径,也是全面落实《中国制造2025湖北行动纲要》战略规划的重要抓手。湖北省中小企业只有通过"专精特新"发展,突破核心技术,提升产品质量,通过专注于某一细分领域,树立工匠精神,做专做精核心产品,坚持创新发展,打造企业特色优势,加快成长为细分市场的小巨人企业和隐形冠军,才能与大型企业建立长久稳定的合作关系,进而实现供应链、创新链、数据链、价值链等多方位、多角度的融通发展。

以细分行业"隐形冠军"为代表的高成长性中小企业代表了知识经济时代最具活力、最具韧性的企业群体,尤其在2020年新冠肺炎疫情发生后,"隐形冠军"的生存能力和经济带动能力得到了充分体现。受疫情影响,大量中小微企业订单锐减,负债率提高,且受到上下游产业的波动影响越来越大,但那些走"专精特新"道路的"隐形冠军"企业由于在细分领域掌握了话语权,在危机中生存得很好,其效益很高,成为抗风险、稳增长的中坚力量,为稳定我省经济大盘做出了突出贡献。随着我省中小企业"专精特新"发展规划的持续深入推进,系统梳理我省在推进中小企业"专精特新"发展中取得的成果和经验,研究我省中小企业"专精特新"发展的动力机制和路径显得非常必要,从而进一步推动我省更多有潜力、有基础的中小企业实现从高成长、创新型、科技型、"专精特新"、小巨人到单项冠军的梯次升级。

(一)湖北省中小企业"专精特新"发展基本现状

1. 取得的主要成绩

1)继续推动政策落实落地,健全"专精特新"政策保障

近几年,湖北省为促进中小企业"专精特新"发展,密集出台了一系列政策文件,对引导支持中小企业走专业化、精益化、特色化、创新化发展提供了坚实的政策保障。进入2020年,湖北省重点出台了以下政策。

一是根据疫情给中小企业特别是小微企业带来的困难和冲击,认真研究并起草了应对新型冠状病毒肺炎疫情、支持中小微企业共渡难关的有关政策措施,以鄂政办发〔2020〕5号印发,从减轻企业负担、强化金融支持、加大财税支持、加大稳岗支持等四个方面提出18条措施,为帮助中小微企业复工复产提供了有力的政策支持。2020年前三季度,全省累计新增减税降费781.49亿元,其中160.53万户小规模纳税人享受免征增值税148.22亿元,11.54万户小微企业享受减免企业所得税38.41亿元,7.68万户小微企业享受缓缴企业所得税7.44亿元;进一步推动企业转型,加大企业技术改造力度,推荐上报50家国家级专精特新"小巨人"企业,引导中小企业走"专精特新"发展之路,实现转型发展,提升市场竞争力。

二是针对广大中小微企业复工复产中面临的突出困难和问题,进一步研究并提出了支持中小微企业共渡难关稳定发展的若干措施,以鄂政办发〔2020〕24号印发,从加大资金支持、促进降本减负、优化服务环境等三个方面提出了15条有针对性、操作性较强的具体措施,努力帮助广大中小微企业渡过难关。例如,全面推进"企业金融服务方舱"建设,全省17个市州共建立各类企业金融服务方舱110个,入舱企业23877个,对入舱企业新增资金供给达1218.23亿元,金融纾困金额达1922.28亿元。截至9月末,全省银行业小微企业贷款实现"两增"目标,小微企业贷款余额1.45万亿元,较年初增速22.88%,比各项贷款增速高10.94个百分点;贷款户数69万户,较年初增加11.54万户。

三是修订湖北省实施《中小企业促进法》办法。2020年9月24日,省十三届人大常委会第十八次会议表决通过《湖北省实施〈中华人民共和国中小企业促进法〉办法》。该实施办法共九章五十九条,将从2021年1月1日起施行。

为加强对中小企业的创业扶持,实施办法从创业主体、创业场所、创业资金、创业服务等方面加强对创业的要素支持,鼓励多主体创业,支持大中专院校、科研机构人员经所在单位同意离岗创业。对符合条件的小型微型企业以及其他创业主体,落实创业担保贷款及创业补贴等支持,鼓励和支持为中小企业创业者提供低成本创业场所。加强创业服务,提高企业开办登记便利程度,并依托产业园区、工业集中区、科技园区、电子商务示范基地和高校、科研机构,按照创业主体需求构建专业服务链。

为推动中小企业"专精特新"发展,加快中小企业转型升级,实施办法鼓励和支持中小企业开展技术和管理创新,参与国家和省重要项目和关键技术攻关,参与有关标准的制定,积极提升产品质量等。县级以上人民政府建立和完善中小企业质量管理体系、知识产权服务体系、中小企业人才评价机制。对中小企业研发费用、符合条件的首(台)套产品和首批次新材料应用等以及获得相关发明专利给予支持,建立高校、科研机构创新资源共享平台,鼓励高校、科研机构与中小企业共享实验平台和设施,完善考核评价机制,设立引导性资金,建立双向奖补制度。

四是根据工信部《关于促进小企业"专精特新"发展的指导意见》,2020年,我省正式启动"湖北省专精特新'小巨人'企业"认定工作,首批认定116家省级专精特新"小巨人"企业,并建立企业动态库动态管理。对2017年以来,符合国家级申报条件的"隐形冠军"企业(含示范企业、科技"小巨人"企业和培育企业)持续享有申报资格。同时,对获得国家(或省)级"小巨人"企业对接股权交易、金融机构,拓宽融资和受信力度;鼓励加大创新投入,提高竞争力。2021年,《省人民政府办公厅关于印发支持新一轮企业技术改造若干政策的通知》中明确:对上年度获得国家专精特新"小巨人"的企业,每家给予一次性奖补50万元;对获得国家中小企业公共服务平台的单位每家奖补500万元,奖补资金重点服务国家(或省)级专精特新"小巨人"企业发展。

这些政策的落实落地,为促进我省中小企业"专精特新"发展营造了良好的政策环境,促进了我省中小企业健康快速成长。

2)进一步健全梯度培育体系

"隐形冠军"是中小企业发展的目标,"专精特新"是实现"冠军"市场地位的发展路径,"科技小巨人"企业是"专精特新"发展之路的重要实现路径。所谓"专精特新","专"即专业化与专项技术;"精"即产品的精致性、工艺技术的精深性和企业的精细化管理;"特"即产品或服务的独特性与特色化;"新"即自主创新、模式创新与新颖化。中小企业如果能把上述4项中的任何一项做好,将其培育成自身的核心业务,都有可能成为专业细分领域和行业的"隐形冠军"。

促进中小企业"专精特新"发展,是实现我省中小企业与《中国制造2025》战略有效对接的重要抓手,一方面,"专精特新"中小企业作为技术创新的生力军,可为《中国制造2025》战略提供发展动力;另一方面,"专精特新"中小企业由于具备较好的市场、管理和创新基础,有能力也有条件成为《中国制造2025》战略落地的重要载体。同时,成长性企业和细分行业小巨人企业是区域经济重要的增长点和城市创新创业生态的显著标志。一个地区的高成长性企业数量越多,表明这一地区的创新活力越强,发展速度越快。在新一轮全球科技革命和新经济快速发展的背景下,加快培育高成长性企业和细分行业小巨人企业,是湖北省实施创新驱动战略的着力点。为此,从2017年开始,湖北省在全省支柱产业细分领域开展隐形冠军企业培育工作,结合国家单项冠军企业申报工作,建立了分层分类、动态跟踪管理的企业梯队培育清单,推动了更多有潜力、有基础的企业实现从高成长→"专精特新"→"小巨人"→单项冠军的梯次升级,建立了分层分级的单项冠军培育企业机制,落实企业跨越追赶行动计划。

湖北省在2017年启动隐形冠军培育计划,提出力争在2020年培育形成1000家隐形冠军企业。为此我省连续三年组织隐形冠军企业认定,截至2020年我省隐形冠军企业总数已达1132家,超额完成任务。2020年1月,481家企业被认定为湖北省第三批隐形冠军企业,数量为历年最多。新认定的481家隐形冠军企业,包括示范企业59家、科技小巨人企业93家、培育企业329家。第三批隐形冠军企业在2018年实现销售、利润同比增长15.14%和22.28%,均高于全省平均水平;共拥有省级以上高新技术企业371家、核心自主知识产权13524项、发明专利9127项,参与制定国家标准900余项;市场占有率全国排名第一的企业有60家,其中9家企业市场占有率进入全球前三,引领、示范作用显著。湖北省近3年支柱产业细分领域隐形冠军企业评定情况如表3-1-1和图3-1-1所示。

表 3-1-1　湖北省近 3 年支柱产业细分领域隐形冠军企业评定情况①

项目	隐形冠军示范企业	科技小巨人企业	培育企业	总计
2017 年 11 月（首批）	46 家	95 家	182 家	323 家
2018 年 8 月（第二批）	58 家	128 家	252 家	438 家（包括首批认定的 31 家）
2020 年 1 月（第三批）	59 家	93 家	329 家	481 家（包括第二批认定的 79 家）
隐形冠军总数				1132 家

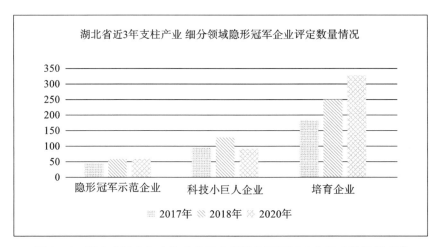

图 3-1-1　湖北省近 3 年支柱产业细分领域隐形冠军企业评定数量情况②

从表 3-1-1 中可以看出，许多认定的隐形冠军培育企业上升为隐形冠军科技小巨人企业，还有部分企业或科技小巨人企业入选隐形冠军示范企业；从图 3-1-1 中可以看出，近 3 年湖北省隐形冠军培育企业数量持续上升，形成了较为健全的梯度培育体系，优化了湖北省中小企业成长梯队。

湖北省第三批支柱产业细分领域隐形冠军具体名单见本专题附件 1。

3）国家级专精特新"小巨人"企业持续增长，形成良好示范带动效应

2019 年 5 月，工信部中小企业局公布首批 248 家专精特新"小巨人"企业，我省有武大吉奥信息技术有限公司等 9 家企业入选，天门、随州、襄阳、宜昌等市对获评企业给予了 50 万至 100 万的资金支持。2020 年 11 月，工信部中小企业局评选第二批专精特新"小巨人"企业，我省有武汉德骼拜尔外科植入物有限公司等 48 家中小企业入选，为中部入选上榜比例最高的省份。从地域分布看，我省入选企业分布在除恩施州和神农架林区之外的 15 个地市，其中武汉市 16 家，襄阳 6 家，宜昌、黄石各 5 家，涉及产业主要集中在医疗器械、生物医药、光通信芯片产业、汽车及化工产业，主要是解决卡脖子、补短板、填空白难题，呈现专业化、精细化、特色化、新颖化等特点。其中，我省入围企业发明专利均在 2 项以上，部分企业营业额超过 40 亿元。

---

①② 数据来源：湖北省经信厅门户网站。

至此，工信部中小企业局已累计选出1992家专精特新"小巨人"企业，其中湖北省专精特新"小巨人"企业持续增长，为中部入选上榜比例最高的省份，再加上我省高新技术企业7900多家，居中部第一。未来，我省继续以这些重点企业为抓手，发挥其带动示范效应，将有更多企业入选"小巨人"。

工信部中小企业局评选的第二批专精特新"小巨人"企业，湖北省48家企业入选，具体名单见本专题附件2。

4）进一步丰富公共服务，优化"专精特新"成长环境

湖北省已经建成以中小企业公共服务平台网络为骨干架构，以小微企业创业创新基地为载体，以"国家中小企业公共服务示范平台""省级中小企业公共服务示范平台""省级小型微型企业创业创新示范基地"为标杆，以社会化服务机构为支撑，线上线下相结合，覆盖全省的中小企业公共服务体系。其中，中小企业公共服务平台网络是以省级公共服务平台为枢纽，17个市（州）和15个重点产业集群公共服务平台为"窗口"的"1＋32"骨干架构。2020年，全省累计从事中小企业服务核心队伍200多人，入驻省级中小企业公共服务平台优质资源的各类服务机构876个、专家197位。截至2020年，全省32家平台获得过国家级中小企业公共服务平台称号，22家小微基地获得过国家小型微型企业创业创新示范基地称号；认定省级公共服务平台65家，省级小型微型企业创业创新示范基地76家。

从活动内容来看，全省上下联动、帮企服务活动有声有色，内容丰富多彩，涉及政策宣讲、知识培训、专题对接、个性帮扶等，13个市州窗口开展了20场（次）企业服务活动，在全省营造了惠企服务的良好氛围。武汉、襄阳运用视频技术线上服务企业；黄石、宜昌、两化融合产业窗口精心组织谋划，其活动成效明显；恩施、潜江、仙桃搭建合作平台，优化营商环境；荆门、鄂州、十堰、咸宁、天门聚焦工作重点，精准服务企业。其具体工作如下。

一是宣传国家、省扶持政策。制编《国家和湖北省支持民营及中小微企业政策简编》电子书和"口袋书"，编印《信息化政策与法规汇编》，及时准确提供给中小微企业。二是融资对接帮助企业纾困解难。截至2020年12月11日，投融资平台服务企业7043家，获得融资申请2118笔，共计431亿元，推送对接成功703笔，合计68亿元。三是在疫情期间推出线上复工复产专题课程，举办"湖北省科学复工复产准备工作在线培训"公益直播活动20场次。四是围绕宏观经济形势分析、企业氧舱银企对接、专精特新"小巨人"企业、提升服务动能、四板市场融资融智、安全生产、财税及中小企业政策解读八大专题，举办8场助力全省中小企业复工达产视频直播培训系列活动。五是组织管理咨询专家服务团深入鄂州市专精特新"小巨人"企业开展管理咨询现场服务活动。六是在武汉、荆门、黄冈、恩施、蕲春、罗田等地开展数字经济政策宣贯和"云行荆楚"系列培训。七是开展"创客中国"湖北省中小企业创新创业大赛活动，共征集项目807个，5个项目进入全国200强，1个项目进入全国24强并挺进总决赛，实现了历史性突破。八是完成电子信息工程评审条件的修订，顺利进行近26000人的软考工作。九是承办中国5G＋工业互联网大会"湖北智造"专题会议。其中"专精特新"企业培育服务实施情况统计如表3-1-2所示。

表 3-1-2 "专精特新"企业培育服务实施情况统计表[①]

主要任务	具体内容		服务成果	
			服务次数	服务企业数
"专精特新"企业培育服务	"专精特新"企业培育服务合计		4332	2363
	其中	创新支持	835	756
		知识产权托管维权	720	576
		品牌宣传推广	576	114

5）创新创业环境进一步优化，创新要素加速向企业集聚

一是湖北省近年来出台了一系列支持科技"小巨人"企业发展的强有力政策。围绕实施创新驱动发展战略和破除制约湖北科技发展的体制机制障碍，针对重点领域和关键环节进行了更大力度的体制改革和机制创新。湖北省人大先后颁布《东湖国家自主创新示范区促进条例》《湖北省自主创新促进条例》《湖北省专利条例》等地方性法规，将湖北省近年来科技体制改革的一系列成熟做法以地方立法形式予以确立和保障。湖北省委、省政府先后出台"科技成果转化十条""高校院所科技人员服务企业新九条""激励企业开展研发活动十一条"等政策文件，为科技创新发展营造了良好的政策环境。

2020 年受疫情影响，虽然我省在一季度一批科技型企业停工停产、研发停滞、人才流失，但我省连续推出《加快推进科技创新促进经济稳定增长若干措施》《进一步优化高新技术企业认定服务的措施》《湖北省支持科技型企业开展研发活动实施方案》《湖北省推进规上企业建立研发机构行动方案》等科技帮扶"组合拳"，帮助企业快速复工复产，使湖北企业的创新活力快速回归，从省科技厅最新公布的两组数据可以印证：从高新技术企业申报总数看，2020 年全省共组织申报 5566 家，同比增长近 40%，创历史最好成绩；从过审比例看，4986 家通过专家评审，过审率约为 90%，同比增长 60%。我省高新技术企业不但增量多，而且质量高，全年纳入国家科技型中小企业库的企业达到 7439 家，比 2019 年增长了 97%。虽经疫情严重冲击，但是湖北的科技创新力仍逆势增长。

二是创新要素加速向企业集聚。湖北开展科技金融服务"滴灌行动"，引导省内外优质金融资源注入科技创新创业一线。截至 2020 年底，协同银行金融机构为全省 9700 多家高新技术企业和科技型评价入库企业开展投融资服务，贷款余额达 277.65 亿元，其中 2020 年新增贷款超 40 亿元。湖北省创业投资引导基金投资初创期及早中期 592 家，投资金额达 26.1 亿元，其中 2020 年新增投资科技企业 80 家，投资额 1.62 亿元，相较去年同比增长 30%。同时，聚焦产业发展，湖北省创业投资引导基金累计参股子基金 30 支，子基金总规模达 70.7 亿元，引导撬动社会资本近 8 倍。子基金累计完成投资 641 项，其中 95.97% 的被投企业属于电子信息、高端装备制造、新材料和生物医药等战略性新兴产业领域。

6）引导各类要素赋能科技成果转化

一是启动实施"科技成果转化工程"，引导各类要素赋能科技成果转化。据不完全统计，2020 年湖北省创投引导基金联动银行、担保等金融机构，支持省内高校科技成果转化项目达 361 项，推动所投企业实现专利申请及授权累计超过 3500 项，软件著作权超过 5000 项。同时，引入创业投资"国家队"支持我省重大科技成果转化和科技企业复工复产。湖北省创投引

[①] 资料来源：湖北省经信厅相关文件统计。

导基金与东湖高新区联合签署《光谷人才创业二期基金战略合作备忘录》,设立规模6亿元的光谷人才创业二期基金,专项用于为东湖高新区人才创新创业和科技成果转化提供金融资金支持。

二是扶持科技型小微企业发展。湖北省实施孵化载体提质增效行动,全面落实科技企业孵化器、众创空间等孵化载体税收优惠政策,完善利用创新券、政府购买服务等方式,增强孵化产业化功能;采取绩效后补助的方式,鼓励孵化载体为在孵企业减免房租;支持龙头骨干企业发挥创新资源、市场渠道、供应链等优势,通过建设专业化众创空间等方式,带动产业链上下游科技型小微企业创新发展;安排1000万元大学生科技创业专项,扶持大学生创办的科技型小微企业。截至2020年,我省已有54家企业入选国家级科技企业孵化器,具体名单见本专题附件3。

三是以武汉为龙头,湖北新兴产业集群迅速崛起,为中小企业"专精特新"发展提供了广阔的产业基础和环境支撑。以武汉为龙头,我省集群产业建设取得突破,已初步形成光电子信息、汽车及零部件、生物医药及医疗器械等三大世界级产业集群。以武汉为例,已建成全球最大的光纤光缆制造基地,中小尺寸显示面板基地和国内最大的光器件研发生产基地;汽车及零部件产业规模中部第一;光谷生物城位列全国生物创新园区第四。"芯屏端网"光电子信息、节能与新能源智能网联汽车入选国家先进制造业产业集群,集成电路、新型显示器件、下一代信息网络和生物医药入选国家战略性新兴产业集群。除此以外,截至2020年,全省重点成长型产业集群已发展到112个,覆盖全省17个市州,广泛分布在食品加工饮料、纺织服装、机械汽车、医药化工、电子信息等多个产业领域,具体名单见本专题附件4。湖北省产业集聚和空间集聚初见成效,这些优势产业、特色产业不仅为中小企业"专精特新"发展提供坚实依托,而且龙头企业和中小企业可通过协同创新,进一步实现产业生态圈和产业集群的突破发展,促进湖北产业转型升级和高质量发展。

7)科技企业孵化器的科技孵化功能明显拓展和提升,孵化服务的专业化和精细化程度逐步增强

中国第一家科技企业孵化的摇篮——"东湖新技术创业者中心"于1987年6月正式在湖北武汉诞生,经过三十余年的发展,湖北省科技企业孵化器已成长为培育区域科技型中小企业、促进科技成果转化的核心载体,其数量和规模均居全国前列。截至2020年,我省已有54家企业入选国家级科技企业孵化器,具体名单见本专题附件3。自湖北省开始实施科技企业创业与培育工程以来,省内科技企业孵化器在政策及市场双重因素驱动下,取得了较为显著的孵化绩效。同时,随着国家层面"大众创业、万众创新"的持续深化,湖北科技企业孵化器已成长为推动区域科技与经济相结合的重要力量,为培育全省经济发展新动能、促进实体经济提质增效提供了强有力的支撑。目前,省内加速器、众创空间、科技企业孵化器及科技产业园区四级孵化体系已初步构建形成,孵化器投资主体也由早期的政府出资为主导发展,为政府、企业、大学、研发机构等独立或合作建立的公益型及营利性孵化器多元共存的发展局面。孵化服务的专业化和精细化程度逐步增强,在孵企业的科技含量和经营质量同步提升。总体来说,湖北科技企业孵化器的科技孵化功能近年来得到了明显拓展和大幅提升,为推动中小企业"专精特新"发展提供了强有力的支撑。

2. 现实问题与差距

1)细分行业企业领先优势不明显,对中小企业"专精特新"发展的引领略显不足

制造业单项冠军是指长期专注于制造业某些特定细分产品市场,生产技术或工艺国际领先,单项产品市场占有率位居全球前列的企业;制造业单项冠军是制造企业的第一方针,也是"中国制造"的排头兵,是影响中小企业"专精特新"发展的重要标杆企业和示范企业。2021年1月,国家工信部发布第五批制造业单项冠军企业(产品)名单,我省6家企业上榜,如表3-1-3所示。截至目前,虽然湖北省获评国家制造业单项冠军的企业达22家,居中部前列,但从全国"制造业单项冠军示范企业(产品)区域分布情况"来看(见表3-1-4),与先进省份相比还有很大差距。数据显示,目前国内隐形冠军主要集中于东部沿海的山东、浙江、江苏等地,这些地区经济实力强,制造业发达;而北京、上海的经济结构是以服务业为主,制造业单项冠军企业数量并不突出;在中部地区,相对较多的是河南、安徽、湖北,但其数量上和山东、浙江、江苏等地相比还有很大差距。具体来看,五批上榜企业主要集中在浙江、山东和江苏,这三个省依次累计入选单项冠军示范企业(产品)为110家、103家、91家,占全国五批单项冠军示范企业(产品)总数603家的50.4%,这意味着仅浙江、山东和江苏就占据了我国制造业一流领域的半边天。而从湖北省的上榜情况来看,湖北省五批累计入选单项冠军示范企业(产品)19家,占比仅3.15%,与发达地区相比,湖北省的差距还是很明显的,在制造业细分行业发展水平的第一梯队中缺乏优势。在这种情况下,这些领先企业对中小企业"专精特新"发展的引领和带动就会略显不足,因此亟须进一步加强中小企业"专精特新"发展推进力度,进一步鼓励和引导中小企业探索创新发展路径,不断提升,实现湖北省向工业强省升级发展。

表3-1-3 湖北省制造业单项冠军示范企业、培育企业及单项冠军产品名单①

类别	批次	企业名称	主营产品
示范企业	第一批	中石化石油机械股份有限公司	牙轮钻头
		长飞光纤光缆股份有限公司	光纤光缆
	第二批	武汉光迅科技股份有限公司	光纤接入用光电子器件与模块
		中石化四机石油机械有限公司	固井压裂设备
	第三批	武汉精测电子集团股份有限公司	液晶面板模组检测设备
		武汉锐科光纤激光技术股份有限公司	中高功率光纤激光器
		安琪酵母股份有限公司	酵母制品
		宜昌人福药业有限责任公司	麻醉药品
	第四批	—	—
	第五批	武汉帝尔激光科技股份有限公司	高端激光设备
培育企业	第一批	荆州市江汉精细化工有限公司	硅烷偶联剂
		宜昌长机科技有限责任公司	数控插齿机
	第二批	湖北鼎龙控股股份有限公司	硒鼓
	第三批	—	—
	第四批	—	—
	第五批	—	—

① 资料来源:湖北省经信厅门户网站。

续表

类别	批次	企业名称	主营产品
冠军产品	第一批	—	—
冠军产品	第二批	宜昌三峡制药有限公司	硫酸新霉素
冠军产品	第三批	四机赛瓦石油钻采设备有限公司	压裂成套设备
冠军产品	第四批	湖北三环锻造有限公司	钢制模锻件产品
冠军产品	第四批	马应龙药业集团股份有限公司	治痔、皮肤类药品
冠军产品	第四批	黄石东贝电器股份有限公司	制冷压缩机、压缩机电机
冠军产品	第五批	武汉重型机床集团有限公司	数控超重型立式车床
冠军产品	第五批	中铁工程机械研究设计院有限公司	架桥机
冠军产品	第五批	湖北回天新材料股份有限公司	太阳能用单、双组分有机硅胶粘剂
冠军产品	第五批	大冶特殊钢有限公司	工程机械用特殊钢
冠军产品	第五批	荆门市格林美新材料有限公司	超细钴粉

表 3-1-4 中国制造业单项冠军示范企业（产品）区域分布情况①

序号	地区	第一批 数量	第一批 占比	第二批 数量	第二批 占比	第三批 数量	第三批 占比	第四批 数量	第四批 占比	第五批 数量	第五批 占比	合计	占比
1	北京	1	—	4	—	3	—	8	—				
2	天津	0	—	2	—	2	—	1	—				
3	河北	2	—	1	—	0	—	2	—				
4	山西	1	—	0	—	1	—	0	—				
5	内蒙古	1	—	—	—	0	—	0	—				
6	吉林	0	—	0	—	1	—	0	—				
7	辽宁	2	—	4	—	2	—	3	—				
8	黑龙江	0	—	1	—	0	—	1	—				
9	上海	1	—	5	—	4	—	4	—				
10	江苏	7	13.2%	15	14.02%	24	17.9%	18	14.51%	27	14.59%	91	15.09%
11	浙江	6	11.32%	17	15.89%	30	22.39%	29	23.39%	28	15.14%	110	18.24%
12	安徽	3	—	2	—	5	—	3	—				
13	福建	2	—	6	—	7	—	4	—				
14	江西	0	—	2	—	1	—	2	—				
15	山东	12	22.64%	17	15.89%	23	17.16%	23	18.55%	28	15.14%	103	17.08%
16	河南	3	—	4	—	5	—	4	—				
17	湖北	2	3.77%	3	2.8%	5	3.73%	3	2.42%	6	3.24%	19	3.15%
18	湖南	1	—	3	—	3	—	4	—				
19	广东	6	—	11	—	7	—	10	—				

① 资料来源：中国工业和信息化部官方网站自行搜集与统计。

续表

序号	地区	第一批		第二批		第三批		第四批		第五批		合计	占比
		数量	占比	数量	占比	数量	占比	数量	占比	数量	占比		
20	重庆	0	—	1	—	2	—	2	—				
21	四川	1	—	4	—	3	—	2	—				
22	云南	0	—	0	—	1	—	0	—				
23	贵州	0	—	1	—	0	—	0	—				
24	陕西	2	—	1	—	2	—	0	—				
25	新疆	1	—	1	—	0	—	0	—				
26	甘肃	0	—	0	—	0	—	0	—				
27	宁夏	0	—	2	—	0	—	2	—				
	合计	53	100%	107	100%	134	100%	124	100%	185	100%	603	100%

2）专精特新"小巨人"企业涉及行业相对有限，专业化水平和行业拓展空间有待进一步提升

据德勤研究报告显示 2020 年"中国 50 强"行业分布情况，从一级行业分类来看，互联网领域企业最多，占比 38%，软件与硬智能制造领域的企业数量位居第二与第三，占比分别为 22% 与 12%；从二级行业来看，智能制造、平台服务和电子商务占比最多，达 12%，泛 AI 技术、医疗和互联网教育领域的企业分别占比 10%、10% 和 8%。近期，随着中央对加快新型基础设施建设进度做出部署，有关部门和地方纷纷出台相应举措。可以预测，5G、人工智能、工业互联网、物联网等一系列"新基建"将推动中国进入新的数字化时代，这些行业将会迎来新的增长。而从我省第一批、第二批专精特新"小巨人"企业行业分布情况来看（见图 3-1-2），这些企业主要分布在机械制造、光纤光缆、生物医药、汽车及部件制造等传统制造领域，涉及的行业相对有限，在新兴产业领域涉足较少，这表明湖北省在大多数制造业细分领域的专业化水平和行业拓展空间还有待进一步提升。

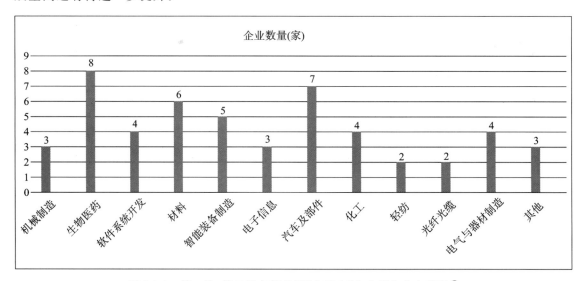

图 3-1-2　第一批、第二批专精特新"小巨人"企业行业分布情况①

---

① 资料来源：湖北省经信厅相关资料文件统计。

3）孵化产业链架构不够完整，功能孵化不明显，特色化、专业化建设略显滞后

湖北科技企业孵化器近年来数量的扩张与规模在"双创"政策性推动下，得到了较大的发展，但在孵化器产业的总体规划与设计上还存在着一定缺陷，主要体现在如下方面。

(1) 孵化产业链架构不够完整，发展后劲不足。

湖北科技企业孵化器全产业链布局的孵化体系亟待完善。所谓全产业链孵化体系是将科技企业孵化体系内的各类孵化资源和服务有效集成，形成适应科技型中小微企业发展的完整生态系统，从而助推企业快速发展壮大，促进区域经济转型发展。经济发达地区的全产业链孵化体系已有不少成功范例，如广东东莞松山湖生态园区在建设中贯彻全产业链孵化理念，依托中国科技开发院建设中科创新广场孵化生态综合体、招科创新基金建设高端智能装备产业国家级专业孵化器，孵化并培育了一批高成长性中小微创新型企业，取得了很好的产业集聚效应。

反观湖北，现行科技企业孵化器的产业链架构大多尚不完整，难以对不同经营业态、不同专业领域、不同发展阶段的企业提供创业孵化的差异化服务。科技企业孵化器较少围绕某一细分行业打造公共服务平台和提供专业化服务，也较少主动推动在孵企业与具有强大行业影响力的龙头企业进行合作交流，使得科技企业孵化器较难形成创新集聚效应。

另外，湖北省科技企业孵化器在空间布局上并不均衡，全省60%左右的孵化器资源集中在武汉市，其他地市科技孵化器发展相对滞后，在地域空间上未能形成不同区域的联动效应。区域之间发展的不均衡也在一定程度上影响了湖北科技企业孵化器在推动创新产业集聚效应上的发展动力。

(2) 功能孵化不明显，特色化、专业化建设有待提高。

拥有完善的科技服务配套体系和高水平的公共技术平台是弥补在孵企业自身研发能力不足、促进企业可持续发展的重要手段，也是一家优秀科技企业孵化器的核心支撑。但从总体上看，湖北地区科技企业孵化器特色化、专业化建设能力还有待提高，部分孵化器虽在发展战略上明确了一定的产业发展导向，但尚未配置足够资源投入建设耗资较大的专业技术检测及实验平台，不能为在孵企业提供专业功能的增值服务，故难以形成创新型在孵企业集群；加上适应全产业链孵化体系发展的配套中介服务机构也未能形成有效集聚，公共服务平台运行效率有待提高，专业功能孵化不明显的弊端有可能使湖北在区域高端人才竞争与优质项目竞争中丧失竞争优势。因此，湖北科技企业孵化器的全产业链条有待完善，大力建设专业型孵化器已是下一步的发展趋势。

(3) 产业结构不尽合理，经营模式较单一。

不可否认，湖北地区尚有相当数量的科技企业孵化器停留在企业孵化器发展的初级模式阶段，仅能提供物业出租、工商注册、政府协调、会计、法律等一般服务，而不能提供诸如创新要素整合、供应链资源、人才和技术支撑、创业投资等增值服务，其运营结构趋同，商业模式不够健全、盈利模式较单一；加上新近转向创业孵化领域的部分企业或单位，尚未把握创业孵化的运营精髓，往往重资产、轻服务，重建设、轻培育，资金链、产业链及创新链等社会资源的注入及整合不足，存在商业模式及经营管理上的严重路径依赖。一方面，自身能力不足，难以对在孵企业提供有价值的孵化服务，使得孵化器的市场影响大打折扣；另一方面，过度依赖房租与政府补贴收入，增值服务（特别是对在孵企业的有效培育）及投融资服务没有得到应有的重视。而事实上，科技企业孵化器的传统服务功能早已不能完全满足培育高质量创业项目和高层次创业人才的深层次需求，湖北科技企业孵化器的外延及内涵必须进一步实现较大的拓展。

4) 集群产业链整体规划和设计不足,龙头企业的引导作用需加强

产业集群发展是中小企业转型升级的必经之路,也是促进中小企业"专精特新"发展的重要推手。目前,湖北省产业集群数量不断增加,集群稳步发展,社会影响力不断扩大,省级重点成长型产业集群,各项主要经济指标增幅均高于全省工业平均水平,形成了中小企业"专精特新"的发展良好外部环境。但是湖北省中小企业产业集群发展仍存在一些问题,集中表现在以下两个方面。

(1)企业技术含量不高,产业创新能力较弱。

很多区域性产业集群中技术含量较低的资源密集型或劳动密集型行业较多,呈现的主要特点是制造能力较强而技术能力却相当弱、产业规模较大而产品附加值却相当低、硬件规模较大而软件规模却很小、单机生产能力较强而系统集成能力却很弱,从而造成集群的核心竞争力明显不足,高附加值、高技术含量和高端品牌产品并不多,质量品牌建设有待加强。例如,纺织、冶炼、机械制造、农产品初加工等行业,由于企业大都处于价值链末端,仍然依靠传统的廉价资源和劳动力来进行价值创造,使得这些产业集群没有太多技术创新,创新能力明显较弱。而且由于创新投资风险大、外部性强,为减少研发投资成本和降低创新风险,集群内所采用的技术多为引进和模仿,其模仿动机远远超过创新动机,群内中小企业都愿意成为"免费搭车者",不愿自主创新,普遍缺乏持续创新动力。

(2)企业间关联度弱,龙头企业的引导作用需进一步加强。

湖北省中小企业产业集群主要以外力驱动为主,集群产业链缺乏整体规划和设计,配套能力仍然不强。部分集群只达到企业在地域上的集中,企业之间关联度弱,产业结构竞争力不高,相互之间的技术、信息、市场、人才等各方面的交流与合作不够紧密,没有发挥产业集群的最大优势,区域的个性化、特色化未能充分体现。其表现在:一是城市间的产业结构趋同,各城市产业特色不够明显,缺乏合理的分工和互补性;二是上、下游产业配套和协作不够密切,未能形成较好的互补性、较强的产业链,使产业集群未能对区域经济发展起到乘数效应的作用。而且因为缺乏龙头企业的引导,企业之间的联系薄弱,产业集群的有效性也有待提高。

5) 高新技术企业数量仍显不足,企业创新能级有待进一步提升

据省科技厅统计,截至 2019 年底,全省高新技术企业总数达 7892 家,居全国第七、中部第一。各市州共推荐申报高新技术企业共 5566 家,同比增长 39.29%,包括安琪酵母、长飞光纤潜江公司、武汉健诺医疗等,初步测算 2020 年我省经国家认定的高新技术企业总数有望突破 1 万家。然而相比发达省市,我省高新技术企业数量仍有较大差距:广东以 4.5 万家的绝对优势遥遥领先,北京(27453 家)、江苏(24035 家)、浙江(14170 家)、上海(12862 家)、山东(10200 家)都在 1 万家以上,排名第 6 的山东也比湖北多 2300 家。高新技术企业数量的增速上,我省也远低于湖南、江苏。除此以外,我省部分高新技术企业研发投入不足,不愿研发、不敢研发,获得核心技术和自主知识产权的能力也较弱。今年拟通过认定的企业中,近三年净资产增长率、销售收入增长率低于 5% 的企业比例较高。全省 1.56 万家规上工业企业仅 20% 是高新技术企业,仅 8.45% 建有专门研发机构,有研发活动占比低于全国平均水平 3.32 个百分点,限制了企业创新能级的提升。另外,全省高新技术企业年均授权专利 4.22 件,其中发明专利仅 1.31 件,且区域之间创新技术发展差距大,武汉专利批准量明显高于其他市区,创新技术在各领域之间也存在分配不均的现象。全省高新技术中小企业主要分布在生物工程制药、电子制造、新能源新材料等领域。因此,必须继续加强对高新技术企业的培育、跟踪服务等工作,为高新技术企业的发展提供最优环境,从而进一步带动中小企业创新能级的提升。

6）人才结构性短缺仍然存在，人才短板亟待补齐

21世纪的竞争就是人才的竞争，谁掌握了高素质人才，在某种程度上就掌握了企业的命脉。中小企业"专精特新"的生存和发展在很大程度上依赖人才，特别是高层创新型人才。而目前，我省人才结构性短缺仍然存在，人才短板亟待补齐。一方面，企业技术创新或产品转型所需的关键人才不足，尤其是智能制造所需的软件开发、电路开发、嵌入式系统开发人才及经验丰富的职业经理人、市场营销团队等中高端人才存在短缺；另一方面，高素质技能人才缺乏，年轻人往往不愿意从事生产制造等技术技能岗位，蓝领工人及高级工匠普遍缺乏。而且目前留住人才的难度加大，引进研发人才或高端人才成本越来越高。

另外，融资难依旧是影响中小企业"专精特新"发展的瓶颈之一，贷款难、融资成本高、贷款期限短、企业融资渠道过于狭窄的问题依然存在。除此以外，中小企业公共服务供给的持续改善与中小企业服务需求不断提升相比仍有差距。行政审批、投资、政府购买服务等领域的改革还需进一步深化。

（二）其他省市中小企业"专精特新"发展的主要做法和经验

具有"专精特新"特点的中小企业极具成长性和竞争力，在当下和未来扮演着越来越重要的经济角色，是中小企业的排头兵和高质量发展的表率。随着我国《促进中小企业发展规划》以及《关于促进中小企业"专精特新"发展的指导意见》的提出和落实，大力促进中小企业"专精特新"发展，已成为各地新一轮大发展大跨越的一个重要项目和内容。很多地区都实施了"专精特新"中小企业的培育和发展计划，并取得了一定成效。因此，研究先进省市的发展经验对我省中小企业"专精特新"发展有一定的启示和借鉴作用。

1. 北京

北京、上海经济结构上以服务业为主，虽然制造业单项冠军企业数量与浙江、山东等制造业先进省份相比并不突出，但北京市为了落实非首都功能疏解的战略布局，大力鼓励中小企业在高精尖产业领域精耕细作，为此设立科技型中小企业技术创新专项资金，创新资金实施过程中积极引导，并鼓励科技型中小企业与高校、科研院所进行产学研深度联合，加强科技成果研究开发与转化之间各市场主体的协作，加速科技成果产业化。

除此以外，北京市还强化了以下工作：一是强化组织保障，充分发挥北京市促进中小企业发展领导小组作用，用好北京市经济和信息化局、北京市财政局、各区（含北京经济技术开发区）中小企业主管部门及有关单位等跨部门联动的良好工作机制，统筹协调北京市"专精特新"中小企业发展中的重大问题和政策，动态跟踪，总结经验；二是优化空间配置，推动北京市小型微型企业创业创新示范基地等各类空间载体吸收、接纳、培育北京市"专精特新"中小企业，提供房租减免等政策支持，降低企业空间使用成本，并为企业提供优渥的空间使用条件和创新发展环境；三是提升服务质量，将北京市"专精特新"中小企业纳入北京市中小企业服务体系，从"政策+资本+服务+载体"等多个方位，为北京市"专精特新"中小企业提供政策咨询、管理提升、检验检测、技术转移、人才培训、市场开拓、投资融资等全方位高质量服务；四是加大资金支持，通过购买服务、奖励、补助等形式，加大财政资金支持力度，支持北京市"专精特新"中小企业发展，发放"专精特新"服务券，建立北京市"专精特新"中小企业库与服务机构库对接合作机制，降低企业购买服务费用，如2020年8月安排第一批"专精特新"服务券发放给北京市"专精特新"中小企业,服务券第一批额度为800万元,后续批次发放根据前序批次回收额而定;五是加强宣传推广,为北京市"专精特新"企业提供线上线下多维度展览展示平台,为企业提供品牌和产品宣传渠道,鼓励企业参加"创客北京""创新创业大赛""中博会""APEC"等各类展览展示活动,提升企业知名度,帮助企业拓展市场,组织宣传北京市"专精特新"中小企业的优质产品和服务,提升企业主导产品知名度,助力企业扩大市场份额。

2. 上海

中小企业是国民经济和社会发展的重要推动力,是上海率先改变经济发展方式、实现科学发展的重要基础。为更好地促进中小企业健康、持续和创新发展,上海市更加注重市场机制和政府扶持的作用,更加关注民营企业、中小企业的发展,更加关注中小企业在新兴领域、新型业态中的成长。

上海市区两级政府为促进中小企业发展,推出了一系列经济政策:一是财政方面,建立创新扶持基金、设立国外业务发展扶持基金、设立专门针对下岗人员再创业的扶持基金,以及设立绿色发展扶持基金;二是金融方面,由金融局牵头协调,将华夏银行等中小银行作为"中小企业金融服务商",通过街道发展办公室在中小企业较为密集的区域建立服务代办机构;三是服务体系方面,建设全市企业服务平台,构建面向全所有制、全规模、全生命周期的普惠制企业精准服务体系,完善企业诉求汇总、跨部门协作与跟踪督办机制,研究解决各类企业发展中遇到的难点和突出问题;四是人才方面,认真落实"上海人才30条",发挥户籍政策的激励导向作用,积极支持骨干企业和实体经济引进紧缺急需高层次人才,对高层次人才建立高级职称评审的便利通道。

3. 浙江

专注细分领域做精做专,浙江企业在这方面优势非常明显。2018年全年浙江省新增"小升规"企业2500家,评选200家"创业之星"和1000家成长型中小微企业;新增"专精特新"入库培育企业12000家,评审确定"隐形冠军"20家、"隐形冠军"培育企业240家、创新型示范中小企业100家。从全国"制造业单项冠军示范企业(产品)区域分布情况"来看(见表3-1-3),浙江省五批共入选单项冠军示范企业(产品)达110家,占全国五批单项冠军示范企业(产品)总数603家的18.24%,居第一位。

浙江省在支持中小企业、支持民营经济发展中,进行了多项有益探索,也取得了不少成效。总体来看,浙江省在促进中小企业"专精特新"发展方面,重点做了以下工作。一是充分发挥中小企业公共服务平台、企业服务窗口与中小企业服务联盟作用,为中小微企业提供更加专业、精准的服务;建立和完善省、市、县三级中小企业综合服务平台,重点培育认定500家中小企业专业化服务机构,发挥示范带动作用;提升省中小企业公共服务平台网络的服务能力,以政府购买服务的方式,建立健全服务规范、服务评价和激励机制,调动和优化配置服务资源,为中小微企业提供质优价廉的普惠服务。二是加大财政金融资金的扶持力度,撬动社会资本和民间资本,共同支持中小微企业的创业创新。数据显示,现有102家单项冠军所在企业近九成建有省级及以上企业技术中心、重点企业研究院等各类创新载体;分行业制定块状经济技术改造提升路线图,集中力量开展共性技术、关键技术攻关,推广一批重大共性技术创新成果,并鼓励各地设立科技成果转化基金,支持中小微企业采用新技术开展工程化研究应用。三是创新资金投入方式,推广实施中小微企业服务券,通过财政资金对中小微企业购买专业服务机构的服务项目给予一定比例的补贴;引导各类创投机构对接小微企业,对小微企业新三板上市、股交中心挂牌、开展并购重组给予优惠政策及奖励;对投资"专精特新"培育企业1年以上的风险投资机构,各地通过设立创业投资风险补偿专项资金的形式,按投资额给予一定比例风险补贴。四是大力发展新技术、新业态、新模式、新产业小微企业,鼓励科技人员、海外留学人员带技术成果创办小微企业,优先纳入科技型小微企业扶持,并扶持高校毕业生自主创业,全面推进高校创业学院建设;引导小微企业从生产型制造向服务型制造转型,支持小微企业面向行业、区域、大型制造企业提供专业化服务;积极发展众创、众包、众扶、众筹等创业新模式,培育一批小规模定制、创意设计、云制造等新业态小微企业。五是推动市场拓展,支持中小微企业创新销售模式,发展"个性化定制"、"以销定产"等经营方式;鼓励建设集中采购分销平台,支持中小微企业通过联合采购、集中配送等方式降低采购成本;普及小微企业电子商务应用,鼓励小微企业依托第三方电子商务平台开展网络销售,与阿里巴巴、京东等大型电商平台开展战略合作,开展"浙江好产品"行动,支持"专精特新"培育企业建立网络品牌,产品直接面向终端消费市场;加大政府采购扶持力度,并完善政府采购中小微企业产品与服务的实施办法。

4. 山东

从目前国家公布的5批中国制造业单项冠军名单来看,山东的中国制造业单项冠军数量呈现递增的趋势,从初期的12家,到第二批的12家、第三批的16家、第四批的20家,再到第五批的21家,约占"冠军企业"总数的1/4以上。山东从几个制造业大省中脱颖而出,其实力不容小觑,作为全国唯一一个拥有全部41个工业大类的省份,在《2018中国制造业企业500强》榜单中,山东有88家企业入围,位居全国首位。从全国"制造业单项冠军示范企业(产品)区域分布情况"来看(见表3-1-3),山东省五批共入选单项冠军示范企业(产品)达103家,占全国五批单项冠军示范企业(产品)总数603家的17.08%,居第二位。

排名如此靠前,与山东本地的政策支持力度分不开。2017年,制造业"单项冠军"示范企业可直接获得山东省财政奖励的100万元,2018年起,这个数字又被提高到200万。在此基础上,济南、烟台、潍坊、青岛、淄博、聊城等地也接连出台差异化鼓励政策,有的直接给予"真金白银",还有些将这类企业的培育工作纳入综合考核。

装备制造是山东制造业的优势所在,在此前山东省公布的首批100家瞪羚高成长中小企业中,其中高端装备制造企业就有26家,占四分之一以上。同时作为环渤海圈加工制造能力强省,制造业也已成为山东融入京津冀发展的关键一步,根据山东省工信厅发布《关于积极融入京津冀协同发展战略促进我省制造业高质量发展的通知》,山东将率先从制造业开始,充分利用自己所拥有的产业升级转型所需要的土地资源和劳动力资源优势,承接京津两地高端要素、高端产业和优质资源,同时积极推动本地产品进入京津冀市场,充分显示出协同发展的互补特征。

山东省在促进中小企业"专精特新"发展方面,具体做了以下工作:一是在省"专精特新"中小企业中,择优评选推荐国家专精特新"小巨人"企业,符合条件的,支持参加省瞪羚企业、独角兽企业申报工作;二是鼓励省"专精特新"中小企业通过购置先进适用设备开展技术创新,实现管理提升,对符合相关专项资金扶持要求的,给予专项资金支持;三是加强对企业产权保护、品牌建设等方面的支持和服务,推荐享受国家、省相关部门的各类扶持政策;四是支持企业参加中国国际中小企业博览会、APEC中小企业技术交流暨展览会、跨国采购洽谈会等展会,帮助企业扩大影响力,开拓国内外市场;五是组织银企沟通对接活动,将每年新评定的"专精特新"

中小企业名单向各大银行等金融机构、知名基金推荐,为有融资需求的企业争取融资支持,鼓励金融、担保、投资等机构提供专项服务,支持符合条件的企业上市融资、发行债券;六是省级中小企业公共服务示范平台网络和各级服务机构,将山东省"专精特新"中小企业作为重点,在技术创新、市场开拓、品牌建设、管理提升、融资服务等方面优先提供有效的针对式服务。

5. 江苏

长三角是中国经济发展最活跃的区域之一,而江苏作为长三角的重要省份,目前制造业的总量占到全国1/7左右,居全国第一。在前四批中国制造业单项冠军示范企业中,江苏和浙江的排名一直是你追我赶,在第一批、第三批名单中,江苏更胜一筹;而在第二批、第四批名单中,浙江的数量更多。从全国"制造业单项冠军示范企业(产品)区域分布情况"来看(见表3-1-3),江苏省五批共入选单项冠军示范企业(产品)91家,占全国五批单项冠军示范企业(产品)总数(603家)的15.09%,居第三位。

江苏省在促进中小企业"专精特新"发展方面,具体做了以下工作。一是加大政策扶持力度,省工业和信息产业转型升级专项引导资金对省级专精特新小巨人企业在装备升级和互联网化提升等方面,予以重点支持;通过发放信息化券、创新券等普惠扶持方式,支持小微企业专精特新发展;优先推荐省级专精特新小巨人企业申报国家制造业单项冠军示范(培育)企业;对国家认定的单项冠军示范企业,省级相关专项给予不超过100万元的奖励。二是加强精准服务,实施"互联网+小微企业"行动计划,力争全省专精特新小巨人培育企业装备数控化率达50%以上;构建省级示范技术平台,推进企业"机器换人"和创新成果转化,每年组织一批专精特新小巨人企业在省股交中心"专精特新板"挂牌上市;依托江苏省中小企业协会,建立专精特新小巨人企业家俱乐部,开展专精特新发展咨询诊断。三是加强经验总结推广,建立和完善专精特新小巨人企业运行监测机制,及时掌握企业运行动态;各区市、县(市)经信(中小企业)部门每年2月底前报送本地专精特新小巨人企业培育工作总结;定期编印全省专精特新小巨人企业发展报告,选择一批典型经验,进行示范推广;加大宣传力度,在相关媒体上公布省级专精特新小巨人企业名单,提升企业知名度和影响力。

6. 宁波

宁波在全国第二批专精特新"小巨人"企业评选中,以50家的数量在全国所有城市中列第四位;在非直辖市城市中,宁波市以新晋50家名列第一(前三位分别是三个直辖市,其中,北京85家、上海61家、重庆60家。)从行业分布看,宁波市50家新晋专精特新"小巨人"企业主要分布在汽车零部件、新材料、电子信息、气动元件、模具制造等二十几个细分市场领域中,这与宁波市"246"培育体系产业吻合,企业集中度前三的行业分别为汽车零部件8家、新材料7家、电子信息6家。

宁波市在中小企业"专精特新"发展方面,具有以下几个明显特征。一是努力推动企业在各自领域争取较强"影响力",据统计,50家企业在各自产品领域的市场占有率全部位于浙江省前三,其中32家位居省内第一,占新晋企业的64%。二是企业争取在行业中有一定的"话语权",为此积极参与企业标准建设,50家企业在2018年、2019年两年内,主持(参与)编制(修)标准的有37家,占74%。三是重视研发机构建设,50家企业大都设立研发机构,包括设立国家级技术研究院、市级及以上技术研究院、院士专家工作站、博士后工作站等。四是重视创新积累,企业研发费用占营业收入比重高于4%的有34家,高于5%的有15家,高于6%的有3家;研发人员占企业职工总数之比高于20%的有14家,有的企业占比甚至高达40%。五是数字化发展能力较强,新晋企业注重数字化赋能,核心业务大多采用信息系统支撑,基本实现业务系统云端迁移或签订工业互联网平台等服务协议。与此同时,新晋企业的数字化建设覆盖面较广、基础比较扎实,适应数字化转型和智能制造发展趋势的意识和能力比较强。

(三)影响湖北省中小企业"专精特新"发展的制约因素

"专精特新"发展方向是中小企业转型升级、转变发展方式的重要途径,而企业的成长是一个长期、复杂的过程,是多种因素相互作用的结果。为了在快速变化的市场环境中有效推动可持续发展、提升高附加值,湖北省中小企业必须对影响"专精特新"发展中的制约因素有清晰的认识。结合国内外专家的研究成果,以及湖北省中小企业"专精特新"发展的现状,影响因素主要表现在企业内部因素和企业外部环境因素的两个方面。

1. 企业内部因素

1) 战略定位

战略定位在于使企业在行业中获得最佳位置,并通过作用于行业中的潜在进入者、现有竞争者、顾客、供应商和替代品等来巩固这一位置。实践证明,战略明确性与企业绩效正相关。企业在战略层面明确"专精特新"的发展方向,对于转型期的中小企业至关重要。因此,战略定位在湖北省中小企业"专精特新"发展中发挥着最为重要的作用,对中小企业来说,要提高其"专精特新"绩效实现转型升级,必须对企业"专精特新"经营战略进行精准的定位,找准利基市场,并在企业内部营造良好的专精特新氛围。

2) 资源应用能力

企业是资源的集合体,企业的持续竞争优势在于其拥有资源的质量、数量及使用效率,资源的价值性、难以模仿性、稀缺性和不可替代性决定了企业能否产生持续性竞争优势,而资源的"异质性"决定了企业获得高附加值和持续竞争的可能性。因此,资源的应用能力是中小企业核心竞争力的一部分,湖北省中小企业应在政策法规引导下,打破内部桎梏,通过有形资源和无形资源之间的复杂互动,将众多分散在内外部的"独特"资源加以整合利用,以突破资源瓶颈,在保证高质量产品(或服务)的前提下提高生产能力和竞争能力,实现"专精特新"高质量发展。

3) 技术创新应用能力

目前,技术创新是企业创新活动的核心内容,它为组织的实施和过程管理提供必要的支撑和保障。技术,特别是专有技术、知识产权、特色工艺等与企业产品或服务有极大的粘连性,是企业尤其是中小企业专一化、多元化经营抉择的关键因素。因为在企业的竞争中,成本和产品的差异化一直都是核心要素,一方面技术创新能提高物质生产要素的利用率,减少投入;另一方面又可通过引入先进设备和工艺以及新的生产方式降低成本,为企业的产品差异化提供帮助,如果企业能够充分利用其创新的能力,就一定能在市场中击败对手,占据优势地位。目前,湖北省中小企业在核心技术、关键技术、前沿引领技术等硬科技、黑科技方面创新还明显不足,所拥有的发明专利质量较低,关键技术受制于人的局面仍然没有根本改变。专利质量不高、核心技术不强已经成为制约湖北省中小企业持续创新、快速发展的关键因素。因此,湖北省中小企业要在快速发展中保持后劲,实现可持续发展,关键是要培育核心技术、自主创新能力以及科技成果转化效率,摸索出一条适合企业自身特点的创新发展之路。

4)组织管理柔性

企业的组织管理柔性能提高企业自身的灵活性,增大劳动和资本的使用效率,从而能使企业更好地适应环境、减少环境动荡带来的冲击。柔性化组织可以有效地解决由于专业化生产引起的各生产流程的分离,降低操作成本,并有利于信息流通,降低信息传递时间与损耗,从而使企业在市场竞争中占据主动地位。由此可以看出,企业的组织管理柔性对中小企业"专精特新"发展至关重要。湖北省中小企业在应对不确定市场环境的过程中,应提高迅速且低成本地改变资源配置、进度安排的能力,减少市场响应时间;激励基层组织产生首创精神,鼓励其内心主动性、内在潜力等内在驱动力,以提高工作效率和对市场的快速反应能力,促进企业尽快完成"专精特新"转型升级。

5)生产质控能力

生产管理能力和生产质控能力对在成本一定时最大化满足顾客个性化需求、以及对企业财务绩效、顾客满意度都会产生直接影响。因此,企业必须高度重视生产职能、提高生产能力,在保证高品质的前提下,提高生产效率。对于中小企业来说,生产质控能力是在瞬息万变的市场竞争中获得竞争力的重要因素。

2. 外部环境因素

1)政策法规

企业转型期内市场力量的薄弱性要求政府采取有效措施,营造有利于中小企业"专精特新"发展的外部环境。相对于大企业,政府的各项政策法规对中小企业发展则更为重要,政府对中小企业"专精特新"发展的税收减免政策、创新服务平台支持政策等不仅可以缓解中小企业的资金压力,而且也会为其"专精特新"发展营造良好的外部环境,否则政策及制度的不稳定将会给中小企业发展带来高风险。因此,政策法规在中小企业"专精特新"转型升级中起着重要的作用。政府在制定中小企业扶持政策时,必须坚持以需求为导向,保证相关政策的有效实施,要通过走访企业、开展座谈会等方式,倾听企业政策诉求,找准企业生产经营中的难点和堵点,深度反思现有政策的缺陷,增强扶持政策的前瞻性、科学性、创新性、开放性、针对性和适用性。

2)营商环境

营商环境包括影响企业活动的社会要素、经济要素、政治要素和法律要素等方面,企业的发展一刻也离不开健康良好的营商环境。营商环境是重要的生产力,但目前一些地方仍存在市场准入门槛高、项目审批烦琐、办事效率低下等问题,"玻璃门""旋转门""弹簧门"等隐性壁垒不同程度地存在。中小企业"专精特新"发展需要一个公平的市场环境使企业融资等行为受到平等的待遇。因此,湖北省必须进一步优化营商环境,营造公平、公正的市场环境,提高服务效率,更好服务市场主体,促进中小企业健康可持续发展。

(四)湖北省中小企业"专精特新"发展可选择的成长模式

经过多年的发展,湖北省在新材料、高端装备、新一代信息技术、关键基础件等优势领域产生了一批行业单项冠军企业和隐形冠军企业。武大吉奥信息技术有限公司等9家企业入选我国首批248家专精特新"小巨人"企业,武汉德骼拜尔外科植入物有限公司等48家中小企业入选第二批专精特新"小巨人"企业,涉及产业主要集中在医疗器械、生物医药、光通信芯片产业、汽车及化工产业等，主要解决了卡脖子、补短板、填空白难题，呈现出专业化、精细化、特色化、新颖化特点。

借鉴国内外中小企业"专精特新"发展的成功经验，以及湖北省专精特新"小巨人"企业的发展模式，中小企业可根据企业所依赖成长的主要核心竞争力不同、核心竞争力所处层次以及主要核心竞争优势组合，可选择以下不同的"专精特新"发展成长模式。

1. 技术驱动型

技术驱动型是指以科技创新为驱动、核心技术为主导，通过锻造科技创新优势而逐步成长的企业。核心技术是企业独有的关键技术，包括自我研发技术和获得特权的引用技术，是企业高速发展和可持续发展的强大动力。持续的技术创新优势是这类企业保持核心竞争力的关键。这类企业一般拥有一支高度知识化的专业技术人员队伍和较强的技术创新能力，并专注于某一高新技术领域的研究开发，以获得突破性成果实现企业存在的价值。企业在成长初期往往聚焦在一个较小的细分市场和较为狭窄的产品领域，通过专注型的技术创新活动，获得较强的竞争优势从而起步发展；企业在发展到一定阶段后，通过强化自主创新能力和建立技术创新合作体系获得持续竞争优势。

2. 市场创新型

市场创新型是指以市场创新为主导，通过不断提高企业的市场适应性，增强市场竞争优势而成长起来的企业。市场创新型企业能快速而敏感地洞察消费者需要，设计制造出实用性强且具有较高附加值的产品，通过各种营销方法和手段将产品传递给消费者，以满足消费者的需要，甚至创造需要和市场。市场需求意味着更大的市场利益，多元化的市场需求为中小企业追赶大型企业提供了机会。这就要求中小企业具有高度的市场敏感性，在关注不断释放的原有市场需求的同时，更要深挖呈现出来的新的市场需求，寻求产品、服务及运营模式等创新的关键突破点，满足新的市场需求，从而赢得更多的市场份额。

3. 跨界发展型

跨界发展型是指企业发展到一定阶段后，通过并购或技术投资，转而进入与原有主营业务明显不同的领域，并在较短时间内形成较强竞争优势的企业。在互联网、大数据时代，在世界经济处于深度调整期时，中小企业领导者应根据市场发生的变化，以跨越组织边界的、甚至跨行业的发展思维，客观分析行业机会和产业走势，尤其要结合云计算、5G、大数据、物联网、移动互联网、人工智能、区块链等新技术所带来的管理变革与机会，以动态化、系统化的视角，学习、整合企业和行业内外新的信息与技术，充分利用企业内外资源，重新思考和调整企业的发展方向、战略定位，以寻找新的发展契机，寻求和培养新的利润增长点，实现行业创新发展。

4. 资源整合型

资源整合型是通过整合技术研发、市场渠道、管理运营及人才、资金、配套基础等全球资源而构成综合核心竞争力的企业。这类企业往往通过并购国外行业领先企业，深入融合被合并的企业文化和管理战略，并依托国外先进技术、市场营销优势和管理运营经验在国内设立新公司或新业务版块，从而形成核心品牌优势，实现跨越式发展。资源整合型单项冠军企业及隐形冠军企业的形成，既需要依靠战略优势、企业文化优势提供最基础的战略引导及精神动力，也需要依靠技术优势和营销渠道为创建品牌优势提供产品品质保证及市场开拓能力。随着品牌优势的建立，各种竞争优势之间将会产生相互促进的作用，一方面技术创新将带动企业营销，另一方面企业在市场上的优势也将催生对企业产品品质的更高要求，促使企业追求技术创新，同时企业文化作为推动核心竞争力提升的精神动力，最终推动企业的不断发展。

（五）湖北省中小企业"专精特新"发展的对策建议

在中美经贸摩擦持续升级、经济逆全球化趋势不断加剧、全球制造业体系加速重构的大背景下，各国在关键核心技术领域的竞争会愈演愈烈，企业之间的竞争也会越来越激烈。因此，聚焦关键核心技术，走"专精特新"发展道路，培育数量更多、实力更强的单项冠军企业和专精特新"小巨人"企业，建设强大有韧性的重点产业链，是湖北省抢占全球先进制造领域制高点的重要抓手。针对中小企业"专精特新"发展的主要影响因素以及发展过程中面临的主要问题，结合国内外中小企业"专精特新"发展的先进经验和发展模式，湖北省提出如下对策建议。

1. 遵循中小企业培育规律，优化政策投放的精准性

中小企业的成长路径有两个重要方向，一是多元化经营、不断追求规模扩张，成长为"大而强"的大型企业，甚至成为世界500强企业；二是扩张速度不高，但在细分领域具有核心竞争力和长期发展潜力，成长为"小而美"的隐形冠军。从国内外发展经验来看，发展成为隐形冠军是中小企业在产业链布局上的重要竞争战略，而"专精特新"是实现"隐形冠军"市场地位的发展路径，"科技小巨人"企业是"专精特新"发展之路的重要实现路径。按照企业生命周期理论，企业组织就像有机体一样，具有不同的生长周期和成长规律。按照多数学者认可的主流方式，可将中小企业生命周期分为创业期、成长期和成熟期，这3个阶段又可细分为种子期、初创期、生存期、扩张期、稳定期和蜕变期。不同生长阶段决定了企业的政策需求不同（见图3-1-3）。一般在企业生存发展阶段，主要围绕专注力和持续力，给予企业创业孵化、市场开拓、运营指导、财税服务、法律援助、创投基金等方面的支持。在这一阶段，企业作为"隐形冠军"种子企业，应遵循企业培育的基础路径。而对于销售收入越过一定规模，或存活超过一定时间且营业收入趋于稳定，处于成熟期发展阶段的企业，应以自主创新为核心，主要围绕领导力、创新力和开放力，给予研发项目、研发机构建设、购买仪器设备、知识产权保护、高端人才培育引进、对外交流合作等方面的支持。在这一阶段，企业作为"隐形冠军"培育企业，将步入成为"隐形冠军"的升级路径。

对中小企业的培育政策具体方案如下：一是面向创业期企业，设立中小企业创业投资引导基金、中小企业发展专项资金等，通过研发补助、创业服务、资本金投入和贷款贴息等方式，有效激励科技创业，扶持大量中小企业渡过创业期"死亡谷"；二是随着中小企业的快速发展，通过财税、金融、项目支持和服务体系建设等，制定科技小巨人、瞪羚企业、独角兽企业等培育政策，促进中小企业提升自主创新能力，实现高速成长；三是对于度过成长期，进入成熟期的企业，应在发展路径选择、知识产权服务、海外市场拓展、高端资源配置等方面，给予针对性的政策引导与支持；四是提供"一企一策"、量身定制的精准化服务，聚焦高成长企业和细分行业小巨人企业发展存在的薄弱环节和深层次问题，坚持"抓重点、补短板、强弱项"的原则，提供量身定制的"一企一策"的精准化服务，如精准化的用地支持、精准化的行业政策、精准化的财政补贴等。

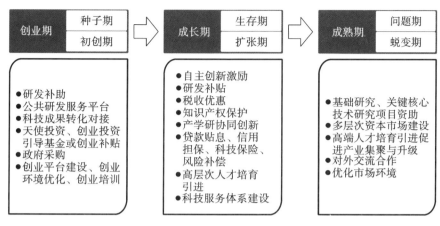

图 3-1-3 中小企业生命周期及政策需求

2. 加强创新型产业集群建设，营造优良培育环境

随着现代产业价值链的不断延伸，企业之间的经济联系更加紧密，产业集群成为中小企业转型升级的必经之路。虽然中小企业集群的形成和发展是市场自发演进的结果，它们的形成和发展有其内在规律，不可能由地方政府人为地创造，但这并不意味着政府对中小企业集群发展毫无作为。地方政府应把握好集群的本质特征，成为企业集群中的重要参与者，为集群主体——企业提供更有利于产业集聚的外部条件（如公共基础设施、市场机制、文化传统等），通过政府引导、科学规划、市场配置资源和产业链协同创新，紧扣产业链、供应链、要素链中的薄弱环节，补链、强链、延链，全域推进创新型产业集群建设，全面提升创新型产业集群能级，促进传统产业转型升级和新兴产业培育发展，为中小企业"专精特新"的发展营造良好的外部环境。

1）打造处于领先地位的国家级创新型产业集群

依托武汉科技创新资源高度聚集的优势，推进集成电路、新型显示器件、下一代信息网络和生物医药等 4 大国家级战略性新兴产业集群建设；重点支持东湖国家自主创新示范区、武汉经济技术开发区等园区建设光电子信息、汽车及零部件、生物医药及医疗器械等 3 个世界级产业集群，打造具有核心技术优势、完整创新链条、强大辐射效应和国内领先水平的光电子、人工智能、氢能、高端装备、大健康等高端产业集群，引领带动全省创新型产业集群布局；大力发展数字经济，推进数字产业化和产业数字化，推动数字经济和实体经济深度融合，打造具有竞争力的数字产业集群。

2）加快城市群、产业集群协同发展

围绕武汉城市圈、襄十随神城市群、宜荆荆恩城市群产业统筹布局，推动互联网、大数据、人工智能等同各产业深度融合，推动先进制造业集群发展，引导建设跨市域的创新型集群，争创国家级产业集群。加快推进"光谷科创大走廊"建设，在武汉城市圈重点建设"武鄂黄黄咸"高端服务业、生物医药产业集群；发挥襄阳区域科技创新中心作用，在襄十随神城市群重点建设汽车零部件产业集群；发挥宜昌区域科技创新中心作用，在宜荆荆恩城市群重点建设新材料、智能制造产业集群。

3）推动市县特色产业集群稳步建设

依托高新区、农业科技园区，支持市县建设特色明显、错位发展的创新型产业集群。深入推进"百城百园"计划，加快形成"一区一产业集群"格局，打造省级代表性产业集群。力争每个国家高新区重点打造1个千亿创新型产业集群,每个省级高新区打造若干百亿创新型产业集群;引导科技园区提高建设用地投入产出效率,促进集群用地集约化;鼓励科技园区围绕创新型产业集群发展,加快信息基础设施、科研公共服务等配套设施建设。

3. 推动孵化器转型升级,提高在孵企业产业匹配度

1) 推动全产业链孵化体系的构建

有条件的湖北科技企业孵化器应围绕创新产业链的布局,积极构建全产业链孵化体系,全面提升孵化体系的创业服务及创新转化能力。全产业链孵化体系应从全产业链布局规划出发,进行有针对性的招商选商,让产业链的上下游企业相互扶持,以产业集聚的方式共同抱团开展业务和拓展市场。全产业链孵化体系应采取"边规划、边招商、边建设、边出效益"的思路,在制定产业链规划中系统引入企业,在项目孵化中培育企业,用精准招商与个性化孵化相融合的方式,与在孵企业共同成长。孵化器与在孵企业通过项目间的深度合作,共同研究探讨企业发展定位、策划企业发展方案,并为在孵企业提供财务、法律、金融等专业、系统的一站式孵化服务,具体做法如下所示。一是积极支持省内科技企业孵化器专注于某一细分行业进行规划布局,围绕该行业发展,建设公共技术与服务平台及相应基础设施,并延伸公共科技服务平台服务范围,按照"创客空间+创业苗圃+孵化器+加速器+产业化基地"的思路创立并完善创新孵化链条。二是推进同类型产业、同类型环节的在孵企业、服务机构以及各项创新型资源形成协同创新网络;以产业集聚与创新资源集聚的方式促进产业链上下游企业间的技术与经营交流活动,强化孵化体系内在孵企业的合作意识,建立互惠互利的合作机制。

2) 加强省内科技企业孵化体系的服务联动

湖北省各地区经济发展状况各异,部分地区科技企业孵化器的发展主要是依托当地优势产业和依据自身的市场定位而形成,因此加强省内科技企业孵化器的服务联动,不仅可以促进不同类型创新孵化资源的高效流动,也可以利用不同地区政策优势和区域资源禀赋优势,充分整合全社会资源,最大限度提高企业孵化效率,具体做法如下所示。一是对于发展状况相对良好的科技企业孵化器,应进一步突出政府引导作用,深度整合社会资源和创新孵化资源,以发展自主创新成果来促进产业升级,培育壮大孵化器发展新动能。二是对于欠发达地区的科技企业孵化器,应积极推动省内行业排名领先的孵化器企业以"传帮带"的形式扶持欠发达地区,同时支持发展相对滞后的地市区,突出当地优势产业及优质资源,合理制定产业发展战略并积极开拓市场,以科技企业孵化体系为杠杆,发掘该地区的创新资源,从而推动区域经济的快速发展,并形成示范效应。

3) 推动专业科技企业孵化体系的建设

应摆脱目前以场租及政府补贴为主要收入形式的传统孵化运营模式,加快建设相关专业孵化器,支持孵化器引进专业人士,建立专业化、职业化的运营团队,为在孵企业提供更多精细化的服务。要积极鼓励专业孵化器建设本专业领域的公共技术检测和实验平台,能为企业提供基本的研发、产品制造、检测及工艺设计等增值服务,能有效做到软件、数据、技术装备、工艺设施等资源共享;能推动在孵企业与同行业的龙头企业合作,为在孵企业提供小规模产品试制、中试开发及技术集成等方面的综合服务。专业科技企业孵化器除了提供共性的硬件设施服务及相关技术服务外,还能够在本行业领域的咨询、培训及产业链构建上提供优质服务,从而帮助在孵企业节约经营成本,提升技术含量,提高在孵企业成功率。

4. 强化长江经济带深度融合，加强湖北产业腹地支撑功能

改革开放以来，长江经济带已发展成为我国综合实力最强、战略支撑作用最大的区域之一。其中，湖北不仅是连接长江下游和上游经济的重要区域，更是全国长江流域经济发展的重要战略支点。长江经济带的发展为湖北提供了重要战略平台和战略机遇，积极、全面、深入融入长江经济带建设，对推进我省经济转型升级、构建开放经济发展新格局、强化产业腹地支撑功能，促进中小企业"专精特新"发展有着重要意义。

1）进一步完善合作机制，建立全方位的政府协商协调体系

尽快在省级层面组建跨省的工作协调机构，建立长江经济带各省主要领导定期会晤制度，确立联席会议制度，定期研究和协商重大问题，加强沟通联动，加强信息交流，做好顶层设计；通过共同举办论坛、战略研讨等活动，加强理论研究和舆论宣传，形成浓厚氛围，积极予以推进。同时，加强基础设施建设，落实优惠政策，提供服务保障，建立"资源共享、利益分享"的发展机制，实现优势互补、集聚发展、合作双赢。

2. 进一步拓宽合作领域，加快一体化步伐

在省级层面着力推进长江经济带各地区交通等基础设施建设、产业、市场、文化旅游、生态环保等一体化建设，加强规划和项目对接。特别是鼓励和支持长江经济带优势企业开展各种形式的跨区域合作，加强产业的协作与配套，促进产业结构优化升级，强化湖北与其他省市更多的协作，在多方面形成联盟，共享资源，从而使湖北形成产业辐射带动力。

3）按照错位发展的模式，选择性地承接产业转移

产业转移是促进产业协调发展的重要机制，当前，国际资本转移和沿海产业转移的两大浪潮加速推进，并在中国内陆地区汇合，呈现出规模扩大、范围拓宽、层次提升的强劲势头。湖北拥有"承东启西"的区位条件和"黄金水道"的交通优势，可率先接受国际和东部地区资金、技术和产业的转移，这对于实现产业结构的升级提供了良好的契机。因此，我省应把自身的发展放到协同发展的大局中，按照长江经济带发展规划纲要做出的区域整体定位和东中西部功能定位，结合我省区位条件、资源禀赋、经济基础，充分发挥比较优势，努力实现错位发展、有机融合。我省必须科学地承接产业转移。一是在充分考虑土地、资源、生态以及劳动力等这些方面的承载能力的同时，应根据产业的运行规律和产业发展的规律来选择，主动承接转移，通过产业转移来推动自身产业结构的调整，促进产业升级，推进新型工业化的进程。二是各地区在产业转移过程中应明确自身的优势产业，以发展和壮大主导产业、培育和引导潜导产业为原则，在充分考虑全省其他地区相关产业发展状况的同时，选择性地承接转移，避免各城市间招商引资的恶性竞争和各地区产业发展趋同。

5. 鼓励中小企业主动完成技术升级，创新营销管理机制

目前工业4.0以智能制造为主导的第4次工业革命已经到来，其核心是构建以智能化工厂、智能化生产为主的生产模式。其中，传感器制造、数据分析能力、快速的无线互联网技术、工业软件开发等都是整个产业链当中迫切需要发展的核心板块。2020年3月，国家发改委明确提出"加快5G网络、数据中心等新型基础设施的建设进度"，目的就是为实现工业4.0打下基础。我国经济想要再创奇迹，实现经济的高速增长，必须以智能化工业4.0为引领的产业发展作为基础，在这样的大背景下，湖北省必须抓住以智能化促进产业转型升级的战略机遇，营造有利于工业4.0实施的良性环境。政府各级职能部门要深入中小企业调查研究，帮助企业

解决在智能化建设方面存在的困难,帮助企业尽快融入国家发展的大环境。中小企业也要围绕自身发展战略,制定智能化的发展目标,积极提高企业的制造工艺智能化水平、创新研发水平及运营管理水平的提升。

1)加速推进中小企业生产技术能力和创新能力升级

中小企业生产技术能力和创新能力升级,一方面需要企业根据长期生产经营过程中所积累的生产经验,通过不断学习外部的创新技术、引进先进生产设备和工艺,并全面整合企业中劳动力资源、设备要素、资金要素、技术要素和品牌资源等全部生产要素,以提高生产效率和产品价值;另一方面需要通过巩固与高等院校和科研机构的持久联系,将技术成果迅速转变成产品并推向市场。同时,企业及其相关机构合作需建立良好的创新环境,鼓励、引导企业进行技术工艺创新,搭建校企合作平台和人才培养机制,并建立严格的监管机制,加快企业申请知识产权的标准化进程,从而更好地保护企业的知识产权。其具体措施有:奖励企业进行创新发明,对引进新技术和新设备提供政府补贴;鼓励中小企业根据实际发展经营需求引进大数据、人工智能、物联网与云计算等相对应的信息技术;建立有效的交流合作机制,鼓励企业家走出去进行交流分享,共同探讨创新发展方向。

2)全面创新营销管理机制,加速营销管理理念升级

中小企业要以营销为龙头,关注细分市场,重视客户诉求,开展技术、管理、商业模式和产品及服务创新,加快技术、产品、管理升级换代,不断提升其企业素质和质量水平,把产品做精、做专。一是持续推进产品创新。对中小企业转型升级发展来说,产品创新是核心所在,过去企业产品只需满足客户使用需求,现在还应该做到为客户创造价值,随着数字技术的普及运用,中小企业应该从大规模生产的格局中跳出来,转而为客户提供定制化专项服务,从而更好地满足客户的差异化需求。通过构建用户反馈机制平台、大数据信息化平台等,能短时间内对用户信息进行反馈和收集,对用户需求导向进行及时的关心引导,并能针对产品存在的不足之处及时优化改进。二是创新促销传播策略。利用先进的电子信息网络,让促销传播活动向多样化发展,通过线上线下、传统媒体与新媒体相互融合的多种方式,进行产品促销或是开展售后服务活动,还可以借助当下最流行的直播平台、抖音、快手等方式直接跟消费者进行一对一的交流和宣传,对其需求全面了解,也方便后续企业的产品得到高效改进。而且网络促销的方法还能解决客户售后问题,提高客户对产品的满意度。三是创新营销渠道。伴随着移动网络技术和人工智能技术的快速发展,人们消费方式和消费习惯发生了巨大改变。越来越多的消费者会利用碎片化时间完成购物,同时他们也不再满足于单一渠道的一站式购买,而是更注重感知效用的跨渠道购买和与其他顾客的沟通、交流、分享、互动等。随着这种销售方式的演变,一种结合线下实体渠道、电商平台渠道以及社交平台等信息媒体渠道的全渠道销售模式逐渐发展起来并成扩展之势。因此,企业应将多种渠道进行整合,为客户提供全渠道、全品类、全时段、全体验的新型渠道模式,并通过加强与顾客的互动,进而实现企业与顾客价值共创。

6.打造营商环境高地,完善外部环境建设

1)提供完善的市场制度框架,优化专业服务环境

要以更加开放的理念和态度,塑造更加优良的营商环境,吸引更多的投资。如果说过去放管服改革是为了降低包括外资在内的企业的营商成本,那么未来必须为外资和民营企业提供更加强大的专业化服务,以增强产业竞争力、降低企业交易成本、优化其营商环境。因为,产业的转型升级和高技术产业发展,不仅需要政府的放管服改革和职能转变,更需要能够为其提供

知识技能密集的专业化服务环境,如很多战略性新兴产业需要提供大学人才培育、互联网数据中心服务、云计算、人工智能、物联网等条件。

2) 突出硬科技创新,提升湖北专利质量

一是逐步完善现有的专利激励措施和政策,大力提升专利的质量,重点资助发明专利(特别是战略性核心专利)转化的商业化和产业化,向重要领域实施资助政策倾斜。专利资助重点要从数量型向以质量型为主转变,通过市场机制逐步降低甚至淘汰没有转化可能的垃圾专利和问题专利的比例。二是建立健全知识产权预警机制,以重大战略性新兴产业为重点,定期发布重点技术领域、重点产业的知识产权发展态势报告,增强中小科技企业预测和判断产业主导技术和主导设计演进方向的能力,从而在激烈的市场竞争中超前谋划和布局。为此,我省应建立知识产权预警部门,持续监测、跟踪全球知识产权发展态势,发布全球新兴产业技术路线、应用动态等预警信息,发掘最有可能率先突破的技术领域,从而指导企业结合自身技术基础、产业优势和国内外专利布局状况,及时调整关键技术和主导设计的突破方向,有的放矢开展技术创新和专利申请工作,提升企业的创新效率。

3) 打造金融创新中心,做好资本对接服务

解决中小企业"专精特新"发展中的融资难、融资贵的问题是金融创新的首要目标。目前在对创新创业企业的技术研发、中试、批量生产之间投入的资金比例严重失调,投入中试和批量生产的资金远远不够。因此,我省需要构建一个由商业银行、创投机构、担保机构、保险机构、专利池机构、专利银行机构、专利评估机构等各利益主体有机协同的长效机制,打造金融创新中心,做好资本对接服务。为此要充分发挥政府引导作用,借助专利评估中心对知识产权的科学评估,引进专利池和"专利银行",组织解决专利变现难题;通过合理分担商业银行、担保公司和专利评估中心投保份额,解决三大利益主体之间"收益—风险"不对称、不匹配的问题;健全完善多元化、多渠道、多层次的投融资机制,解决天使投资者、风险投资等的市场退出问题,引导政府资金和风险投资、银行信贷和资本市场结成战略伙伴,充分运用财政投入、优惠政策和金融工具最大限度撬动资本向企业、向科技创新聚集,从而支持创新创业企业健康发展,并促使一些具备高成长性潜质的中小企业,能将其科技创新成果快速转化,产生良好的经济效益和社会效益。

4) 进一步优化公共服务平台,扩大中小企业政策及公共信息供给

继续培育认定国家中小企业公共服务示范平台和国家小微企业创业创新示范基地。完善中小企业公共服务一体化平台,发展中小企业志愿服务专家队伍,集聚优质服务资源,为中小企业发展提供技术研发、成果转化、标准制定、产品检测、人才服务和品牌推广等全方位专业服务。同时加大对社会公共信息的收集、整理、加工和发布力度,帮助中小企业及时获取企业发展中所需的财税、信用、口岸通关及物流等社会公共基础信息,扩大中小企业政策及公共信息供给,加大数据的开放共享,推动数据资源的高效流转和合理配置。

5) 打造工业互联网平台,赋能中小企业"专精特新"发展

加快互联网与制造业融合发展。一是以点带面推动数字化转型升级,积极鼓励工业企业实施工业互联网内网改造,培育制造业"双创"平台,推动企业积极申报国家级工业互联网试点示范项目,每年遴选50家湖北省上云标杆企业,通过标杆示范牵引,带动全省工业企业数字化转型升级。二是打通各平台之间技术体系构架,支持标准化机构及重点企业直接参与行业标准制定,推动平台标准与国内外对接;发挥产学研用各方和联盟作用,面向工业互联网平台基础共性、关键技术和应用服务等领域,建立符合湖北产业特色的地方标准。三是信息共享互动赋能,通过供需信息对接、数据共享,将海量订单需求和闲置产能进行匹配,提高企业沟通效率,降低订单获取成本。四是产业链协同赋能,通过跨部门、跨层级、跨地域的互联互通,实现企业内部与产业链上下游的协同共享,有效提升产业链内的研发设计、生产制造的同步性和一致性。五是信息化升级赋能,通过云化的服务软件和广泛连接的生产管理系统,使中小企业"用得起、用得上",加快补齐信息化基础设施能力短板。六是金融创新赋能,通过构建企业信用监测等服务体系,提供基于生产运营的实时数据的信用贷款、融资租赁等金融服务,提升中小企业融资能力和效率。

6)强化人才支撑,加大中小企业各层次人才引进培养

中小企业在转型升级发展中,急需技术、管理、金融、贸易、信息等各类专业中高端人才,为了解决中小企业"专精特新"发展中技术人员缺乏的瓶颈问题,加快推动中小企业转型升级,需要进一步加大中小企业的人才引进和培养力度。一是加大中小企业中高端人才引进扶持。结合国家人力资源和社会保障部发布的人工智能工程技术人员等15个新职业分类,出台人才引进扶持政策,对中小企业引进人工智能、物联网、大数据等领域的中高端技术人才给予个税减免、贷款贴息等优惠,引导中小企业加大创新性人才引进,有效推动中小企业的转型升级。二是扩大中小企业中高端人才的本地化培养。引导高校优化专业设置,在计算机、软件、自动化类等专业人才培养基础上,加大智能科学与技术、计算数学、数理逻辑等大数据智能化人才培养规模,扩大中小企业转型升级发展急需人才的本地化供给,有效解决中小企业的中高端技术人才短缺问题。三是从简化户籍制度、提供良好社会保障入手,鼓励支持大学毕业生留在湖北就业创业,确立实施每年留30万高校毕业就业计划目标举措,并将比例逐渐提高。同时,招硕引博,全球挑选一批创新团队、高端人才、领军人才。四是实施楚才兴鄂科创行动计划,支持高校、院所、用人单位发挥多元主体功能,壮大科技人才队伍规模,优化科技人才队伍结构;建立企业人才需求信息库,针对性地组织高校院所科技人才与企业对接,每年选派2000名企业科技特派员、科技专员、科技副总入驻企业解决技术问题,提升企业创新能力;落实鼓励科技人员服务企业政策,对贡献突出的科技人员,在平台建设、项目申报上予以支持。

此外,在社会层面还要引导形成有利于中小企业"专精特新"发展的文化氛围,大力弘扬优秀企业家精神,更好地调动广大企业家积极性、主动性、创造性,在全社会范围内大力弘扬工匠精神、原创精神、专注精神,形成尊重劳动、崇尚劳动的良好氛围,为中小企业"专精特新"发展营造真正优质的土壤。

附件1：湖北省第三批支柱产业细分领域隐形冠军示范企业名单(共59家)

(1)武大吉奥信息技术有限公司。

(2)武汉三源特种建材有限责任公司。

(3)孝感华工高理电子有限公司。

(4)湖北远大生命科学与技术有限责任公司。

(5)黄石华力锻压机床有限公司。

(6)武汉奥克化学有限公司。

(7)湖北汉光科技股份有限公司。

(8)湖北迪峰换热器股份有限公司。

(9)武汉汉麻生物科技有限公司。

(10)武汉有机实业有限公司。

(11)湖北富邦科技股份有限公司。

(12)湖北新蓝天新材料股份有限公司。

(13)宜昌南玻显示器件有限公司。

(14)钟祥亿源生物科技有限公司。

(15)黄石东贝制冷有限公司。

(16)湖北劲佳包装有限公司。

(17)湖北万润新能源科技发展有限公司。

(18)湖北台基半导体股份有限公司。

(19)湖北新生源生物工程有限公司。

(20)荆州市巨鲸传动机械有限公司。

(21)湖北科峰传动设备有限公司。

(22)湖北新火炬科技有限公司。

(23)仙桃市聚兴橡胶有限公司。

(24)武汉虹信技术服务有限责任公司。

(25)武汉大安制药有限公司。

(26)湖北一半天制药有限公司。

(27)武汉国灸科技开发有限公司。

(28)健民药业集团股份有限公司。

(29)湖北米婆婆生物科技股份有限公司。

(30)秭归县屈姑食品有限公司。

(31)湖北香园食品有限公司。

(32)湖北格芙食品股份有限公司。

(33)湖北振华化学股份有限公司。

(34)湖北葛娃食品有限公司。

(35)湖北航天电缆有限公司。

(36)湖北天瑞电子股份有限公司。

(37)中铁工程机械研究设计院有限公司。

(38)华工法利莱切焊系统工程有限公司。

(39)舒氏集团有限公司。

(40)湖北合兴包装印刷有限公司。
(41)维达护理用品(中国)有限公司。
(42)湖北和远气体股份有限公司。
(43)武汉通畅汽车电子照明有限公司。
(44)新兴重工湖北三六一一机械有限公司。
(45)襄阳金耐特机械股份有限公司。
(46)武汉菱电汽车电控系统股份有限公司。
(47)航天重型工程装备有限公司。
(48)湖北航鹏化学动力科技有限责任公司。
(49)湖北方圆环保科技有限公司。
(50)武汉天源环保股份有限公司。
(51)中冶南方都市环保工程技术股份有限公司。
(52)武汉市天虹仪表有限责任公司。
(53)建华建材(荆州)有限公司。
(54)湖北亚细亚陶瓷有限公司。
(55)武汉长利新材料科技有限公司。
(56)宜昌科林硅材料有限公司。
(57)湖北白云边股份有限公司。
(58)钟祥市罗师傅粮油食品有限公司。
(59)湖北德永盛纺织有限公司。

附件 2：湖北省第三批支柱产业细分领域隐形冠军科技小巨人名单（共 93 家）

(1) 武汉绿色网络信息服务有限责任公司。
(2) 湖北科伦药业有限公司。
(3) 朗天药业（湖北）有限公司。
(4) 湖北潜江制药股份有限公司。
(5) 湖北凌晟药业有限公司。
(6) 武汉回盛生物科技股份有限公司。
(7) 武汉华美生物工程有限公司。
(8) 湖北黄仙洞葛业科技有限公司。
(9) 美灵宝现代农业股份有限公司。
(10) 湖北大二互科技股份有限公司。
(11) 武汉逸飞激光设备有限公司。
(12) 中铝华中铜业有限公司。
(13) 湖北荆洪生物科技股份有限公司。
(14) 荆州市天宇汽车配件有限公司。
(15) 湖北展朋新材料股份有限公司。
(16) 湖北香芝源绿色食品有限公司。
(17) 湖北同发机电有限公司。
(18) 武汉磐电科技股份有限公司。
(19) 湖北脉辉金茂机械有限公司。
(20) 十堰高周波科工贸有限公司。
(21) 湖北金民纤维材料科技有限公司。
(22) 湖北金环新材料科技有限公司。
(23) 玉沙集团有限公司。
(24) 襄樊富仕纺织服饰有限公司。
(25) 东风专用零部件有限公司。
(26) 湖北谷城县东华机械股份有限公司。
(27) 湖北志诚化工科技股份有限公司。
(28) 潜江市江汉钻具有限公司。
(29) 宜昌恒友化工股份有限公司。
(30) 咸宁海威复合材料制品有限公司。
(31) 湖北五方光电股份有限公司。
(32) 湖北安心智能科技有限公司。
(33) 武汉安扬激光技术有限责任公司。
(34) 武汉光谷信息技术股份有限公司。
(35) 襄阳国网合成绝缘子有限责任公司。
(36) 武汉慧联无限科技有限公司。
(37) 武汉昱升光器件有限公司。
(38) 兴勤（宜昌）电子有限公司。
(39) 楚源高新科技集团股份有限公司。

(40)真奥金银花药业有限公司。
(41)武汉同济现代医药科技股份有限公司。
(42)湖北福人金身药业有限公司。
(43)湖北来凤腾升香料化工有限公司。
(44)黄石市大拇指食品有限公司。
(45)宜昌丰润生物科技有限公司。
(46)湖北爽露爽食品股份有限公司。
(47)湖北浠水蓝天联合气体有限公司。
(48)黄石珍珠果食品饮料有限公司。
(49)中铁科工集团轨道交通装备有限公司。
(50)黄石市中城自动化科技有限公司。
(51)武汉现代精工机械股份有限公司。
(52)武汉华茂自动化股份有限公司。
(53)钟祥凯龙楚兴化工有限责任公司。
(54)黄石百斯特智能科技股份有限公司。
(55)湖北泰和石化设备有限公司。
(56)襄阳永力通机械有限公司。
(57)襄阳博亚精工装备股份有限公司。
(58)湖北宜都运机机电股份有限公司。
(59)襄阳世阳电机有限公司。
(60)湖北三江航天万峰科技发展有限公司。
(61)湖北金庄科技再生资源有限公司。
(62)索菲亚家居湖北有限公司。
(63)稳健医疗(黄冈)有限公司。
(64)湖北和诺生物工程股份有限公司。
(65)湖北六和天轮机械有限公司。
(66)东风电驱动系统有限公司。
(67)摩擦一号汽车科技(仙桃)有限公司。
(68)南斗六星系统集成有限公司。
(69)湖北长平汽车装备有限公司。
(70)武汉锦瑞技术有限公司。
(71)东风(十堰)底盘部件有限公司。
(72)驰田汽车股份有限公司。
(73)华域汽车车身零件(武汉)有限公司。
(74)湖北安达精密工业有限公司。
(75)湖北三环离合器有限公司。
(76)延锋汽车饰件系统武汉有限公司。
(77)武汉浩新科技有限公司。
(78)湖北开特汽车电子电器系统股份有限公司。
(79)湖北杉树垭矿业有限公司。

(80)湖北新金洋资源股份公司。
(81)湖北和泰生物能源有限公司。
(82)湖北亿隆生物科技有限公司。
(83)湖北同方高科泵业有限公司。
(84)湖北天神高新技术有限公司。
(85)湖北格林森绿色环保材料股份有限公司。
(86)湖北卓宝建筑节能科技有限公司。
(87)武汉金牌电工股份有限公司。
(88)湖北兴福电子材料有限公司。
(89)十堰长江造型材料有限公司。
(90)荆州嘉华科技有限公司。
(91)宜都市友源实业有限公司。
(92)冠牌光电智能科技湖北股份有限公司。
(93)湖北朗德医疗科技有限公司。

附件3：湖北省第三批支柱产业细分领域隐形冠军培育企业名单（共329家）

(1)武汉天恒信息技术有限公司。
(2)武汉网信安全技术股份有限公司。
(3)武汉晨龙电子有限公司。
(4)湖北世纪联合创新科技有限公司。
(5)湖北绿创电子有限公司。
(6)湖北升思科技股份有限公司。
(7)武汉市众向科技有限公司。
(8)湖北凯龙机电有限公司。
(9)湖北华鑫光电有限公司。
(10)湖北广固科技有限公司。
(11)武汉易维科技股份有限公司。
(12)武汉普利商用机器有限公司。
(13)武汉元光科技有限公司。
(14)枣阳市米朗科技有限公司。
(15)湖北德普电气股份有限公司。
(16)湖北瑞硕电子股份有限公司。
(17)荆门锐择光电科技有限公司。
(18)武汉爱迪科技股份有限公司。
(19)武汉安天信息技术有限责任公司。
(20)湖北久祥电子科技有限公司。
(21)定颖电子(黄石)有限公司。
(22)上海延安药业(湖北)有限公司。
(23)湖北共同药业股份有限公司。
(24)武汉康圣达医学检验所有限公司。
(25)武汉友芝友医疗科技股份有限公司。
(26)湖北美宝生物科技股份有限公司。
(27)武汉格林泰克科技有限公司。
(28)湖北葛店人福药用辅料有限责任公司。
(29)武汉佳成生物制品有限公司。
(30)华润三九(黄石)药业有限公司。
(31)湖北金草堂药业有限公司。
(32)武汉禾元生物科技股份有限公司。
(33)武汉三江航天固德生物科技有限公司。
(34)湖北科田药业有限公司。
(35)湖北仁仁生物科技有限公司。
(36)湖北金龙药业有限公司。
(37)荆州市民康生物科技有限公司。
(38)湖北舒邦药业有限公司。
(39)天门楚天精细化工有限公司。

(40)湖北长江星医药股份有限公司石首分公司。
(41)湖北天圣药业有限公司。
(42)劲牌持正堂药业有限公司。
(43)湖北武当动物药业有限责任公司。
(44)湖北多瑞药业有限公司。
(45)湖北保乐生物医药科技有限公司。
(46)华山科技股份有限公司。
(47)仙桃亲亲食品工业有限公司。
(48)中粮饲料(荆州)有限公司。
(49)中粮饲料(黄石)有限公司。
(50)宜昌绿源饮品科技股份有限公司。
(51)湖北仙之灵食品有限公司。
(52)湖北丰岛食品有限公司。
(53)神农架天润生物科技有限责任公司。
(54)湖北好彩头食品有限公司。
(55)湖北双华农业科技有限公司。
(56)湖北津江啤酒有限公司。
(57)钟祥市文峰酒业有限公司。
(58)监利县满堂红食品有限公司。
(59)蒙牛乳业(当阳)有限责任公司。
(60)潜江市柳伍水产食品有限公司。
(61)湖北楚丰泉源农业股份有限公司。
(62)湖北硒莱福食品股份有限公司。
(63)湖北沛丰生物科技股份有限公司。
(64)潜江市巨金米业有限公司。
(65)宜昌翼之堂天麻有限公司。
(66)湖北故乡云农业生物科技股份有限公司。
(67)双桥(湖北)有限公司。
(68)洪湖海大饲料有限公司。
(69)洪湖市新宏业食品有限公司。
(70)品源(随州)现代农业发展有限公司。
(71)湖北省乐满屋食品科技有限公司。
(72)劲牌神农架酒业有限公司。
(73)湖北庄品健实业(集团)有限公司。
(74)鑫鼎生物科技有限公司。
(75)恩施市金苕香茶业有限责任公司。
(76)湖北好味源食品有限责任公司。
(77)湖北美斯特食品有限公司。
(78)恩施徕福硒业有限公司。
(79)荆门市磊鑫石膏制品有限公司。

(80)湖北咸宁向阳湖兴兴奶业有限公司。
(81)房县九方魔芋科技有限公司。
(82)湖北省多优多食品有限公司。
(83)孝感麻糖米酒有限责任公司。
(84)湖北回头客食品有限公司。
(85)湖北明旺食品有限公司。
(86)武汉旭东食品有限公司。
(87)星洲康派克(湖北)食品饮料有限公司。
(88)湖北华醇食品有限公司。
(89)随州市二月风食品有限公司。
(90)荆州市和美华生物科技有限公司。
(91)中粮粮油工业(荆州)有限公司。
(92)湖北优百特生物工程有限公司。
(93)孝感广盐华源制盐有限公司。
(94)房县聚达食品有限公司。
(95)湖北三普蜂业有限公司。
(96)湖北康园生物技术有限公司。
(97)湖北恒晟源机电制造有限公司。
(98)湖北艾图科技有限公司。
(99)湖北长江石化设备有限公司。
(100)埃斯顿(湖北)机器人工程有限公司。
(101)武汉金运激光股份有限公司。
(102)湖北名泰农机有限公司。
(103)华润电力湖北有限公司。
(104)湖北双利农机制造有限公司。
(105)随州锦翔机电有限公司。
(106)天津科瑞嘉(湖北)机电技术有限公司。
(107)湖北坚丰科技股份有限公司。
(108)通山星火原实业有限公司。
(109)湖北英特利电气有限公司。
(110)湖北昌发容器制造有限公司。
(111)湖北中达智造科技有限公司。
(112)黄石鼎信机电有限公司。
(113)武汉科贝科技股份有限公司。
(114)鄂州市源通塑胶机械有限责任公司。
(115)湖北韩泰智能设备有限公司。
(116)海之力(京山)机械科技股份有限公司。
(117)湖北铁正机械有限公司。
(118)中铁十一局集团汉江重工有限公司。
(119)武汉新威奇科技有限公司。

(120)湖北窗口科技有限公司。
(121)湖北昊江机械有限公司。
(122)恩施市长源轴承制造有限公司。
(123)湖北众达智能停车设备有限公司。
(124)武汉中原电子信息有限公司。
(125)武汉奋进智能机器有限公司。
(126)湖北三江航天机电设备有限责任公司。
(127)欧达宜昌机电设备制造有限公司。
(128)宜昌海天超声技术有限公司。
(129)湖北天宜机械股份有限公司。
(130)湖北泰和电气有限公司。
(131)湖北省机电研究设计院股份公司。
(132)湖北航天双菱物流技术有限公司。
(133)湖北安亿压缩机有限公司。
(134)红安县机械设备制造有限公司。
(135)宜昌中威清洗机有限公司。
(136)宜昌市新丰机电设备制造有限公司。
(137)宜都华迅智能输送股份有限公司。
(138)湖北枝江峡江矿山机械有限责任公司。
(139)鄂州格林机械股份有限公司。
(140)黄石东贝铸造有限公司。
(141)南漳县恒达机械制造销售有限公司。
(142)黄石市澳昌制药机械有限公司。
(143)博世达科技发展有限公司。
(144)荆州大方智能科技股份有限公司。
(145)武汉帝尔激光科技股份有限公司。
(146)十堰科威机电装备股份有限公司。
(147)湖北昌利超硬材料有限公司。
(148)湖北龙泰高新建材有限公司。
(149)鄂州市胜利软管股份有限公司。
(150)湖北石花纺织股份有限公司。
(151)襄阳天王服装股份有限公司。
(152)钟祥市进鑫纺织有限公司。
(153)钟祥龙行天下运动用品有限公司。
(154)稳健医疗(嘉鱼)有限公司。
(155)武汉捷盛经贸有限责任公司。
(156)荆州市神舟纺织股份有限公司。
(157)湖北吉盛纺织科技股份有限公司。
(158)赤壁恒瑞非织造材料有限公司。
(159)湖北如日电气股份有限公司。

(160)湖北美尔卫生用品股份有限公司。
(161)湖北华都钢琴制造股份有限公司。
(162)湖北盛大纸业有限公司。
(163)湖北米迪智能家具有限公司。
(164)湖北海富家具有限公司。
(165)家和宝(江陵)厨具有限公司。
(166)荆州市先隆包装制品有限公司。
(167)仙桃永利医疗用品有限公司。
(168)湖北瑞信养生用品科技有限公司。
(169)湖北恒大包装有限公司。
(170)湖北广彩印刷有限公司。
(171)武汉裕大华纺织服装集团有限公司。
(172)湖北天化麻业股份有限公司。
(173)稳健医疗(崇阳)有限公司。
(174)稳健医疗用品(荆门)有限公司。
(175)武汉里得电力科技股份有限公司。
(176)武汉耀皮康桥汽车玻璃有限公司。
(177)丹江口市东发曲轴有限公司。
(178)武汉飞恩微电子有限公司。
(179)钟祥市明东消声器有限公司。
(180)湖北天轮汽车科技有限公司。
(181)东风(十堰)车身部件有限责任公司。
(182)东风小康汽车有限公司。
(183)湖北新楚风汽车股份有限公司。
(184)湖北俊浩专用汽车有限公司。
(185)武汉合康智能电气有限公司。
(186)武汉奥泽电子有限公司。
(187)东风延锋(十堰)汽车饰件系统有限公司。
(188)十堰东森汽车密封件有限公司。
(189)广东鸿图武汉压铸有限公司。
(190)十堰市倍力汽车管业有限公司。
(191)浙江方正(湖北)汽车零部件有限公司。
(192)荆州市恒丰制动系统有限公司。
(193)湖北金马汽车管路系统有限公司。
(194)荆州九菱科技股份有限公司。
(195)赤壁银轮工业换热器有限公司。
(196)宁波双林汽车部件股份有限公司荆州分公司。
(197)湖北星源科技有限公司。
(198)东风银轮(十堰)非金属部件有限公司。
(199)博世华域转向系统(武汉)有限公司。

(200)湖北赛恩斯科技股份有限公司。
(201)黄石人本轴承有限公司。
(202)东风(十堰)汽车锻钢件有限公司。
(203)十堰冠达汽车零部件有限公司。
(204)十堰市明诚线缆有限公司。
(205)十堰新南科技发展股份有限公司。
(206)十堰宏兆汽配实业有限公司。
(207)东风(十堰)汽车部件有限公司。
(208)湖北正奥比克希汽车电气系统有限公司。
(209)武汉汇昇汽车零部件有限公司。
(210)荆州荆龙汽车零部件科技有限公司。
(211)湖北振新杰智能装备科技有限公司。
(212)宜昌鑫威新能源车辆制造有限公司。
(213)宜昌奥力精工机械制造有限公司。
(214)荆门市东神汽车部件制造有限公司。
(215)湖北大运汽车有限公司。
(216)湖北茂鑫特种胶带有限公司。
(217)湖北华星汽车制造有限公司。
(218)数码模冲压技术(武汉)有限公司。
(219)湖北新力板簧股份有限公司。
(220)湖北鑫隆冶金科技发展有限公司。
(221)荆门市意祥机械有限公司。
(222)襄阳华壁新型建材有限公司。
(223)红安方达环保工程有限公司。
(224)湖北巨鹏厨房设备股份有限公司。
(225)武汉武锅能源工程有限公司。
(226)湖北利联生物科技有限公司。
(227)湖北顶裕节能环保科技股份有限公司。
(228)中国长江动力集团有限公司。
(229)湖北绿智精工科技有限公司。
(230)荆门德威格林美钨资源循环利用有限公司。
(231)武汉旭日华环保科技股份有限公司。
(232)武汉昊诚能源科技有限公司。
(233)武汉四方光电科技有限公司。
(234)湖北捷科电子技术股份有限公司。
(235)湖北博控自动化科技股份有限公司。
(236)宜昌力帝环保机械有限公司。
(237)湖北巨江实业有限公司。
(238)湖北江汉利达石油物资装备有限公司。
(239)武汉齐达康环保科技股份有限公司。

(240)三川德青工程机械有限公司。
(241)武汉森源蓝天环境科技工程有限公司。
(242)荆门万华生态家居股份有限公司。
(243)武汉千水环境科技股份有限公司。
(244)湖北昌耀新材料股份有限公司。
(245)襄阳九阳防水材料有限公司。
(246)武汉开明高新科技有限公司。
(247)顾地科技股份有限公司。
(248)湖北兴成建陶股份有限公司。
(249)湖北泰山建材有限公司。
(250)湖北水之翼科技有限公司。
(251)湖北顺昌门智能科技股份有限公司。
(252)湖北金箭阀门有限公司。
(253)湖北东正新型建材有限公司。
(254)湖北统领塑胶科技有限公司。
(255)湖北新辉门业有限公司。
(256)黄冈市蕲春县新天地瓷业有限公司。
(257)湖北恒利建材科技有限公司。
(258)恩施景泰节能建材有限公司。
(259)崇阳县昌华实业有限公司。
(260)湖北天霖新材料有限公司。
(261)湖北荆塑科技发展有限公司。
(262)武汉卓宝科技有限公司。
(263)武汉迈特维尔生物科技有限公司。
(264)荆州市天翼精细化工开发有限公司。
(265)湖北帅力化工有限公司。
(266)湖北谷城新和有限公司。
(267)湖北启利新材料股份有限公司。
(268)天门市诚鑫化工有限公司。
(269)武汉市朴田电器有限公司。
(270)湖北郡泰医药化工有限公司。
(271)湖北卓熙氟化股份有限公司。
(272)稳健医疗(天门)有限公司。
(273)湖北思博盈环保科技有限公司。
(274)湖北绿城体育产业有限公司。
(275)湖北沃裕新材料科技有限公司。
(276)湖北恒新化工有限公司。
(277)应城市武瀚有机材料有限公司。
(278)湖北中帅欣邦管业科技有限公司。
(279)武汉达权绿色建材集团有限公司。

(280)咸宁南玻光电玻璃有限公司。
(281)武汉金智达汽车零部件有限公司。
(282)湖北红旗电缆有限责任公司。
(283)湖北浩元材料科技有限公司。
(284)湖北宜化肥业有限公司。
(285)湖北宜化化工股份有限公司。
(286)湖北洪乐电缆股份有限公司。
(287)湖北华工图像技术开发有限公司。
(288)荆门市强生化工股份有限公司。
(289)湖北华润科技有限公司。
(290)武汉云晶飞光纤材料有限公司。
(291)宜昌宜硕塑业有限公司。
(292)湖北犇星新材料股份有限公司。
(293)湖北犇星农化有限责任公司。
(294)新锦龙生物基材料(湖北)有限公司。
(295)湖北广富林生物制剂有限公司。
(296)荆州市赛瑞能源技术有限公司。
(297)湖北广达化工科技股份有限公司。
(298)潜江新亿宏有机化工有限公司。
(299)湖北赛利恩特石油科技有限公司。
(300)湖北仙盛科技股份有限公司。
(301)湖北山特莱新材料有限公司。
(302)湖北塑金复合材料有限责任公司。
(303)湖北瑞丽达日用品有限公司。
(304)湖北钟祥众兴玻璃钢有限公司。
(305)湖北诚祥科技有限公司。
(306)湖北联纵节能材料有限公司。
(307)潜江菲利华石英玻璃材料有限公司。
(308)湖北博瑞生物科技股份有限公司。
(309)鄂州市金锋超硬材料有限公司。
(310)湖北戈碧迦光电科技股份有限公司。
(311)湖北重泰研磨工具有限公司。
(312)摩根凯龙(荆门)热陶瓷有限公司。
(313)湖北世丰汽车内饰有限公司。
(314)美利林科技有限公司。
(315)潜江新锐硬质合金工具有限公司。
(316)中广核拓普(湖北)新材料有限公司。
(317)湖北华磁电子科技有限公司。
(318)湖北木之君工程材料有限公司。
(319)湖北攀峰钻石科技有限公司。

(320)人福普克药业(武汉)有限公司。
(321)武汉力源信息技术股份有限公司。
(322)湖北金贵中药饮片有限公司。
(323)湖北宏岳塑胶有限公司。
(324)湖北佐尔美服饰有限公司。
(325)荆州市平安防水材料有限公司。
(326)黄鹤楼酒业(咸宁)有限公司。
(327)武汉源香食品有限公司。
(328)湖北华贵食品有限公司。
(329)湖北周黑鸭企业发展有限公司。

附件 4：湖北省入选工信部第二批专精特新"小巨人"企业名单（共 48 家）

(1)武汉德骼拜尔外科植入物有限公司。
(2)武汉科诺生物科技股份有限公司。
(3)武汉孚安特科技有限公司。
(4)武汉依迅电子信息技术有限公司。
(5)锐光信通科技有限公司。
(6)武汉远大弘元股份有限公司。
(7)武汉菱电汽车电控系统股份有限公司。
(8)武汉睿芯特种光纤有限责任公司。
(9)湖北九州通达科技开发有限公司。
(10)武汉健民大鹏药业有限公司。
(11)武汉绿色网络信息服务有限责任公司。
(12)湖北迪峰换热器股份有限公司。
(13)湖北三环离合器有限公司。
(14)湖北远大生命科学与技术有限责任公司。
(15)三丰智能装备集团股份有限公司。
(16)湖北大江环保科技股份有限公司。
(17)湖北卫东化工股份有限公司。
(18)湖北荆洪生物科技股份有限公司。
(19)万洲电气股份有限公司。
(20)襄阳美利信科技有限责任公司。
(21)东风电驱动系统有限公司。
(22)湖北航宇嘉泰飞机设备有限公司。
(23)湖北丽源科技股份有限公司。
(24)荆州市巨鲸传动机械有限公司。
(25)湖北一半天制药有限公司。
(26)湖北德永盛纺织有限公司。
(27)五峰赤诚生物科技股份有限公司。
(28)微特技术有限公司。
(29)湖北中南鹏力海洋探测系统工程有限公司。
(30)宜昌丰润生物科技有限公司。
(31)湖北一致魔芋生物科技股份有限公司。
(32)万向通达股份公司。
(33)湖北帕菲特工程机械有限公司。
(34)湖北祥源新材科技股份有限公司。
(35)大禹电气科技股份有限公司。
(36)湖北恒大包装有限公司。
(37)湖北楚大智能装备有限公司。
(38)华工法利莱切焊系统工程有限公司。
(39)杜肯索斯(武汉)空气分布系统有限公司。

(40)武汉爱民制药股份有限公司。
(41)湖北枫树线业有限公司。
(42)湖北科峰智能传动股份有限公司。
(43)真奥金银花药业有限公司。
(44)湖北三峰透平装备股份有限公司。
(45)湖北江南专用特种汽车有限公司。
(46)湖北绿色家园材料技术股份有限公司。
(47)湖北仙粼化工有限公司。
(48)潜江菲利华石英玻璃材料有限公司。

附件 5：湖北省入选国家级科技企业孵化器名单（共 54 家）

(1) 恩施土家族苗族自治州硒源科技创业服务中心。
(2) 湖北易联科技园管理有限公司。
(3) 宜昌欣扬孵化运营管理有限公司。
(4) OVU 创客星科技企业孵化器。
(5) 武汉海容基孵化器有限公司。
(6) 湖北科技创业服务中心有限公司。
(7) 武汉兆佳东创科技企业孵化器管理有限公司。
(8) 襄阳高新科技有限公司。
(9) 武汉烽火创新谷管理有限公司。
(10) 襄阳兴亿投资管理有限责任公司。
(11) 武汉中南民大科技企业孵化器管理有限公司。
(12) 中国科技开发院（宜昌）云计算孵化器运营管理有限公司。
(13) 武汉光电工业技术研究院有限公司。
(14) 荆州高新技术产业开发区创业服务中心。
(15) 随州市高新技术产业孵化器有限公司。
(16) 孝感高新技术创业服务中心。
(17) 黄冈科技创业服务有限公司。
(18) 襄阳市襄城区科技创业服务中心。
(19) 襄阳高新技术创业服务中心。
(20) 荆门聚盛孵化器管理有限公司。
(21) 荆门开源高新技术创业服务有限公司。
(22) 襄阳市大学科技园发展有限公司。
(23) 十堰高新技术产业开发区创业服务中心。
(24) 宜昌微特智慧谷孵化管理有限公司。
(25) 宜昌和艺企业孵化运营管理有限责任公司。
(26) 宜昌高新技术产业园区创业服务中心。
(27) 黄石高新技术创业服务中心。
(28) 武汉理工孵化器有限公司。
(29) 武汉生物技术研究院管理有限责任公司。
(30) 武汉威仕科科技企业孵化器有限公司。
(31) 武汉火凤凰云计算孵化器管理有限公司。
(32) 武汉光谷生物医药孵化器管理有限公司。
(33) 武汉华中师大科技园发展有限公司。
(34) 武汉武大科技园有限公司。
(35) 武汉高科医疗器械企业孵化有限公司。
(36) 武汉光电谷科技企业孵化器有限公司。
(37) 武汉欣欣中信科技孵化器有限公司。
(38) 武汉光谷新药孵化公共服务平台有限公司。
(39) 武汉杨园教育科技创业园有限公司。

(40)武汉市工科院科技园孵化器有限公司。
(41)武汉东创研发设计创意园有限公司。
(42)湖北国知专利创业孵化园有限公司。
(43)武汉岱家山科技企业孵化器有限公司。
(44)武汉华创源科技企业孵化器有限公司。
(45)武汉国家农业科技园区创业中心有限公司。
(46)武汉海峡高新技术创业服务中心。
(47)武汉光谷创意产业孵化器有限公司。
(48)武汉市青山区高新技术创业服务中心。
(49)武汉留学生创业园管理中心。
(50)武汉华工科技企业孵化器有限责任公司。
(51)汉口高新技术创业服务中心。
(52)武汉市洪山高新技术创业服务有限责任公司。
(53)武汉三新材料孵化器有限公司。
(54)武汉东湖新技术创业中心有限公司。

附件6：湖北省重点成长型产业集群名单（共112个）

武汉市：

(1)武汉市黄陂区服装产业集群。

(2)武汉市东西湖区食品加工产业集群。

黄石市：

(3)黄石市服装产业集群。

(4)黄石市模具产业集群。

(5)黄石市(阳新)化工医药产业集群。

(6)黄石市汽车零部件产业集群。

(7)黄石市下陆区铜冶炼及深加工产业集群。

(8)大冶市饮料食品产业集群。

(9)黄石(大冶)高端装备制造产业集群。

(10)黄石市电子信息产业集群。

(11)黄石市节能环保产业集群。

(12)黄石智能物流输送成套装备产业集群。

襄阳市：

(13)襄阳市汽车及零部件产业集群。

(14)襄阳市再生资源产业集群。

(15)襄阳市电机节能控制产业集群。

(16)襄阳市樊城区纺织产业集群。

(17)襄阳航空航天产业集群。

(18)老河口市食品产业加工产业集群。

(19)襄阳市(襄州、南漳)农产品加工产业集群。

(20)枣阳市汽车摩擦密封材料产业集群。

(21)谷城县汽车零部件产业集群。

(22)宜城市食品加工产业集群。

(23)襄阳市襄州区智能轨道交通产业集群。

荆州市：

(24)荆州市(公安)汽车零部件产业集群。

(25)荆州开发区白色家电产业集群。

(26)荆州市沙市区针纺织服装产业集群。

(27)荆州市荆州区石油机械产业集群。

(28)松滋市白云边酒业产业集群。

(29)荆州市(监利、江陵)家纺产业集群。

(30)监利食品加工产业集群。

(31)公安县塑料新材产业集群。

(32)石首市医药化工产业集群。

(33)洪湖市石化装备制造产业集群。

(34)荆州市荆州区拍马林浆纸印刷包装产业集群。

宜昌市：

(35)宜昌市磷化工产业集群。

(36)宜昌市医药产业集群。

(37)宜昌市夷陵区稻花香酒业产业集群。

(38)枝江市枝江酒业产业集群。

(39)枝江市奥美医用纺织产业集群。

(40)宜都市装备制造产业集群。

(41)宜昌市(长阳、五峰)健康食品产业集群。

(42)当阳市建筑陶瓷产业集群。

(43)宜昌市茶产业集群。

(44)宜昌数控机电装备高新技术产业集群。

(45)宜昌市新型显示及智能终端产业集群。

(46)宜昌市有机硅新材料创新基地产业集群。

十堰市：

(47)十堰市商用汽车产业集群。

(48)十堰市生物医药产业集群。

(49)十堰市郧阳区铸锻件产业集群。

(50)丹江口市汽车零部件产业集群。

(51)十堰市竹房城镇带有机食品饮料产业集群。

(52)竹山县绿松石产业集群。

(53)十堰市张湾区智能装备制造产业集群。

孝感市：

(54)孝感市电子机械产业集群。

(55)孝感市(高新区、汉川)纺织服装产业集群。

(56)汉川市食品产业集群。

(57)孝感市孝南区纸品产业集群。

(58)应城市化工产业集群。

(59)安陆市食品加工(含粮油加工装备)产业集群。

(60)云梦新材料产业集群。

荆门市：

(61)钟祥市磷化工循环产业集群。

(62)荆门市东宝区绿色建材和装配式建筑产业集群。

(63)钟祥市农产品加工产业集群。

(64)京山县智能制造产业集群。

(65)沙洋县新材料产业集群。

(66)荆门市东宝区电子信息产业集群。

(67)荆门高新区·掇刀区化工循环产业集群。

(68)荆门高新区·掇刀区再生资源利用与环保产业集群。

(69)荆门高新区·掇刀区新能源动力电池产业集群。

鄂州市：

(70) 鄂州市金刚石刀具产业集群。

(71) 鄂州市重型机械制造产业集群。

(72) 鄂州市经济开发区工程塑胶管材产业集群。

(73) 鄂州市绿色农产品加工产业集群。

(74) 鄂州葛店生物医药产业集群。

黄冈市：

(75) 黄冈市华夏窑炉产业集群。

(76) 武穴市医药化工产业集群。

(77) 蕲春县李时珍医药大健康产业集群。

(78) 鄂东（麻城、浠水）汽车配件产业集群。

(79) 黄冈大别山区食品饮料产业集群。

(80) 团风钢结构产业集群。

(81) 中部麻城石材产业集群。

(82) 鄂东（黄梅、龙感湖）纺织服装产业集群。

咸宁市：

(83) 咸宁市机电产业集群。

(84) 咸宁市咸安区苎麻纺织产业集群。

(85) 咸宁市现代森工产业集群。

(86) 嘉鱼县管材产业集群。

(87) 通城县涂附磨具产业集群。

(88) 赤壁市纺织服装产业集群。

(89) 赤壁市砖茶产业集群。

(90) 通山县石材产业集群。

(91) 崇阳县钒产业集群。

(92) 通城县电子信息基材产业集群。

(93) 咸宁高新区军民结合产业集群。

(94) 赤壁市应急装备制造产业集群。

随州市：

(95) 随州市专用汽车及零部件产业集群。

(96) 随州市曾都区铸造产业集群。

(97) 随县香菇产业集群。

(98) 广水市风机产业集群。

(99) 随州电子信息产业集群。

恩施州：

(100) 恩施州富硒茶产业集群。

(101) 恩施州（恩施、利川、建始）富硒绿色食品产业集群。

(102) 恩施州（咸丰、来凤）绿色食品产业集群。

仙桃市：

(103) 仙桃市无纺布产业集群。

(104)仙桃市食品产业集群。
(105)仙桃市汽车零部件产业集群。

潜江市：

(106)潜江市经济开发区化工产业集群。

(107)潜江市华中家具产业集群。

(108)潜江市特色食品产业集群。

(109)潜江市光电子信息新材料产业集群。

天门市：

(110)天门市医药产业集群。

(111)天门棉花产业集群。

神农架林区：

(112)神农架生态产业集群。

二、湖北省中小企业公共服务体系建设现状与服务效果

为了坚决贯彻习总书记重要讲话精神,坚决贯彻落实国家和我省鼓励支持民营经济发展的决策部署,全力推进我省中小微企业成长工程,优化民营经济发展环境,湖北省各市(州)中小企业公共服务机构与小型微型企业创业创新示范基地都应以服务企业为中心,以当好参谋为抓手,开展一系列工作,才能取得较好的成绩与效果。

(一)湖北省中小企业公共服务体系总体状况

1.湖北省中小企业公共服务体系开展服务情况

根据湖北省经济和信息化厅中小企业发展处统计数据显示,截至2020年12月31日,培育和支持湖北省中小企业公共服务示范平台数量共计88家,其中认定省级示范平台数量为68家,省级示范平台服务人员总数为10853人,2019年与2020年分别开展了17830次与20177次服务活动,服务中小企业数量分别为67428次与477897家。湖北省17个市(州)中小企业公共服务示范平台详细信息如表3-2-1所示。

表 3-2-1 湖北省中小企业公共服务示范平台情况统计表①

省(自治区、直辖市、计划单列市)	培育和支持平台数量/家	认定省级示范平台数量/家(有效期内)	其中 检验检测类/家	工业设计类/家	数字化赋能类/家	省级示范平台服务人员总数/人	2020年省级财政支持金额/万元	2019年 省级示范平台开展服务活动数/次	省级示范平台服务中小企业数/家	2020年 省级示范平台开展服务活动数/次	省级示范平台服务中小企业数/家
荆州市	1	1	0	0	0	2807	0	0	0	9	210
咸宁市	0	5	0	1	0	123	0	12	443	10	340
神农架林区	0	0	0	0	0	0	0	0	0	0	0
恩施州	4	4	0	0	4	20	140	40	340	37	402
随州市	4	1	1	1	0	26	10	72	36	335	84
宜昌市	8	7	0	5	0	235	162	364	1113	1437	1191
仙桃市	1	1	0	0	0	16	130	13	1172	13	716
孝感市	0	0	0	0	0	0	0	0	0	0	0
鄂州市	3	2	1	0	2	98	0	2485	728	2600	750
襄阳市	0	2	0	0	0	24	0	26	280	32	330
黄冈市	12	5	1	0	1	55	272	636	392	587	548

① 数据来源:根据湖北省经济和信息化厅中小企业发展处回收问卷资料整理汇总而来。

续表

省(自治区、直辖市、计划单列市)	培育和支持平台数量/家	认定省级示范平台数量(有效期内)/家	其中			省级示范平台服务人员总数/人	2020年省级财政支持金额/万元	2019年		2020年	
			检验检测类/家	工业设计类/家	数字化赋能类/家			省级示范平台开展服务活动数/次	省级示范平台服务中小企业数/家	省级示范平台开展服务活动数/次	省级示范平台服务中小企业数/家
荆门市	0	3	0	0	0	47	207.5	565	2931	579	3438
潜江市	2	2	0	0	0	20	0	115	84	100	199
武汉市	17	13	2	1	4	1911	772.95	9993	53115	10525	461360
天门市	8	2	0	0	0	32	30	1	126	2	178
十堰市	18	13	5	4	4	656	148.68	2400	5122	2800	6439
黄石市	10	7	1	1	5	4783	92.6	1117	1546	1111	1712
全省合计	88	68	12	13	20	10853	1965.73	17839	67428	20177	477897

由表3-2-2可知，截至2020年12月31日，湖北省中小企业公共服务平台共计98家，综合窗口平台119家，带动了2961家服务机构，2020年运营支出为13785.392万元，2020年的财政拨款与市场化收入总计18552.19万元。

表3-2-2 湖北省中小企业公共服务平台网络情况统计表①

省(自治区、直辖市、计划单列市)	平台总数	省平台数	综合窗口平台数	产业集群窗口平台数	配备服务人员/人	带动服务机构数/家	注册中小企业数/家	2020年运营支出/万元	2020年收入(万元)		
									财政拨款	市场化收入	其他(请注明来源)
咸宁市	7	5	1	2	123	75	240	149.18	0	94.8	37.79(中小企业成长工程以奖代补资金24万元、疫情期间减免房租补贴资金13.79万元)
荆州市	0	0	0	0	2	2	114	0	0	0	—
恩施州	0	0	0	0	3	13	1000	38.2	0	0	—
随州市	4	1	1	1	50	22	10	698	160	537	—
宜昌市	8	7	8	0	242	92	2621	1397	257	2143	—
仙桃市	1	1	1	0	16	8	112	160	47	54(上年结转)	
孝感市	1	0	1	0	21	60	412	95	97	0	—

---

① 数据来源：根据湖北省经济和信息化厅中小企业发展处回收问卷资料整理汇总而来。

续表

省（自治区、直辖市、计划单列市）	平台总数	省平台数	综合窗口平台数	产业集群窗口平台数	配备服务人员/人	带动服务机构数/家	注册中小企业数/家	2020年运营支出/万元	2020年收入（万元）		
									财政拨款	市场化收入	其他（请注明来源）
鄂州市	1	0	0	0	7	25	489	215	215	0	—
襄阳市	0	0	0	0	34	109	0	1559	1310	0	249（非税收入）
黄冈市	24	5	68	10	513	306	329	1420.81	708	1815	
荆门市	1	0	1	0	10	33	222	61.8	67.2	0	财政拨付（财政预算项目）
潜江市同创企业管理服务有限公司	9	1	8	0	20	6	1	0	0	44.98	—
武汉市	0	0	0	0	22	199	12921	1112.43	1112.43	0	—
天门市	0	0	0	0	0	0	0	0	0	0	
十堰市	1	1	1	0	5	42	320	98.68	98.68	0	—
神农架林区	1	0	1	0	0	2	50	0	0	0	
黄石市	7	7	11	11	126	302	1352	2274.1	74	1185.1	1087（700万租金物业，220万工业转型资金，167创客中国财政补助资金）
湖北省中小企业服务中心	33	1	17	15	333	1665	22441	4554.1917	3955	4471	695（工业转型资金、"创客中国"大赛中央补助资金、非税收入、2019年中小企业成长工程以奖代补资金来源、上年结转）
全省合计	98	29	119	39	1527	2961	42522	13785.392	8214.31	10337.88	—

根据湖北省经济和信息化厅中小企业发展处统计数据显示，截至2020年12月31日，培育和支持湖北省小型微型企业创业创新示范基地数量共计137家，省级示范基地入驻小微企业6462家，2019年与2020年分别开展了5483次与5679次服务活动，服务中小企业数量分别为36367家次与688229家次。湖北省17个市（州）小型微型企业创业创新示范基地详细信息如表3-2-3所示。

表 3-2-3　湖北省小型微型企业创业创新示范基地情况统计表①

省（自治区、直辖市、计划单列市）	培育和支持基地数量/家	省级认定示范基地数量/家（有效期内）	省级示范基地入驻企业总数/家	省级示范基地入驻小微企业数/家	省级示范基地服务人员总数/人	省级示范基地内从业人员总数/人	2020年省级财政支持金额/万元	2019年 省级示范基地开展服务活动数/次	2019年 省级示范基地服务中小企业数/家次	2020年 省级示范基地开展服务活动数/次	2020年 省级示范基地服务中小企业数/家次
荆州市	3	3	357	335	2843	1858	2768	103	418	61	459
咸宁市	—	1	55	55	18	465	13.79	10	152	3	87
神农架林区	0	0	0	0	0	0	0	0	0	0	0
恩施州	4	4	30	30	20	400	140	40	340	37	402
随州市	7	5	210	204	49	1499	23	96	2092	150	3097
宜昌市	11	8	964	905	113	8663	2252	225	2228	261	2671
仙桃市	1	1	49	49	16	511	160	13	1172	13	716
孝感市	3	3	200	200	1226	2612	152.95	—	—	—	—
鄂州市	3	3	22	220	39	79	—	234	1295	159	1351
襄阳市	—	5	265	196	56	7400	省级财政补贴房租26.6万元正在兑现	62	340	58	470
黄冈市	9	5	165	145	582	3893	0	269	190	299	169
荆门市	—	3	294	195	60	4325	250	433	4285	472	6074
潜江市	1	52	52	15	15	—	2000	34	2600	52	52
武汉市	76	25	2924	2773	1424	51069	4592.63	3472	17496	3843	667992
天门市	1	1	45	35	14	1500	—	4	45	4	45
十堰市	10	7	630	620	234	16893	159	100	3000	120	4000
黄石市	8	6	539	485	75	506	140.2	388	714	147	644
全省合计	137	132	6801	6462	6784	101673	12651.57	5483	36367	5679	688229

2. 湖北省中小企业公共服务体系发展现状调研分析

为详细了解湖北省中小企业公共服务体系的建设现状与成效,获取第一手资料,本课题团队设计了《湖北省中小企业公共服务示范平台调查问卷》和《湖北省小型微型企业创业创新示范基地调查问卷》(见附件1和附件2)。本次调研共收集了173份有关中小企业公共服务平台的调查问卷,收集的问卷来源包括16家国家级中小企业公共服务平台、65家省级中小企业

---

① 数据来源:根据湖北省经济和信息化厅中小企业发展处回收问卷资料整理汇总而来。

公共服务示范平台、76家省级小微企业示范基地、11家国家级小微企业示范基地以及5家其他类型的企业。现从以下四个方面分析我省中小企业公共服务体系的建设现状。

1）服务平台区域布局现状

据湖北省经济和信息化厅中小企业发展处统计可知，目前湖北省已经建成以中小企业公共服务平台网络为骨干架构，以小微企业创业创新基地为载体，以"国家中小企业公共服务示范平台""省级中小企业公共服务示范平台""省级小型微型企业创业创新示范基地"为标杆，以社会化服务机构为支撑，线上线下相结合，覆盖全省的中小企业公共服务体系。其中，中小企业公共服务平台网络以省级公共服务平台为枢纽，17个市（州）和15个重点产业集群公共服务平台为"窗口"的"1+32"骨干架构。

截至2020年底，全省32家平台获得过国家级中小企业公共服务示范平台称号，22家小微基地获得过国家小型微型企业创业创新示范基地称号；认定省级公共服务示范平台68家，省级小型微型企业创业创新示范基地132家，湖北省各市（州）中小企业公共服务示范平台、小型微型企业创业创新示范基地区域分布情况如表3-2-4、图3-2-1、图3-2-2所示。

表3-2-4　湖北省中小企业公共服务示范平台、小型微型企业创业创新示范基地情况统计表①

省（自治区、直辖市、计划单列市）	培育和支持平台数量/家	认定省级示范平台数量/家（有效期内）	认定国家级示范平台数量/家（有效期内）	培育和支持基地数量/家	省级认定示范基地数量/家（有效期内）	认定国家级示范基地数量/家（有效期内）
荆州市	1	1	2	3	3	0
咸宁市	0	5	0	0	1	0
神农架林区	0	0	0	0	0	0
恩施州	4	4	0	4	4	1
随州市	4	1	0	7	5	0
宜昌市	8	7	2	11	8	3
仙桃市	1	1	2	1	1	0
孝感市	0	0	3	3	3	0
鄂州市	3	2	0	3	3	0
襄阳市	0	2	5	0	5	2
黄冈市	12	5	0	9	5	2
荆门市	0	3	1	0	2	2
潜江市	2	2	0	1	52	0
武汉市	17	13	12	76	25	11
天门市	8	2	0	1	1	0
十堰市	18	13	4	10	7	0
黄石市	10	7	1	8	6	1
全省合计	88	68	32	137	132	22

---

① 数据来源：根据湖北省经济和信息化厅中小企业发展处回收问卷资料整理汇总而来。

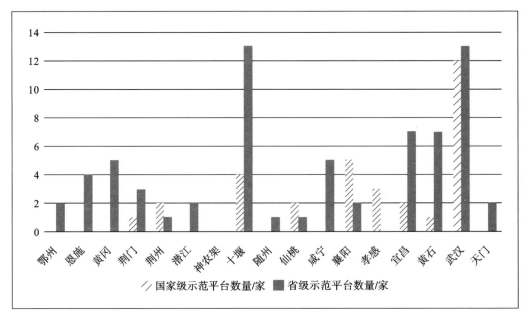

图 3-2-1　湖北省各市(州)中小企业公共服务平台示范平台区域分布情况①

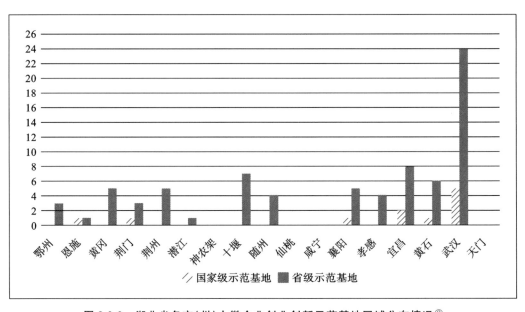

图 3-2-2　湖北省各市(州)小微企业创业创新示范基地区域分布情况②

---

① 数据来源：根据湖北省经济和信息化厅中小企业发展处回收问卷资料整理汇总而来。
② 资料来源：根据湖北省经济和信息化厅中小企业发展处回收问卷资料整理汇总而来。

2) 公共服务平台建设现状

(1) 机构性质与人员结构现状。

从本次调研收回问卷的情况来看,湖北省17个市(州)中小企业公共服务平台有23家为事业单位,包括各市(州)的地方中小企业服务中心以及武汉理工大学工业研究院、湖北技术交易所、湖北农业科学院农产品加工与核农技术研究所、湖北省金刚石工具质量检测中心等服务机构。除襄阳市中天科技成果转换中心等3家民办非企业性质和2家未填写其单位性质的服务机构外,其余均属于企业投资创建的实行独立核算的企业性质的公共服务平台。地方中小企业服务中心直接为中小企业提供服务,着重做好服务体系建设的发展规划、政策制定及业务协调工作,对整个中小企业服务体系的建设起到统筹、指导、协调作用。而其他性质的服务机构则专注于信息咨询、技术支持、融资服务、市场开拓等各类专业服务,是中小企业公共服务体系的有力补充。

从机构主要管理人员和服务人员的学历及职称结构来看,中小企业公共服务机构普遍存在研究生及以上学历的人员所占比例不高,以及拥有高级或中级职称的人员比例较低等特点。

以经济发达、机构发展相对成熟的武汉市中小企业发展促进中心为例,其人员总数为35人,从学历结构来看,研究生及以上学历人数为7人,本科学历人数为22人,大专学历人数为6人,研究生及以上学历的员工占机构人员总数的比例为20%;以广电计量检测(武汉)有限公司汽车整车及零部件产品计量检测公共服务平台为例,其人员总数为131人,从学历结构来看研究生及以上学历的人数为3人,高中及以下学历的人数为4人,其余均为大专或本科学历,研究生及以上学历的员工占机构总人数的2.29%;从职称结构来看,具有高级职称的有1人,具有中级职称的有5人,具有初级职称的有31人,拥有高级或中级职称的人员合计占机构总人数的4.6%。以发展较为成熟的宜昌市中小企业服务中心为例,其人员总数为7人,从学历结构来看,4人为大专学历,3人为本科学历,无研究生及以上学历人员;从职称结构来看,具有中级职称的有1人,具有初级职称的有2人。

(2) 2018—2020年平台服务能力及业绩状况。

从获得专业服务资质情况来看,根据已收回的问卷资料显示,除部分公共服务平台未明确说明外,其余各服务平台均在其服务领域内获得一项或多项专业服务资质认证,这意味着服务平台的专业服务能力和服务水平得到了政府和市场的认可,是平台服务能力建设水平高低的外在体现。例如,湖北广奥减振器制造有限公司获得了质量体系证书IATF16949、环境管理体系证书ISO14001与计量合格证书;广电计量检测(武汉)有限公司获得了中国合格评定国家认可委员会实验室认可证书(CNAS);湖北技术交易所获得了国家技术转移中部中心、湖北技术转移与成果转化公共服务平台(科惠网)、国家技术转移示范机构、国家中小企业公共服务示范平台等称号;湖北金宁香城科技企业孵化器管理有限公司获得咸宁市创业孵化基地、咸宁市星创天地、湖北省科技众创空间、湖北省小型微企业创业创新示范基地、湖北省中小企业公共服务示范平台等资质认定;荆门人才超市管理有限公司(荆门人才创新创业超市)在2017年、2018年、2019年连续三年由湖北省人社厅评定为"湖北省优秀人才创新创业超市",在2019年由工信部评定为"国家级中小企业公共服务示范平台",在2020年由荆门市应急管理局批复为高危行业领域安全技能提升培训单位。

从各市(州)中小企业公共服务平台提供的服务类型(服务领域)来看,主要集中在管理咨询、创业辅导、人员培训、政策信息、投融资服务等服务领域,如图3-2-3所示。

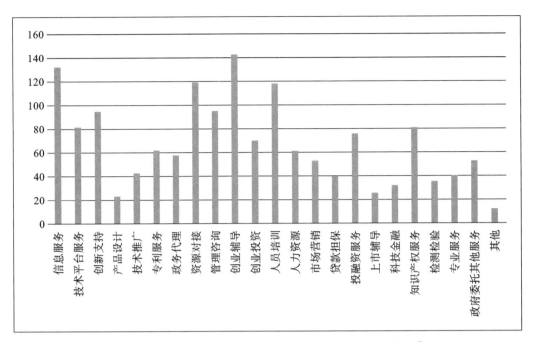

图 3-2-3　湖北省中小企业公共服务示范平台主要服务类型①

从各市（州）小微企业创业创新示范基地提供的服务类型（服务领域）来看，它主要集中在信息服务、创业辅导、人员培训、资源对接、创新支持等服务领域，如图 3-2-4 所示。

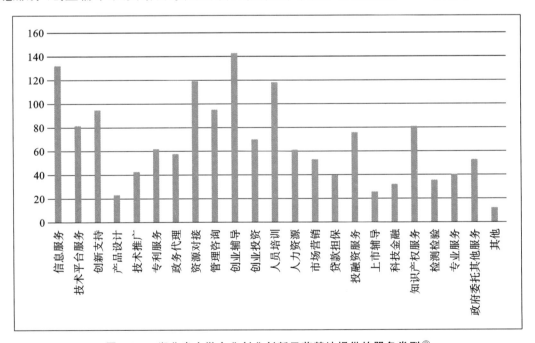

图 3-2-4　湖北省小微企业创业创新示范基地提供的服务类型②

---

①② 数据来源：根据湖北省经济和信息化厅中小企业发展处回收问卷资料整理汇总而来。

从服务业绩状况来看,2018年湖北省公共服务示范平台服务中小企业达418585家,2019年服务中小企业达529950家,2020年服务中小企业达1025688家,总体呈上升趋势。2018年湖北省小型微型企业创业创新示范基地入驻企业达7645家,其中入驻小微企业达6782家;2019年入驻企业达9110家,其中入驻小微企业达8194家;2020年入驻企业达9007家,其中入驻小微企业达8212家,具体情况如表3-2-5所示。

表 3-2-5 湖北省中小企业公共服务示范平台、小型微型企业创业创新示范基地服务企业数量①

地区	中小企业公共服务示范平台			小型微型企业创业创新示范基地					
	服务中小企业户数/家			入驻企业数/家			其中:小微企业数/家		
	2018年	2019年	2020年	2018年	2019年	2020年	2018年	2019年	2020年
鄂州	238	246	223	164	243	155	129	175	140
恩施	0	0	0	982	1460	1460	822	1421	1421
黄冈	2132	3865	5550	386	393	394	379	379	383
黄石	2704	3559	3529	546	562	393	524	538	378
荆门	2757	3001	3513	261	271	212	159	173	203
荆州	129	372	402	194	294	283	154	248	240
潜江	356	294	257	27	34	37	23	32	34
十堰	337304	431408	513778	421	402	420	388	354	369
随州	24	36	84	232	314	271	222	297	260
天门	256	267	250	0	0	0	0	0	0
武汉	56971	68478	468662	2934	3315	3293	2750	3095	3114
仙桃	500	500	500	0	0	0	0	0	0
咸宁	1125	1348	756	0	0	0	0	0	0
襄阳	4980	7141	17661	475	630	691	271	363	371
孝感	0	0	0	214	193	213	204	177	191
宜昌	9109	9435	10523	809	999	1185	757	942	1108
合计	418585	529950	1025688	7645	9110	9007	6782	8194	8212

① 数据来源:根据湖北省经济和信息化厅中小企业发展处回收问卷资料整理汇总而来。

从带动合作资源的能力上来看,根据已收回的问卷资料显示,除部分公共服务平台未明确说明外,其余各服务平台均积极与高校、科研机构、龙头企业以及其他企业展开深度合作,并签订长期合作协议。以武汉市中小企业发展促进中心为例,与其签订合作协议的单位和其他合作单位均在30家以上,包括武汉科技成果转化服务中心、湖北省创业研究会、民生银行、武汉工程科技学院、武汉百捷集团信息科技股份有限公司等,2018—2020年累计联合服务中小企业达8.9万家;荆门人才超市管理有限公司(荆门人才创新创业超市)签订合作协议的单位以及其他合作单位均为27家,包括华中科技大学、武汉理工大学、武汉大学、中国地质大学等9家重点高校以及湖北省科技信息研究院等科研机构,2018—2020年累计联合服务中小企业达4927家;与湖北龙信电子商务股份有限公司签订合作协议的单位共有26家,其他合作单位共有19家,2018—2020年累计联合服务中小企业达9451家。

(3)2018—2020年获得政府支持情况。

为加强中小企业公共服务平台公共服务体系建设,为中小企业的生存与发展提供全方位、多层次的公共服务,湖北省各级政府采取了一系列政府支持措施以提升中小企业公共服务体系建设水平。

从问卷调查的结果来看,政府支持的形式主要包括政府拨款、财政补贴、财政拨款、专项基金、奖励金、免税扶持等。以湖北技术交易所为例,近三年来,湖北技术交易所获得国家、省级科技计划30余项,项目资金超过4100万元。其主要项目有2018年湖北省科技创新创业服务能力建设补贴项目资金300万、2018年国家重点研发计划现代服务业项目资金1319万、2019年湖北省科技成果转化与技术转移公共服务平台建设后补贴项目500万、科惠网运营服务及推广后补贴项目200万、2020年中央引导地方发展专项100万等。以武汉市工科院科技园孵化器小型微型企业创业创新示范基地为例,2018年工科院孵化器科创空间获得建设补贴300万元;2019年获得江岸区鼓励孵化器做优做强补贴53.215万元、省科技厅3A科技企业孵化器奖励64万元和江岸区2019年市小微示范基地奖励金30万元;2020年获得江岸区科技局鼓励孵化器做优做强奖励50万元、武汉市科技局全省孵化器3A绩效评价奖励60万元。再以湖北创家科技企业孵化器有限公司为例,其获得的政府支持包括免税扶持和补贴扶持,根据《财政部税务总局科技部教育部关于科技企业孵化器大学科技园和众创空间税收政策的通知》财税(2018)120号第一条文件规定,公司享受孵化服务免征增值税事项;2019年全年,公司共接收政府补贴款项总计271957.82元,补贴用于入孵企业租金减免和开展服务项目的费用补贴;2020年全年政府补贴(含疫情期间房租补贴)合计65.8万元。由此可见,政府的大力支持将助推湖北省中小企业公共服务体系服务能力和服务水平的快速提升,助推湖北省中小企业的高质量发展。

3)数字化赋能中小企业现状

为深入贯彻落实习近平总书记关于统筹推进新冠肺炎疫情防控和经济社会发展工作的重要指示精神,以数字化网络化智能化赋能中小企业,助力中小企业疫情防控、复工复产和可持续发展。湖北省各市(州)正积极推进中小企业上云工程,通过搭建企业上云服务平台,发挥平台引领作用,大力推进企业智能化改造工程。例如,黄石市积极引进紫光云、汉云等国内工业云平台,与浪潮云、金蝶云等云平台企业签订战略合作,在2019年全市安排企业上云奖补资金100万元,上云企业超过800家。同时各市(州)正加快布局5G网络建设,加快推进工业互联网应用,深入推进企业数字化、智能化转型,并积极开展两化融合示范试点企业申报工作,提升两化融合水平,十堰市目前开展工业互联网应用的企业有20余家,有8个基础性平台,其中国家级平台4个,宜昌市17家企业被评为湖北省两化融合试点示范企业,襄阳市20家企业获批两化融合试点示范项目,1家企业入选全国工业App优秀解决案例奖,初步形成一批典型示范案例。

4)运营管理现状

(1)运营管理制度。

企业的运营管理离不开健全、有效的运营管理制度。在此次的问卷调查中,我们通过各中小企业公共服务平台主要管理制度、人员激励措施、员工能力提升措施以及可持续发展措施来了解各服务平台的机构运营管理现状。从本次的调查情况来看,绝大多数中小企业公共服务平台、小微企业创新创业基地具备较为完善的管理制度、人员激励措施、员工能力提升措施和可持续发展措施。主要管理制度(如财务、人事等各项管理制度)保障了服务平台的日常高效运转;人员激励措施(如建立激绩效考核机制等)能激发员工的工作积极性、提高员工的工作服务质量;员工能力提升措施如制定员工能力培训计划,通过培训提升中心全体职工的综合素质和公共服务水平,努力打造一支素质高、作风硬、战斗力强的员工队伍,有助于增强发展的后劲,塑造企业品牌形象;可持续发展措施包括积极开展服务基础设施建设提高平台服务能力、积极与科研院所合作提升技术服务能力、加强人才队伍建设提高人才素质和技能以及与客户建立和保持良好的服务与合作关系等。

(2)营业收支状况。

从对各市(州)中小企业公共服务示范平台在2018—2020年营业收支的调查情况来看(见表3-2-6),2018年受调研的湖北省中小企业公共服务示范平台资产总额为334722.81万元,营业收入总额为294664.46万元,其中服务收入总额为200400.30万元,占比68.01%,利润总额为38520.99万元;2019年资产总额为389526.48万元,营业收入总额为330994.66万元,其中服务收入总额为291405.50万元,占比88.04%,利润总额为14367.43万元;2020年资产总额为412268.83万元,营业收入总额为2684718.08万元,其中服务收入总额为2653655.39万元,占比98.84%,利润总额为15556.11万元。由此可见,资产总额的逐年增加说明湖北省中小企业服务平台正投入更多的资金用于公共服务体系建设,服务收入占总收入的比重逐年上升,加之服务业绩部分提及的服务中小企业数逐年增加,说明湖北省中小企业服务平台在提供更多的专业服务、提升中小企业服务水平方面成效显著。

从对各市(州)小型微型企业创业创新示范基地2018—2020年营业收支的调查情况来看(见表3-2-7),2018年受调研的湖北省小型微型企业创业创新示范基地资产总额为813612.32万元,营业收入总额为737497.21万元;2019年资产总额为3791393.72万元,营业收入总额为819544.49万元;2020年资产总额为2654200.09万元,营业收入总额为769605.73万元。2019年资产总额和营业收入较2018年均增长不少,2020年受新冠肺炎疫情的影响,资产总额和营业收入总额有所回落,但从近三年总体来看,仍呈上升趋势。由此可见,湖北省小型微型企业创业创新基地在提升中小企业服务水平方面也成效显著。

表 3-2-6 湖北省中小企业公共示范平台 2018—2020 年营业收支统计表①

地区	营业收入/万元			服务收入/万元			资产总额/万元			利润总额/万元		
	2018年	2019年	2020年	2018年	2019年	2020年	2018年	2019年	2020年	2018年	2019年	2020年
鄂州	792.9	943.7	698.8	328.9	266.7	292.8	18738	19044	24255	−45	60	110
黄冈	3102.2677	3682.6792	3853.619	1893.36393	2180.62528	2136.1898	47048.8008	55865.1137	64249.7738	510.326	612.1698	−199.0613
黄石	3527.68	3786.45	4560.65	1401.51	2726.87	13450.48	33719.5	35729.17	35336.3	953.8	106.67	271.38
荆门	1190.5	1366.6	1475.7	97.2	191.1	364.5	3057	3237	3496.2	−30.2	43.5	120
荆州	89.27	850.04	786.91	82.31	839.08	779.81	666.32	1060.64	1345.08	6.32	158.38	138.91
潜江	96.39	286.36	332.4	96.39	286.36	332.4	167.84	430.02	488.01	11.03	95.53	101.3
十堰	41311.85	45445.25	47630.73	20976.3	23011.35	21988.93	45513.18	51302.22	45593.08	4517.99	4517.18	4027.71
随州	166	762.9	697.28	0	17.9	537.28	4.03	589.66	1066.25	0	0	0
天门	614	1445.15	659.59	344	1188.69	343.33	72029	71315.42	67404.42	276	1164.7	359.79
武汉	240284.95	268694.89	2619436.1	173475.43	258708.88	2610915.91	101867.64	137339.5	157701.87	31386.13	6795.35	9392.54
仙桃	257.6	225.8	261	0	0	0	1934.5	1916.2	1918.7	0	0	0
咸宁	881.74	904.56	1818.62	568.78	695.77	1355.54	5216.89	4766.89	4771.19	135.96	113.16	570.41
襄阳	1356.12	1426.17	1769.47	1136.12	1292.17	1158.22	3596.112	5758.65	3573.47	279.58	364.6	377.12
宜昌	993.19	1174.11	737.21	0	0	0	1164	1172	1069.49	519.05	336.19	286.01
合计	294664.46	330994.66	2684718.08	200400.30	291405.50	2653655.39	334722.81	389526.48	412268.83	38520.99	14367.43	15556.11

① 数据来源：根据湖北省经济和信息化厅中小企业发展处回收问卷资料整理汇总而来。

表 3-2-7　湖北省小型微型企业创业创新示范基地 2018－2020 年营业收支统计表①

地区	资产总额/万元			营业收入/万元		
	2018 年	2019 年	2020 年	2018 年	2019 年	2020 年
鄂州	16194.00	129299.00	21770.00	1230.00	28265.00	108.00
恩施	220.00	183.00	195.00	162.00	187.00	140.97
黄冈	217335.40	273376.60	288384.10	465467.40	531751.00	535354.54
黄石	12179.58	11988.93	11038.00	1094.05	1934.67	2389.20
荆门	29470.74	2767018.00	63851.41	3092.89	4075.04	3853.24
荆州	5923.32	6603.64	7395.08	1391.27	2472.04	2488.91
潜江	7301.14	7531.10	7556.30	859.39	921.42	965.12
十堰	48692.62	55589.88	68484.40	13162.47	14217.64	10527.60
随州	20928.23	21705.08	22113.81	9934.13	10916.08	9767.69
武汉	371569.44	427532.26	2072708.87	98944.73	50273.09	39353.18
襄阳	6896.80	10228.12	10012.92	2305.11	7017.12	3287.10
孝感	22035.55	19810.60	19830.60	986.97	1149.58	1169.58
宜昌	54865.50	60527.51	60859.60	138866.80	166364.80	160200.60
合计	813612.32	3791393.72	2654200.09	737497.21	819544.49	769605.73

(3)所处周边环境状况。

从各市(州)中小企业公共服务平台所处的周边环境来看,绝大多数服务平台存在着不同程度的同业竞争压力。武汉市共有 12 家公共服务平台表示其所在地周边有 5～10 家或 10 家以上的其他中小企业服务机构,十堰市有 5 家,这些地区同业竞争压力较大;鄂州、潜江、随州等地的公共服务平台表示其所在地周边的其他中小企业服务机构小于 5 家,这些地区同业竞争压力较小。从各市(州)小微企业创业创新基地所处的周边环境来看,武汉市共有 19 家小微企业创业创新示范基地表示其所在地周边有 5～10 家或 10 家以上的其他中小企业服务机构,宜昌市有 4 家,这些地区同业竞争压力较大;鄂州市、荆门市、荆州市、恩施州等地的小微企业创业创新示范基地表示其所在地周边的其他中小企业服务机构小于 5 家,这些地区同业竞争压力较小。

从各市(州)中小企业公共服务平台的政策环境来看,据调查,除部分服务平台未做出明确回答外,有 22 家公共服务平台表示近三年未享受过税收优惠,共有 40 家公共服务平台表示其在近三年享受过税收优惠,减免税款金额从 1.9 万元～300 万元不等。从各市(州)小微企业创业创新基地台的政策环境来看,除部分示范基地未做出明确回答外,共有 28 家基地表示近三年未享受过税收优惠,55 家基地表示近三年享受过税收优惠,减免税款金额为 0.63 万元～725 万元。政府应提高中小企业公共服务平台的税收优惠政策覆盖面,给予中小企业公共服务平台更多的政策支持。

---

① 数据来源:根据湖北省经济和信息化厅中小企业发展处回收问卷资料整理汇总而来。

3. 湖北省中小企业公共服务体系对公共服务的供给现状

为充分了解湖北省17个市（州）中小企业公共服务平台的服务做法、供给现状和服务成效，在调查过程中，课题组收集了各公共服务平台提供的2020年度中小企业创业创新发展、中小企业服务体系建设等情况的工作总结材料。为此，全省各市（州）各公共服务平台提供了其服务体系建设工作总结、数字化赋能中小企业总结、重点服务活动实施情况统计表、"专精特新"中小企业情况统计表，以及中小企业公共服务平台网络、示范平台、示范基地情况统计表等汇报材料。

结合各服务平台提供的工作总结等材料以及示范平台调查问卷所反映的信息，再结合其他相关材料，我们将全省17个市（州）中小企业公共服务平台的服务做法及供给现状总结为以下几点。

1）服务对象、服务企业类型与服务领域

从各市（州）中小企业公共服务平台、小微企业创新创业基地的服务对象来看，它主要集中在产业集群各类企业、各类园区中的企业以及本地区的优势或特色产业，而服务对象为跨地区的各类企业和其他类企业的服务机构数量较少。

从各市（州）中小企业公共服务平台、小微企业创新创业基地的服务企业类型来看，主要服务企业类型为国有企业和民营企业。十堰阳明科技发展有限公司、广电计量检测（武汉）有限公司、黄冈市信息与标准化所等7家服务平台既服务于国有企业和民营企业，也为外商独资企业、中外合资企业以及其他类型的企业提供公共服务。

从各市（州）中小企业公共服务平台的服务行业领域来看（见表3-2-8），武汉、黄冈、十堰、襄阳等地的中小企业公共服务平台的服务领域几乎涵盖了所有行业；黄石市各中小企业公共服务平台主要服务于制造业、信息传输与计算机服务及软件业、租赁和商业服务业；咸宁市主要服务于制造业、信息传输与计算机服务及软件业。从各市（州）小微企业创新创业基地的服务行业领域来看（见表3-2-9），武汉、宜昌、襄阳、十堰等地的小微企业创新创业基的服务领域几乎涵盖了所有行业；黄冈市主要服务于制造业、信息传输与计算机服务及软件业、批发和零售业；荆州市主要服务于制造业、信息传输与计算机服务及软件业。

表3-2-8　湖北省中小企业公共服务平台服务行业领域①

地区	湖北省中小企业公共服务平台服务以下行业领域平台数（家）									
	农林牧渔业	制造业	信息传输与计算机服务及软件业	批发和零售业	住宿和餐饮业	租赁和商务服务业	居民服务和其他服务业	文化体育和娱乐业	其他行业
鄂州	—	2	—	—	—	—	—	—	—
黄冈	3	4	2	2	1	1	2	1	1
荆门	2	4	1	1	—	—	—	—	—
荆州	—	2	1	1	1	1	1	1	1
十堰	2	12	6	4	1	1	4	3	3
随州	—	—	—	—	—	—	—	—	—
仙桃	—	1	1	—	—	—	—	—	—
咸宁	2	4	4	2	1	1	1	1	—

① 数据来源：根据湖北省经济和信息化厅中小企业发展处回收问卷资料整理汇总而来。

续表

地区	湖北省中小企业公共服务平台服务以下行业领域平台数(家)								
	农林牧渔业	制造业	信息传输与计算机服务及软件业	批发和零售业	住宿和餐饮业	租赁和商务服务业	居民服务和其他服务业	文化体育和娱乐业	其他行业
襄阳	4	4	5	2	2	2	3	2	1
宜昌	1	2	3	2	—	2	—	2	—
黄石	1	6	3	1	1	4	1	2	—
武汉	4	16	13	5	3	6	5	2	3
天门	1	2	—	1	—	—	—	—	—

表 3-2-9　湖北省小微企业创业创新示范基地服务行业领域①

地区	湖北省小微企业创业创新示范基地服务以下行业领域平台数(家)								
	农林牧渔业	制造业	信息传输与计算机服务及软件业	批发和零售业	住宿和餐饮业	租赁和商务服务业	居民服务和其他服务业	文化体育和娱乐业	其他行业
鄂州	—	2	3	—	—	—	—	1	1
黄冈	2	4	4	4	1	2	1	1	1
荆门	1	3	2	—	—	1	2	—	—
荆州	—	4	3	1	2	—	2	1	—
十堰	1	4	4	4	1	4	2	3	1
随州	2	5	3	—	—	4	—	1	—
仙桃	—	—	—	—	—	—	—	—	—
孝感	1	—	3	1	—	3	2	2	—
襄阳	2	3	6	5	1	3	1	1	—
宜昌	3	6	10	7	1	6	2	6	3
黄石	—	5	3	2	—	2	—	4	—
武汉	3	14	25	6	3	6	1	12	5
天门	—	1	1	—	—	—	—	—	—
恩施	2	—	2	2	1	2	—	—	—
潜江	1	1	1	1	—	1	—	—	—
咸宁	1	—	1	1	—	—	—	—	—

2)服务收费与服务内容

据调查结果显示,湖北省各市(州)共有26家中小企业公共服务平台、23家小微企业创业创新基地为中小企业提供的服务全部为免费服务,其余各服务平台表示其提供的服务部分为免费服务,其服务收费方式包括市场价格50%以下、市场价格80%左右、与市场价格相当以及优质优价、市场价格120%以上。例如,仙桃市中小企业服务中心对科技型企业提供免费场地

---

① 数据来源:根据湖北省经济和信息化厅中小企业发展处回收问卷资料整理汇总而来。

使用服务,对入驻小微企业除按市场价的50%左右收取场地使用费用外,为小微企业提供的各类服务基本上是公益或免费服务;黄石高新技术创业服务中心为中小企业提供公益性或低收费服务情况如图3-2-5所示。

创业中心孵化政策	
办公场地租金优惠政策	第一年免费、第二年25%、第三年50%收取
生产厂房租金优惠政策	第一年30%、第二年50%、第三年70%收取
公租房优惠政策	按照50%收取

图 3-2-5　黄石高新技术创业服务中心为中小企业提供公益性或低收费服务情况

从各市(州)中小企业公共服务平台提供的服务类型来看,它主要集中在管理咨询、创业辅导、人员培训、政策信息、投融资服务等服务领域。如表3-2-10所示,武汉、十堰、鄂州、宜昌等地的中小企业公共服务平台的服务领域较广,而随州、天门、潜江等地的中小企业公共服务平台的服务领域相对狭窄。

表 3-2-10　中小企业公共服务平台提供的服务类型[①]

服务平台	服务类型
	①检验检测;②分析测试;③研发支持;④产品设计;⑤技术推广;⑥认证认可;⑦科技文献查新;⑧专利服务;⑨政务代理;⑩对外合作;⑪管理咨询;⑫创业辅导;⑬人员培训;⑭人力资源;⑮贷款担保;⑯投融资服务;⑰上市指导;⑱信用评价;⑲产权交易;⑳统计分析;㉑调查研究;㉒政策信息;㉓法律服务;㉔政府委托其他服务;㉕其他
鄂州	①②③⑤⑥⑨⑪⑬⑭⑮㉒㉔㉕
黄冈	⑤⑧⑪⑫㉔
荆门	③⑫⑬⑭⑯㉒
荆州	①③⑤⑧⑨⑪⑫⑬⑯㉒㉔
十堰	①②③④⑤⑪⑫⑬⑭⑮⑯⑰⑲㉒㉓㉕
随州	③⑬㉑
仙桃	⑧⑨⑪⑫⑬⑭⑯㉒
咸宁	⑤⑧⑩⑪⑫㉒㉔
襄阳	⑪⑫⑬⑭⑯㉑㉒㉓㉕
宜昌	⑥⑧⑨⑩⑪⑫⑬⑭⑯⑱㉒
黄石	⑥⑫⑬
武汉	①②③⑤⑥⑧⑨⑪⑫⑬⑭⑯㉒㉓㉔
天门	③⑫⑮⑯⑲
潜江	⑪⑬⑮⑯

从各市(州)中小企业公共服务平台提供的服务类型来看,它主要集中在信息服务、创业辅导、人员培训、资源对接、创新支持等服务领域。如表3-2-11所示,武汉、宜昌、十堰等地的中

---

① 数据来源:根据湖北省经济和信息化厅中小企业发展处回收问卷资料整理汇总而来。

小企业公共服务平台的服务领域较广,几乎涵盖了问卷调查中的所有服务类型,而咸宁、潜江等地的中小企业公共服务平台的服务领域相对狭窄。

表 3-2-11　小型微型企业创业创新示范基地提供的服务类型[①]

服务基地	服务类型
	①信息服务;②技术平台服务;③创新支持;④产品设计;⑤技术推广;⑥专利服务;⑦政务代理;⑧资源对接;⑨管理咨询;⑩创业辅导;⑪创业投资;⑫人员培训;⑬人力资源;⑭市场营销;⑮贷款担保;⑯投融资服务;⑰上市辅导;⑱科技金融;⑲知识产权服务;⑳检测检验;㉑专业服务;㉒政府委托其他服务;㉓其他
鄂州	① ② ③ ⑥ ⑦ ⑧ ⑨ ⑩ ⑪ ⑫ ⑬ ⑮
黄冈	① ② ③ ⑤ ⑥ ⑦ ⑨ ⑩ ⑫ ⑬ ⑭ ⑮ ⑯ ⑰ ⑲ ⑳ ㉒
荆门	① ② ③ ⑤ ⑥ ⑦ ⑧ ⑨ ⑩ ⑫ ⑬ ⑭ ⑲ ㉒ ㉓
荆州	① ② ③ ④ ⑤ ⑥ ⑦ ⑧ ⑨ ⑩ ⑪ ⑫ ⑭ ⑮ ⑯ ⑰ ⑱ ⑲ ⑳ ㉑ ㉒ ㉓
十堰	① ② ③ ④ ⑤ ⑥ ⑦ ⑧ ⑨ ⑩ ⑫ ⑬ ⑭ ⑮ ⑯ ⑰ ⑱ ⑲ ⑳ ㉑ ㉒
随州	① ② ③ ⑤ ⑥ ⑦ ⑧ ⑨ ⑩ ⑫ ⑬ ⑭ ⑮ ⑯ ⑳ ㉑ ㉒
仙桃	① ⑥ ⑦ ⑨ ⑩ ⑫ ⑯ ⑲
咸宁	⑦ ⑨
襄阳	① ② ③ ④ ⑤ ⑥ ⑦ ⑨ ⑩ ⑫ ⑬ ⑭ ⑮ ⑯ ⑰ ⑱ ⑲ ⑳ ㉑
宜昌	① ② ③ ④ ⑤ ⑥ ⑦ ⑧ ⑨ ⑩ ⑫ ⑬ ⑭ ⑮ ⑯ ⑰ ⑱ ⑲ ⑳ ㉒ ㉓
黄石	① ② ⑤ ⑥ ⑦ ⑧ ⑨ ⑩ ⑫ ⑭ ⑮ ⑯ ⑲ ⑳
武汉	① ② ③ ④ ⑤ ⑥ ⑦ ⑧ ⑨ ⑩ ⑪ ⑫ ⑬ ⑭ ⑮ ⑯ ⑰ ⑱ ⑲ ⑳ ㉑ ㉒ ㉓
天门	① ② ③ ⑥ ⑦ ⑧ ⑨ ⑩ ⑫ ⑬ ⑮ ⑯ ⑲ ⑳ ㉑ ㉒
潜江	⑪ ⑬ ⑮ ⑯
恩施	① ③ ⑦ ⑧ ⑨ ⑩ ⑫ ⑬ ⑮ ⑯ ⑲ ㉒
孝感	① ② ③ ⑦ ⑧ ⑨ ⑫ ⑲ ㉒

3) 服务模式与服务特色

从 17 个市(州)公共服务平台为中小企业提供服务的特色来看,它主要体现在创新服务模式,集聚创新资源等方面的示范性。

以武汉市中小企业发展促进中心为例,在创新服务模式方面,打造"线上＋线下"全方位、一体化中小企业综合性服务平台网络。"线下"平台包括武汉中小企业服务超市、小微创业园和遍布武汉三镇的"创业之家"。"线上"平台包括"武汉中小企业公共服务平台""创业武汉通""创业武汉"融媒体服务平台。在集聚创新资源方面,搭建产业对接平台,促进大中小企业融通发展,通过在全市举办创业星光大道活动持续帮扶,促进优秀项目与本地优势产业深度融合,推动行业产业高效对接;与华中科技大学深度合作举办 EIR(驻场创业)计划,对接产业公司正式需求和投资机构投资方向,实现深度孵化,活动覆盖 2000 余人,并精选出 16 个项目。

黄石达成科技企业孵化器建构了由场地服务、基础服务、资金服务、导师服务、U＋服务的"五大服务":为一体的创业孵化体系,形成了"学中做、做中赛、赛中创"的创业孵化特色,分以

---

① 数据来源:根据湖北省经济和信息化厅中小企业发展处回收问卷资料整理汇总而来。

下3个层面。

(1)学中做。

孵化器通过内培外引,建立了一支学科带头人、专业技术人员、创业专家、企业家、风险投资人组成的创新创业教师和导师队伍;通过与黄石港区人才办合作共建湖师人才创新创业超市,成为暨政务办理、金融服务、中介咨询、企业孵化和人才培训等五位一体的服务平台,聘请校内外专业教师进行创业指导;通过开展湖北师范大学"创业基础"暨创业培训,为全校在校大学生提供创业培训,在课堂上传授创业知识,培育学生知识产权意识,仅2020年7月就已培训3900名在校生,从而形成了学中做创业孵化服务的第一层次特色。

(2)做中赛。

依托大学生创业团队开展"创业沙龙",依托中国"互联网+"大学生创新创业大赛、全国"挑战杯"大学生课外学术科技作品竞赛等赛事开展包含知识产权专题培训在内的"创业指导讲座",形成了"月月有主题、周周有活动、日日有咨询"的浓厚创新创业氛围。近三年,累计协助28家创业企业申报并获得湖北省大学生创业扶持资金98万元,从而形成了做中赛创业孵化服务的第二层次特色。

(3)赛中创。

依托各类创业大赛发掘优秀项目,进而选入基地进行孵化,提供进一步创业服务。

(二)后疫情时代湖北省中小企业公共服务需求与服务成效现状

结合所收集到的问卷调查数据以及各中小企业公共服务示范平台和小型微型企业创业创新示范基地所提供的其他相关资料,通过分析,我们认为后疫情时代湖北省中小企业对公共服务的需求主要为如下几点。

1.后疫情时代湖北省中小企业公共服务突出需求

1)投融资服务需求

资金不足一直是困扰中小企业发展的首要问题,面对2020年一场突如其来的疫情,湖北省中小企业的生存与发展空间受到很大制约,融资更是难上加难,能否顺利融资成为维系中小企业生产的关键因素。因此积极推进中小企业复工复产,解决中小企业融资困难的需求很大。本次调查显示,企业对投融资服务的需求主要集中在武汉、十堰、荆门、宜昌等地。以宜昌市为例,为进一步提升区域中小企业服务质量,满足中小企业的实际需求,中国科技开发院(宜昌)云计算孵化器运营管理有限公司联合30多家会员单位、1000多家企业开展了全市范围内的关于公共服务需求方面的调查,"投融资服务"诉求频次排在前五位。

2)人力资源和培训服务需求

技术是企业发展的推进器,人才是技术的革命者,由于近年来人才的流动性加剧,很多企业都反映招聘难,留人难;同时,大部门劳动力市场和人力资源企业仅能够为中小企业发展输送初级人才;此外,受疫情影响和人才政策的制约,中小型企业很难引进和留住高端人才。在本次问卷调查中,荆门、宜昌等多地均表示其有人才培训方面的需求。以荆门市人才超市为例,其表示中小企业对培训需求有以下几种类型:一线工人培训、技术人员培训、营销人员培训和高级管理人员培训。其中,一线工人流动性比较大,操作技能生疏对产品质量和劳动效率影响很大,这类培训是最紧迫的,需要整合培训资源,充分发挥大专院校、技工学校和专业培训机构的积极作用,建立中小企业人才培训基地,通过基地的辐射带动作用,构建中小企业培训网络。

3) 管理咨询服务需求

中小企业的特点决定了其接受外部咨询的必要性。近年来,我国鼓励发展中小企业的政策使中小企业大量涌现,但中小企业的内部管理水平成为制约其发展的障碍。在充满竞争的市场上,作为经营决策者的业主经理需要具备丰富的经营管理知识和对市场的充分了解,才能带领企业走向成功。但是,由于中小企业业主受到各种因素的限制,往往缺乏必要的知识和手段,各种资源尤其是专业管理人才缺乏。因此,中小企业业主迫切需要有关专家对其经营管理、投资决策、筹资、纳税等方面提供帮助。以十堰市为例,十堰市现有中小企业4000多家,并以每年10%的速度递增。它们为区域经济的发展做出了极大的贡献,对社会就业与稳定、促进其他产业的发展也起到了重要的支撑作用。但是,中小企业的发展也遇到了很多问题,突出表现在管理水平参差不齐、人才匮乏、信息不畅、对国家政策的了解和理解较差,对中小企业服务机构的服务需求十分迫切,需要中介服务机构为其提供咨询服务。

4) 政策信息需求及信息服务需求

中小企业迫切希望了解政策信息、财税金融信息、市场信息、服务信息。因此,推进信息化服务平台建设,及时发布相关政策法规和行业发展动态,为中小企业提供产品供求、技术供求、资金供求、产权供求等信息显得尤为重要。以湖北恒润孵化器管理有限公司为例,其表示小微企业迫切希望了解政策信息、财税金融信息、市场信息、服务信息等,但寻找信息的能力较弱,90%以上的小微企业不会利用政府的各类公示、办事程序指南等。

5) 加大政策扶持力度

从本次的调查结果来看,除去部分企业未明确对中小企业公共服务需求做出答复,在做出明确答复的中小企业公共服务示范平台和小微企业创业创新示范基地中,近90%的服务机构建议服务平台应多了解中小微企业的难点和痛点,并在后期有实质性的政策扶持,加大对中小微企业的政策扶持力度,同时表示服务平台和创业创新基地也希望得到更多的政策扶持。

6) 技术创新服务需求

技术创新是中小企业实现跨越式发展的必要条件。目前,中小企业的自主创新能力弱、技术装备落后、与大专院校和科研院所产学研难等问题十分突出。就技术而言,无疑是中小企业最需要的,但也是中小企业的软肋。因为中小企业在孤立而分散的状况下建立自己的技术服务体系所带来的建设成本相对高昂,对资金资源、人力资源、关系网络资源的消耗常常是中小企业无力承受的,甚至是毁灭性消耗。中小企业公共技术服务平台上的技术资源共享和对社会中小企业的开放,提供实实在在、清晰可见的技术服务,会有巨大的规模空间,既为企业技术服务提供坚实支撑,又给予创造商业价值的无限服务。

2. 湖北省中小企业公共服务体系成效分析

近年来,在省委、省政府坚强领导下,全省17个市(州)积极推进中小企业服务体系建设,并取得了显著成绩。

1) 政策支持力度空前

从湖北省中小企业公共服务体系建设工作总结等相关材料来看,为贯彻落实新修订的中小企业促进法,激发中小企业活力,促进民营经济持续健康发展,近年来,省委、省政府陆续出台许多政策,政策支持力度空前,尤其是2020年湖北省遭遇新冠肺炎疫情重创以来,根据疫情给中小企业特别是小微企业带来的困难和冲击,研究起草了《应对新型冠状病毒肺炎疫情支持中小微企业共渡难关有关政策措施》(鄂政办发〔2020〕5号)、《支持中小微企业共渡难关稳定发展的若干措施》(鄂政办发〔2020〕24号),从而减轻公共服务平台和小微基地负担、减免租金,加大财税支持、加大稳岗支持等方面支持服务体系平台和基地共渡难关;同时,根据工信部《关于促进小企业"专精特新"发展的指导意见》,在2020年,湖北进一步加大了专精特新企业培育力度。

2) 公共服务体系建设情况成效显著

从全省重点服务活动开展情况来看,主要任务包括政策宣贯服务、创业创新服务、融资服务、市场开拓服务等。

(1) 政策宣贯服务。

开展加强政策宣贯落地支持企业发展工作是当前民营企业发展的现实需要,对解决政策落实的"最后一公里"问题具有重要意义。

在政策宣贯服务方面,湖北省各市(州)中小企业公共服务平台政策信息发布数由2018年的21784条增加至2020年的32656条,增幅约56.13%;在中小企业促进法宣贯、各类惠企政策宣贯中开展服务活动由2018年的600场增至2020年2095场,服务企业数由21784家增加至32656家,增幅约为50%。湖北省各市(州)小微企业创业创新示范基地政策发布数由2018年的5896条增加至2020年的7035,增幅为19.62%;开展服务活动由2018年的825场增至2020年1077场,服务企业数由10804家增加至14852家,增幅约为37.47%。如图3-2-6和图3-2-7所示,无论是从政策信息发布数来看,还是从举办活动场次或从服务企业数来看,湖北省中小企业公共服务体系在推动各项政策落实方面成效显著。

以2020年湖北省助力中小企业复工复产为例,2020年8月前后,全省上下联动,"八七"集中帮企服务活动有声有色,内容丰富多彩,涉及政策宣讲、知识培训、专题对接、个性帮扶等,13个市州窗口开展了20场(次)企业服务活动,在全省营造了惠企服务的良好氛围。武汉、襄阳运用视频技术,线上服务企业;黄石、宜昌、两化融合产业窗口精心组织谋划,活动成效明显;恩施、潜江、仙桃搭建合作平台,优化营商环境;荆门、鄂州、十堰、咸宁、天门聚焦工作重点,精准服务企业。

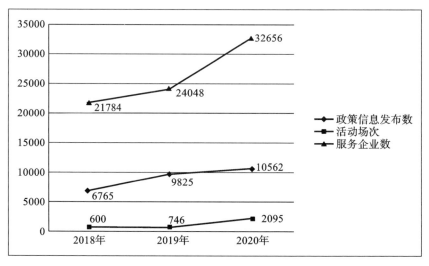

图3-2-6 湖北省各市(州)中小企业公共服务平台政策宣贯服务实施情况①

---

① 数据来源:根据湖北省经济和信息化厅中小企业发展处回收问卷资料整理汇总而来。

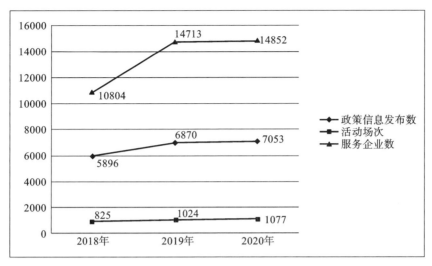

图 3-2-7　湖北省各市(州)小型微型企业创业创新示范基地政策宣贯服务实施情况①

（2）创业创新服务。

创业创新服务包括开展创新活动、大中小企业融通对接活动、创业支持等服务。

就湖北省中小企业公共服务平台而言，从开展创新活动来看，湖北省中小企业公共服务平台在 2018 年共组织开展创新活动 814 场，服务企业 6507 家，在 2019 年共组织开展创新活动 1057 场，服务企业 7780 家，在 2020 年共组织开展创新活动 1181 场，服务企业 8037 家，其变化趋势如图 3-2-8 所示，开展创新活动场次与服务企业数呈直线上升趋势，分别增长 45.09% 和 23.51%；从大中小企业融通对接活动来看（见图 3-2-9），湖北省中小企业公共服务平台在 2020 年开展服务活动场次相较于 2018 年和 2019 年的虽有所回落，但服务企业数量却显著增加，增幅为 143.68%；从创业支持服务来看（见图 3-2-10），2018—2020 年以来，湖北省中小企业公共服务平台组织开展创业支持活动及其服务企业数量逐年增加，服务企业数增长 1 倍以上，但孵化的企业数量却呈下降趋势，服务企业数与孵化企业数不完全匹配，这在一定程度上反映出湖北省公共服务平台在创业支持方面并不能很好地满足中小企业的需要，服务质量有待提高。

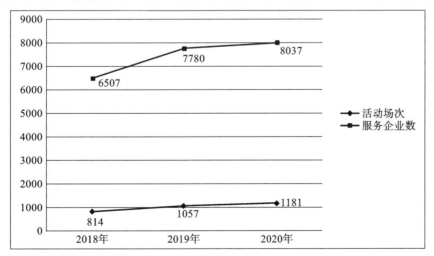

图 3-2-8　湖北省各市(州)中小企业公共服务平台创新活动实施情况②

---

①② 数据来源：根据湖北省经济和信息化厅中小企业发展处回收问卷资料整理汇总而来。

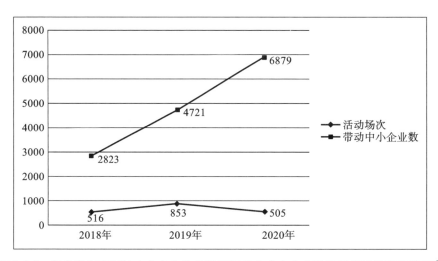

图 3-2-9　湖北省各市(州)中小企业公共服务平台大中小企业融通对接活动实施情况①

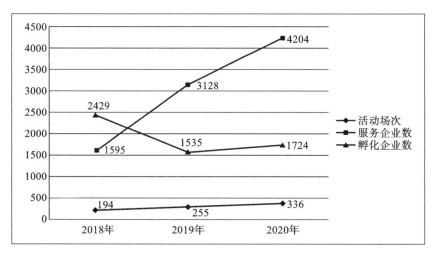

图 3-2-10　湖北省各市(州)中小企业公共服务平台创业支持活动实施情况②

就湖北省小微企业创业创新基地而言,从开展创新活动来看(见图 3-2-11),湖北省小微企业创业创新基地在 2018 年共组织开展创新活动 1139 场,服务企业 8669 家,在 2019 年共组织开展创新活动 1421 场,服务企业 11848 家,在 2020 年共组织开展创新活动 1183 场,服务企业 10717 家,受 2020 年新冠肺炎疫情影响,2020 年开展创新活动场次与服务企业数相比 2019 年虽有所回落,但从近三年总体情况来看,仍然呈微弱上升趋势;从大中小企业融通对接活动来看(见图 3-2-12),湖北省小微企业创业创新基地在 2020 年开展服务活动场次相较于 2018 年和 2019 年有所回落,但服务企业数量却是逐年增加的,增幅为 16.96%;从创业支持服务来看(见图 3-2-13),湖北省小微企业创业创新基地组织开展创业支持活动、服务企业数量和孵化企业数均呈上升趋势,增幅分别为 12.67%、33.57% 和 13.03%。

---

①② 数据来源:根据湖北省经济和信息化厅中小企业发展处回收问卷资料整理汇总而来。

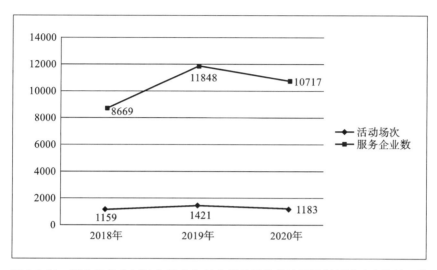

图 3-2-11　湖北省各市(州)小微企业创业创新示范基地开展创新活动实施情况①

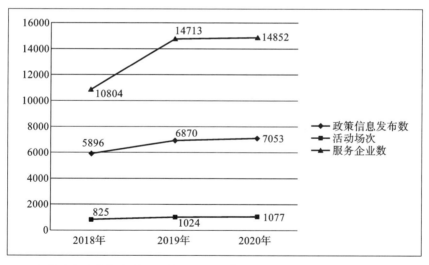

图 3-2-12　湖北省各市(州)小微企业创业创新示范基地大中小企业融通对接活动实施情况②

①②　数据来源：根据湖北省经济和信息化厅中小企业发展处回收问卷资料整理汇总而来。

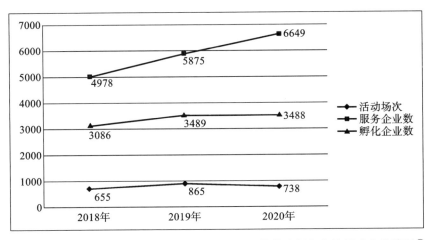

图 3-2-13　湖北省各市(州)小微企业创业创新示范基地创业支持活动实施情况①

(3)融资服务。

从融资服务来看,湖北省中小企业公共服务平台在 2018 年组织开展融资服务活动 7317 场,服务企业 12720 家,在 2019 年组织开展融资服务活动 373 场,服务企业 14152 家,在 2020 年组织开展融资服务活动 404 场,服务企业 13279 家(见图 3-2-14);湖北省小微企业创业创新基地在 2018 年组织开展融资服务活动 718 场,服务企业 7285 家,在 2019 年组织开展融资服务活动 845 场,服务企业 8878 家,在 2020 年组织开展融资服务活动 822 场,服务企业 9473 家(见图 3-2-15)。湖北省中小企业公共服务平台和小微企业创业创新基地服务企业数量的增多意味着湖北省中小企业公共服务平台在融资服务方面正进一步完善其服务体系和服务质量,从而尽可能满足中小企业的发展需要。

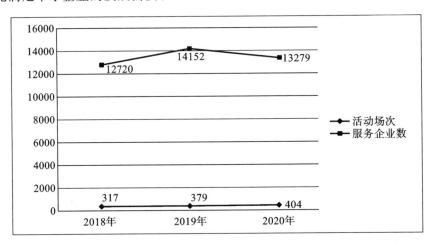

图 3-2-14　湖北省各市(州)中小企业公共服务平台融资服务实施情况②

---

①② 数据来源:根据湖北省经济和信息化厅中小企业发展处回收问卷资料整理汇总而来。

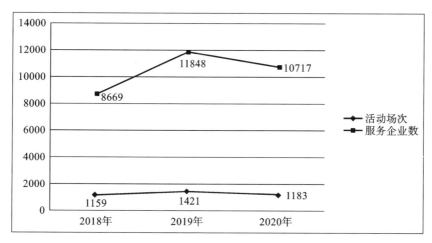

图 3-2-15　湖北省各市(州)小微企业创业创新示范基地融资服务实施情况①

(4)市场开拓服务。

在市场开拓服务方面,由于收集到的问卷资料有限,该部分仅涉及小微企业创业创新基地在产品推介与合作上的服务成效分析。

从产品推介与合作来看,湖北省小微企业创业创新基地在2018年组织开展服务活动265场,服务企业1815家,企业达成项目数为274项,在2019年开展服务活动341场,服务企业2443家,企业达成项目数为545项,在2020年开展服务活动305场,服务企业2583家,企业达成项目数为532项。如图3-2-16所示,湖北省小微企业创业创新基地在活动场次、服务企业数和企业达成项目数方面均呈上升趋势。

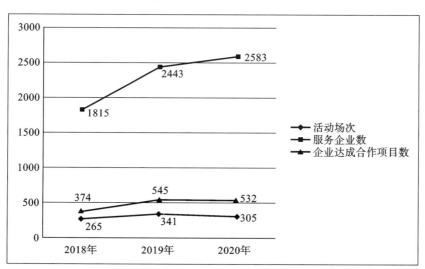

图 3-2-16　湖北省各市(州)小型微型企业创业创新示范基地创业产品推介与合作服务实施情况②

3)数字化赋能中小企业工作实施情况成绩喜人

在数字化赋能中小企业方面,受新冠肺炎疫情的影响,其开展服务活动主要以线上服务为主。全省各中小企业公共服务平台在2020年共开展数字化赋能中小企业相关活动417场,服

---

①② 数据来源:根据湖北省经济和信息化厅中小企业发展处回收问卷资料整理汇总而来。

务企业 13291 家,与 2018 年服务企业数 7816 家相比增长约 70%。2018 年成功"上云"企业数达 14012 家,实现智能制造升级企业数达 774 家;2019 年成功"上云"企业数达 15988 家,实现智能制造升级企业数达 10360 家;2020 年成功"上云"企业数达 18516 家,实现智能制造升级企业数达 766 家。如图 3-2-17 所示,2018—2020 年湖北省中小企业公共服务平台成功"上云"企业数量稳步增长,实现智能制造升级企业数逐年上升。

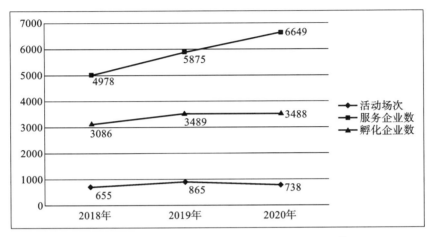

图 3-2-17　湖北省数字化赋能中小企业实施情况①

2020 年,湖北省以新一代信息技术与制造业融合为主线,以智能制造为主攻方向,通过实施"万企上云"、两化融合管理体系贯标、工业互联网平台培育等行动,强化设计、生产、运维、管理等全产业链、全流程数字化功能集成。中小企业数字化水平得到较快提升,呈现你追我赶、百花齐放、加快跃升的良好态势。截至 2020 年底,全省上云企业达到 3.2 万家,通过云化服务,企业降本增效成效明显;全省在装备、汽车、电子、化工等重点行业建成 15 个企业级工业互联网平台,其中长飞光纤全光工业互联网平台和武重集团远程运维云平台获批国家工业互联网试点示范;培育以武钢、东风、长飞为代表的"5G+工业互联网"十大标杆案例,打造两化融合升级版,增加培育省级两化融合试点示范项目 180 家。全省启动贯标评定企业 435 家,通过贯标评定企业 386 家,贯标工作进展全国排名第十位。

4)"专精特新"工作取得重大进展

经过近年来不断加大政策引导和扶持力度,"专精特新"培育认定工作已成为推动湖北省中小企业创新发展、培育市场领军企业的重要手段。截至 2020 年底,湖北省共有国家小微企业创业创新示范基地入驻"专精特新"中小企业有 77 家,"小巨人"有 27 家;国家中小企业公共服务示范平台服务"专精特新"中小企业有 300 家,"小巨人"有 218 家;创新创业特色载体入驻"专精特新"中小企业有 82 家,"小巨人"有 28 家。2020 年,湖北省开展以"智能制造、数字经济、补链稳链延链强链"等主题的"专精特新"企业人才专题培训 70 期,培训人数达 7069 人,其中领军人才培训 8 期,培训人数达 128 人;开展"专精特新"企业市场开拓服务,举办专题对接活动 32 场;专题展览 25 场。在创业创新服务方便,湖北省将部分"专精特新"企业纳入省技改扩规购买先进设备、智能化改造、两化融合等奖补范畴,鼓励企业实施技改扩规、实施智能化改造,加快企业转型升级;积极组织企业参加创新创业大赛;同时积极为企业与科研院所之间牵

---

① 数据来源:根据湖北省经济和信息化厅中小企业发展处回收问卷资料整理汇总而来。

线搭桥,帮助企业持续创新。"专精特新"产品和企业的认定为湖北省经济实现高质量发展注入了新动能。

5)服务模式进一步优化

从服务模式看,新一轮科技革命迅速兴起,数字经济蓬勃发展,正以前所未有的深度、广度改变世界,为经济增长提供强劲的动力。以数字化、网络化、智能化新技术发展创造新的供给和需求,为中小企业公共服务体系带来新的机遇,新技术与服务体系的逐步融合,通过大数据、云计算、人工智能等新技术的应用,湖北省中小企业公共服务体系的服务模式不断创新,服务资源的积聚能力加速提升,为服务体系的跨越式发展带来强劲动力。

武汉市工科院科技园孵化器有限公司在市工科院传统优势学科"云技术服务、信息安全、IC智能卡和RFID"方向上聚焦电子信息技术,注重服务平台打造,采取"共享""共建"和"自建"的模式,为企业搭建了技术研发服务、网络安全测评、企业信息共享服务、投融资服务和基础商务等专业服务平台。(1)以云计算服务平台为技术支撑核心,针对企业需求,既提供传统领域的技术服务,又可在互联网营销方面提供企业SEO搜索优化服务。(2)优势共建网络安全测评平台,以云服务方式为依托,企业可在信息共享、信息保全、信息备份、网络门户建设、企业核心数据保护等多个信息服务领域获得高质量、高水平的服务支撑。该平台已为武汉市委11个部门、武汉市妇联、江岸区科技局及20余家在孵企业提供网络安全测评服务。(3)精心打造增值服务的企业信息服务平台,为在孵企业提供企业邮箱、网站建设、企业管理、产品展示推广、网上支付、在线视频教育、培训、电子课堂及网上交流等专业化的信息技术服务,还实现园区免费WiFi全覆盖,服务器托管及网络空间租赁等。

(三)湖北省中小企业公共服务体系建设存在的主要问题

2020年是工业经济发展最为艰难的一年,面对突如其来的新冠肺炎疫情冲击和复杂多变的国际国内宏观经济形势,中小微企业生存发展压力前所未有。各市州工业系统在湖北省经济和信息化厅的坚强领导下,积极推进中小微企业服务体系建设,全力以赴保企业、谋转型、提质效,虽然在很多领域都取得了显著成效,但也存在一些问题。因此,只有找出我省中小企业公共服务体系建设存在的"痛点"及"盲点",才能切实提高中小微企业公共服务平台的服务能力与服务水平,进一步推动全省中小微企业高质量发展,为各级政府制定各项政策提供科学决策依据。

1.湖北省中小企业服务体系建设存在的问题概述

通过对湖北省经济和信息化厅中小企业发展处收集的问卷分析显示,中小企业公共服务平台发展面临的困难或不足归纳为以下几种(见图3-2-18):以罗田县经发融资担保有限公司为首的36个平台认为"缺少政府补贴";以武汉生物样本库有限公司为首的23个平台认为是"缺少专业合作伙伴";以蕲春县中小企业服务中心为首的22个平台认为"市场竞争太激烈";以荆门人才超市管理有限公司为首的17个平台认为是"宣传不够、中小企业不知道";以湖北龙信电子商务股份有限公司为首的15个平台认为是"服务质量有待改进";以湖北申龙进气系统有限公司为首的13个平台认为"中小企业用不起服务";以湖北陨齿齿轮科技股份有限公司为首的11个平台认为"其他因素",如中小企业尚不习惯找专业服务机构,亲力亲为效率低、发明专利申请量由集中爆发逐渐过渡到增速放缓,发明专利申报周期较长,申报材料需进行多次修正补齐等问题;以仙桃市中小企业服务中心为首的 10 个平台认为"服务项目少";以湖北省金刚石工具质量检测中心为首的 7 个平台认为"地点不好、周边中小企业少";以武汉生物样本库有限公司为首的 6 个平台认为"发展环境恶劣,如税负太重"。其中,"缺少政府补贴"、"缺少专业合作伙伴"以及"市场竞争太激烈"排在前三位。

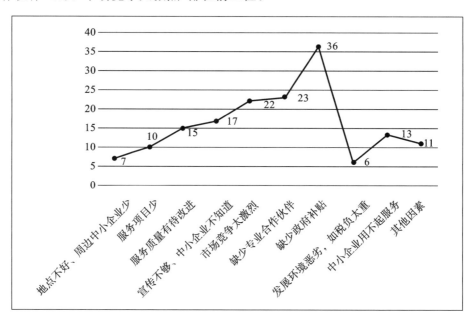

图 3-2-18　湖北省中小企业公共服务平台发展面临困难或不足①

通过我们对小型微型企业创新创业示范基地的调查结果分析显示(见图 3-2-19),以中国科技开发院(宜昌)云计算孵化器运营管理有限公司为首的 47 个平台认为"缺少政府补贴";以黄石磁湖汇众创空间股份有限公司为首的 27 个平台认为是"缺少专业合作伙伴";以武汉华工大学科技园发展有限公司和湖北大随通物流园有限公司为首的 22 个平台分别认为是"市场竞争太激烈"和"服务质量有待改进";以宜昌微特智慧谷孵化管理有限公司为首的 16 个平台认为是"宣传不够、小微企业不知道";以湖北石心工艺美术产业园有限公司为首的 15 个平台认为是"小微企业用不起服务";以宜昌移创投资管理有限公司为首的 13 个平台认为是"地点不好、周边小微企业少";以黄石达成科技企业孵化器有限公司为首的 10 个平台认为是"服务项目少";以宜昌醉三峡企业孵化管理有限公司为首的 9 家平台认为是"其他因素",如营商环境需要改善、小微企业的贷款政策较少、发明专利申请量由集中爆发逐渐过渡到增速放缓,发明专利申报周期较长,申报材料需进行多次修正补齐等。其中,"缺少政府补贴""缺少专业合作伙伴""市场竞争太激烈"和"服务质量有待改进"排在前三位。

综上可以看出,无论是湖北省中小企业公共服务示范平台还是湖北省小型微型企业创业创新示范基地,"缺少政府补贴""缺少专业合作伙伴""市场竞争太激烈"在 2020 年疫情期间成为湖北省中小微企业服务体系建设中的主要问题。

---

① 数据来源:根据湖北省经济和信息化厅中小企业发展处回收问卷资料整理汇总而来。

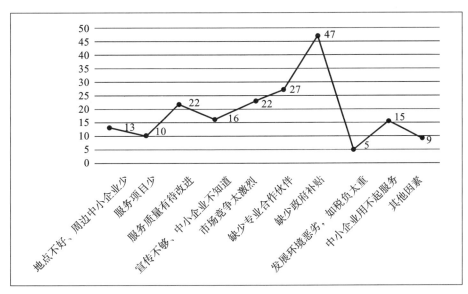

图 3-2-19 湖北省小型微型企业创业创新示范基地发展面临困难或不足①

2. 湖北省中小企业服务体系建设存在的具体问题分析

接下来,我们将具体分析的示范平台或示范基地在湖北省中小微企业服务体系建设中遇到的主要问题。

1)新冠肺炎疫情冲击,中小微企业普遍遭遇寒冬

根据湖北省经济和信息化厅中小企业发展处下发各地市州回收的问卷调查显示,2020年企业普遍受到疫情冲击,遭遇严峻的挑战。例如,湖北远鹏众创空间科技有限公司在2020年受到疫情的影响,公司在经营上面临了严峻的挑战;武汉创立方产业园运营管理有限公司也表示2020年是中小企业发展极度困难的一年,随着新冠肺炎疫情暴发,企业复工复产推迟,给中小企业生产、经营带来了前所未有的风险和压力;武汉光谷创意产业基地建设投资有限公司的游戏企业产品上线被疫情耽误,版号审批变慢;还有许多企业都遇到了疫情的冲击,在艰难中生存。

2)缺少政府补贴,平台资金需求较大

通过对湖北省经济和信息化厅中小企业发展处收集的问卷调查显示,在问卷调查的74家中小企业公共服务示范平台中,有36中小企业公共服务示范平台(见表3-2-12)存在缺少政府补贴的情况,占比48.65%;在问卷调查的87家小微型企业创业创新示范基地,有47家小微型企业创业创新示范基地(见表3-2-13)中都存在缺少政府补贴的情况,占比达54.02%;在统计的小微型企业创业创新示范基地中,一半以上存在"缺少政府补贴"的困境。

---

① 数据来源:根据湖北省经济和信息化厅中小企业发展处回收问卷资料整理汇总而来。

表 3-2-12　湖北省中小企业公共服务平台"缺少政府补贴"情况统计表①

序号	所在地区	平台类型（国家级、省级、其他）	企业名称
1	鄂州市	省级	湖北省金刚石工具质量检测中心
2	鄂州市	省级	武汉商控华顶工业孵化器有限公司
3	黄冈市	省级	湖北龙信电子商务股份有限公司
4	黄冈市	省级	湖北中金泰富电子商务产业园有限公司
5	黄冈市	省级	罗田县经发融资担保有限公司
6	荆门市	省级	湖北祥汇科技孵化器有限公司
7	荆门市	国家级	荆门人才超市管理有限公司（荆门人才创新创业超市）
8	荆州市	省级	湖北远鹏众创空间科技有限公司
9	荆州市	国家级	湖北恒润孵化器管理有限公司
10	十堰市	省级	湖北广奥减震器制造有限公司
11	十堰市	省级	湖北森鑫汽车零部件有限公司
12	十堰市	省级	湖北堰龙马众创空间股份有限公司
13	十堰市	省级	湖北赞博信息科技股份有限公司
14	十堰市	省级	十堰市晨鹏机电科技股份有限公司
15	十堰市	省级	十堰阳明科技发展有限公司
16	十堰市	国家级	湖北九泰安全环保技术有限公司
17	仙桃市	省级	仙桃市中小企业服务中心
18	咸宁市	省级	湖北天助人和信息技术有限公司
19	襄阳市	省级	襄阳市中天科技成果转化中心
20	宜昌市	省级	中国科技开发院（宜昌）云计算孵化器运营管理有限公司
21	宜昌市	国家级	宜昌市中小企业公共服务平台
22	黄石市	省级	大冶市职业技术学校
23	黄石市	省级	湖北华图环境检测技术有限公司
24	黄石市	省级	黄石浙楚科技企业孵化器有限公司
25	黄石市	省级	阳新县中小企业服务中心
26	武汉市	省级	湖北省农业科学院农产品加工与核农技术研究所
27	武汉市	省级	湖北省青年创业就业促进中心
28	武汉市	省级	火凤孵化器
29	武汉市	省级	武汉莱恩软件技术有限公司
30	武汉市	省级	武汉起点人力资源股份有限公司
31	武汉市	省级	武汉欣略科技咨询有限公司

① 数据来源：根据湖北省经济和信息化厅中小企业发展处回收问卷资料整理汇总而来。

续表

序号	所在地区	平台类型（国家级、省级、其他）	企业名称
32	武汉市	国家级	武汉制信科技有限公司
33	武汉市	国家级	湖北省中小企业服务中心
34	武汉市	国家级	湖北展发科技股份有限公司
35	武汉市	国家级	武汉东创研发设计创意园有限公司
36	潜江市	省级	潜江市中小企业服务中心

表 3-2-13　湖北省小微型企业创业创新示范基地"缺少政府补贴"情况统计表①

序号	所在地区	平台类型（国家级、省级、其他）	企业名称
1	鄂州市	省级	湖北科技企业加速器有限公司
2	黄冈市	省级	中部(麻城)石材产业园开发有限公司
3	黄冈市	省级	湖北鹏展光机电化科技创业服务有限公司
4	荆门市	国家级	荆门百盟一马投资有限公司
5	荆门市	省级	湖北祥汇科技孵化器有限公司
6	荆门市	省级	荆门人才超市管理有限公司
7	荆州市	省级	湖北恒润孵化器管理有限公司
8	荆州市	省级	湖北远鹏众创空间科技有限公司
9	荆州市	省级	荆州市立泰金属包装有限公司
10	荆州市	省级	荆州市智谷创业园管理有限公司
11	十堰市	省级	湖北佰农企业管理有限公司
12	十堰市	省级	湖北华夏弘景车桥股份有限公司
13	十堰市	省级	湖北米纳电子商务有限公司
14	十堰市	省级	十堰普林工业园有限公司
15	十堰市	省级	十堰双创产业园管理有限公司
16	随州市	省级	湖北大随通物流园有限公司
17	随州市	省级	火凤凰云创空间科技(随州)有限公司
18	随州市	省级	随州市高新技术产业孵化器有限公司
19	随州市	省级	随州市国际汽车城置业经营有限公司
20	随州市	省级	随州市蓝天农资物流配送有限公司
21	襄阳市	省级	襄阳兴亿投资管理有限责任公司
22	襄阳市	省级	枣阳市创业创新发展有限公司
23	宜昌市	省级	湖北易联科技园管理有限公司

① 数据来源:根据湖北省经济和信息化厅中小企业发展处回收问卷资料整理汇总而来。

续表

序号	所在地区	平台类型（国家级、省级、其他）	企业名称
24	宜昌市	省级	宜昌太平鸟创意投资有限公司
25	宜昌市	省级	宜昌醉三峡企业孵化管理有限公司
26	宜昌市	省级	中国科技开发院（宜昌）云计算孵化器运营管理有限公司
27	黄石市	省级	湖北黄石青年科技企业孵化器有限公司
28	黄石市	省级	黄石市慧谷大学生创业孵化器有限公司
29	黄石市	省级	黄石浙楚科技企业孵化器有限公司
30	武汉市	省级	武汉创立方产业园运营管理有限公司
31	武汉市	国家级	武汉岱家山科技企业孵化器有限公司
32	武汉市	国家级	武汉岱家山科技企业加速器有限公司
33	武汉市	省级	武汉东创研发设计创意园有限公司
34	武汉市	省级	武汉东科创星管理咨询有限公司
35	武汉市	省级	武汉光电工业技术研究院有限公司
36	武汉市	省级	武汉华创源科技企业孵化器有限公司
37	武汉市	省级	武汉华中师大科技园发展有限公司
38	武汉市	省级	武汉理工孵化器有限公司
39	武汉市	省级	武汉留学生创业园管理中心
40	武汉市	省级	武汉生物技术研究院
41	武汉市	省级	武汉卓尔创业投资有限公司
42	恩施市	国家级	湖北长夏孵化器有限公司
43	孝感市	省级	湖北孝感家瑞创意商业经营管理有限公司
44	孝感市	省级	湖北蒲公英互联网信息服务有限公司
45	潜江市	省级	湖北潜江华翼电子商务孵化园管理有限公司
46	仙桃市	其他	仙桃市中小企业服务中心
47	天门市	其他	双创孵化器（湖北）有限公司

3）缺少专业合作伙伴，服务水平有待提升

由表 3-2-14 可以看出，在收到问卷的 74 家中小企业公共服务示范平台中，有 23 家中小企业公共服务示范平台都存在缺少专业合作伙伴的情况，占比 31.08%；在问卷调查的 87 家小微型企业创业创新示范基地，27 家小微型企业创业创新示范基地中都存在缺少专业合作伙伴的情况，占比 31.03%，如表 3-2-15 所示；在统计的湖北省小微型企业创业创新示范基地中，约三分之一的服务示范基地存在"缺少专业合作伙伴"。

表 3-2-14　湖北省中小企业公共服务平台"缺少专业合作伙伴"情况统计表①

序号	所在地区	平台类型（国家级、省级、其他）	企业名称
1	黄冈市	省级	湖北龙信电子商务股份有限公司
2	荆门市	国家级	荆门人才超市管理有限公司（荆门人才创新创业超市）
3	荆州市	国家级	湖北恒润孵化器管理有限公司
4	十堰市	省级	湖北堰龙马众创空间股份有限公司
5	十堰市	省级	湖北赞博信息科技股份有限公司
6	十堰市	省级	十堰市绿洲投资管理有限公司
7	十堰市	国家级	湖北九泰安全环保技术有限公司
8	十堰市	国家级	湖北远普汽车科技有限公司
9	仙桃市	省级	仙桃市中小企业服务中心
10	咸宁市	省级	湖北香城智能机电产业技术研究院有限公司
11	咸宁市	省级	湖北翔盛高新技术创业服务有限公司
12	襄阳市	国家级	襄阳市中小企业发展服务中心
13	宜昌市	省级	宜昌和艺科技企业孵化器有限公司
14	宜昌市	省级	中国科技开发院（宜昌）云计算孵化器运营管理有限公司
15	黄石市	省级	大冶市职业技术学校
16	黄石市	省级	黄石磁湖汇众创空间股份有限公司
17	黄石市	省级	阳新县中小企业服务中心
18	武汉市	省级	广电计量检测（武汉）有限公司
19	武汉市	国家级	湖北技术交易所
20	武汉市	省级	湖北省青年创业就业促进中心
21	武汉市	国家级	武汉生物样本库有限公司
22	潜江市	省级	潜江市同创企业管理服务有限公司
23	潜江市	省级	潜江市中小企业服务中心

表 3-2-15　湖北省小微形企业创业创新示范基地"缺少专业合作伙伴"情况统计表②

序号	所在地区	平台类型（国家级、省级、其他）	企业名称
1	黄冈市	省级	湖北毕昇科技产业发展有限公司
2	黄冈市	省级	湖北蕲春李时珍医药工业园区管委会
3	荆门市	国家级	荆门百盟一马投资有限公司
4	荆门市	省级	荆门人才超市管理有限公司
5	荆州市	省级	湖北恒润孵化器管理有限公司

①② 数据来源：根据湖北省经济和信息化厅中小企业发展处回收问卷资料整理汇总而来。

续表

序号	所在地区	平台类型（国家级、省级、其他）	企业名称
6	荆州市	省级	荆州市智谷创业园管理有限公司
7	十堰市	省级	湖北米纳电子商务有限公司
8	十堰市	省级	十堰双创产业园管理有限公司
9	随州市	省级	火凤凰云创空间科技（随州）有限公司
10	随州市	省级	随州市国际汽车城置业经营有限公司
11	随州市	省级	随州市蓝天农资物流配送有限公司
12	襄阳市	国家级	襄阳市大学科技园发展有限公司
13	襄阳市	省级	湖北文理学院
14	襄阳市	省级	襄阳兴亿投资管理有限责任公司
15	宜昌市	国家级	宜昌和艺科技企业孵化器有限公司
16	宜昌市	省级	宜昌醉三峡企业孵化管理有限公司
17	宜昌市	省级	中国科技开发院（宜昌）云计算孵化器运营管理有限公司
18	黄石市	省级	湖北黄石青年科技企业孵化器有限公司
19	黄石市	国家级	黄石磁湖汇众创空间股份有限公司
20	武汉市	省级	武汉理工孵化器有限公司
21	武汉市	省级	武汉卓尔创业投资有限公司
22	恩施市	国家级	湖北长夏孵化器有限公司
23	孝感市	省级	湖北锦龙物流园有限公司
24	孝感市	省级	湖北孝感家瑞创意商业经营管理有限公司
25	孝感市	省级	湖北蒲公英互联网信息服务有限公司
26	仙桃市	其他	仙桃市中小企业服务中心
27	天门市	其他	双创孵化器（湖北）有限公司

4）市场竞争过于激烈，企业发展速度较缓

通过对湖北省经济和信息化厅中小企业发展处收集的问卷调查资料分析显示，在问卷调查的74家湖北省中小企业公共服务示范平台中，22家中小企业公共服务平台存在市场竞争过于激烈的情况，如表3-2-16所示；在问卷调查的87家湖北省小微型企业创业创新示范基地中，22家小微型企业创业创新示范基地存在市场竞争过于激烈的情况，如表3-2-17所示。

表3-2-16 湖北省中小企业公共服务平台"市场竞争太激烈"统计表①

序号	所在地区	平台类型（国家级、省级、其他）	企业名称
1	黄冈市	省级	蕲春县中小企业服务中心
2	荆州市	国家级	湖北恒润孵化器管理有限公司

---

① 数据来源：根据湖北省经济和信息化厅中小企业发展处回收问卷资料整理汇总而来。

续表

序号	所在地区	平台类型 （国家级、省级、其他）	企业名称
3	十堰市	省级	湖北森鑫汽车零部件有限公司
4	十堰市	省级	湖北堰龙马众创空间股份有限公司
5	十堰市	省级	湖北赞博信息科技股份有限公司
6	十堰市	省级	十堰市晨鹏机电科技股份有限公司
7	十堰市	省级	十堰阳明科技发展有限公司
8	十堰市	国家级	湖北九泰安全环保技术有限公司
9	十堰市	国家级	湖北远普汽车科技有限公司
10	咸宁市	省级	湖北天助人和信息技术有限公司
11	襄阳市	国家级	湖北智航教育科技有限公司
12	襄阳市	国家级	襄阳为兴投资管理有限公司
13	黄石市	省级	大冶市职业技术学校
14	黄石市	省级	湖北华图环境检测技术有限公司
15	武汉市	省级	广电计量检测（武汉）有限公司
16	武汉市	省级	湖北省机电研究设计院股份公司
17	武汉市	省级	火凤孵化器
18	武汉市	省级	武汉起点人力资源股份有限公司
19	武汉市	省级	武汉市江楚开物科技有限公司
20	武汉市	国家级	武汉武大科技园有限公司
21	武汉市	省级	武汉欣略科技咨询有限公司
22	武汉市	国家级	武汉生物样本库有限公司

表 3-2-17　湖北省小微型企业创业创新示范基地"市场竞争太激烈"情况统计表①

序号	所在地区	平台类型 （国家级、省级、其他）	企业名称
1	黄冈市	省级	湖北毕昇科技产业发展有限公司
2	荆州市	省级	湖北恒润孵化器管理有限公司
3	荆州市	省级	荆州市智谷创业园管理有限公司
4	十堰市	省级	湖北华夏弘景车桥股份有限公司
5	十堰市	省级	湖北创家科技企业孵化器有限公司
6	十堰市	省级	湖北米纳电子商务有限公司
7	随州市	省级	火凤凰云创空间科技（随州）有限公司
8	襄阳市	省级	华夏创谷电子商务有限公司

---

① 数据来源：根据湖北省经济和信息化厅中小企业发展处回收问卷资料整理汇总而来。

续表

序号	所在地区	平台类型（国家级、省级、其他）	企业名称
9	宜昌市	国家级	宜昌和艺企业孵化运营管理有限责任公司
10	宜昌市	省级	宜昌市西陵区高新技术产业孵化中心
11	宜昌市	省级	宜昌醉三峡企业孵化管理有限公司
12	武汉市	国家级	武汉光谷创意产业基地建设投资有限公司
13	武汉市	省级	武汉创立方产业园运营管理有限公司
14	武汉市	国家级	武汉岱家山科技企业加速器有限公司
15	武汉市	省级	武汉光谷咖啡创投有限公司
16	武汉市	省级	武汉华创源科技企业孵化器有限公司
17	武汉市	省级	武汉华工大学科技园发展有限公司
18	武汉市	省级	武汉威仕科科技企业孵化器有限公司
19	武汉市	省级	武汉武大科技园有限公司
20	武汉市	省级	武汉欣欣中信科技孵化器有限公司
21	孝感市	省级	湖北孝感家瑞创意商业经营管理有限公司
22	孝感市	省级	湖北蒲公英互联网信息服务有限公司

5）税负缺乏合理性，税收优惠力度不大

通过对湖北省中小企业公共服务示范平台税负状况问卷分析显示，3家平台认为税负很重，11家平台认为税负较重，23家平台认为税负较合理，16家平台认为税负较轻，如图3-2-20所示。如图3-2-21所示，湖北省小微型企业创业创新示范基地中，12家基地认为税负较重，63家基地认为税负较合理，10家基地表示税负较轻。

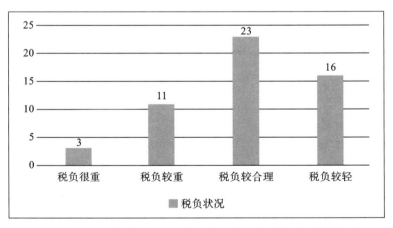

图3-2-20　湖北省中小企业公共服务示范平台税负状况统计图①

---

① 数据来源：根据湖北省经济和信息化厅中小企业发展处回收问卷资料整理汇总而来。

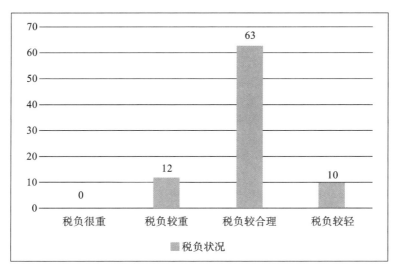

图 3-2-21 湖北省小微型企业创业创新示范基地税负状况统计图[①]

通过对中小企业公共服务平台税收优惠情况问卷调查显示(见图 3-2-22),22 家示范基地享受过税收优惠,40 家企业没有享受过税收优惠。其中,广电计量检测(武汉)有限公司享受的税收优惠最高为 300 万元,宜昌和艺科技企业孵化器有限公司享受的税收优惠最低为 0.63 万元。

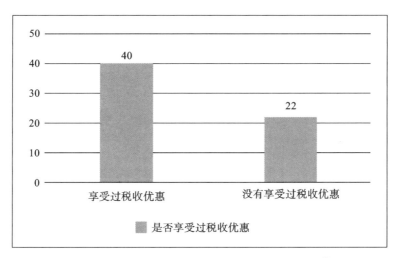

图 3-2-22 中小企业公共服务平台税收优惠情况[②]

通过对小微企业创业创新示范基地税收优惠情况问卷调查显示(见图 3-2-23),55 家示范基地享受过税收优惠,28 家企业没有享受过税收优惠。其中,宜昌欣扬孵化运营管理有限公司享受的税收优惠最高为 725 万元,武汉岱家山科技企业加速器有限公司享受的税收优惠最低为 0.63 万元。

---

①② 数据来源:根据湖北省经济和信息化厅中小企业发展处回收问卷资料整理汇总而来。

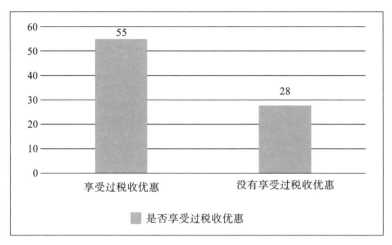

图 3-2-23　小微企业创业创新示范基地税收优惠情况[①]

综上所述,通过对湖北省中小企业公共服务平台和小微企业创业创新示范基地税收优惠情况问卷调查结果分析发现,并非所有服务平台和示范基地都能享受到税收优惠。尽管大部分的服务中心认为税负较为合理,但是税负不合理的情况依然存在,更重要的是,2020 年是中小微企业尤为艰难的一年。新冠肺炎疫情的爆发让部分中小微企业可能入不敷出,疫情冲击和税负可能让中小微企业雪上加霜。

(四)其他省份中小企业公共服务体系建设经验借鉴

我国中小企业在国民经济中处于重要地位,正逐步成为发展社会生产力的主力军。中小企业公共服务平台从解决中小企业实际困难入手,通过多种形式与各类综合平台及专业平台互联互通、资源共享,共同形成覆盖全国的中小企业公共服务平台网络体系,加快了推进中小企业服务体系和服务基础设施建设,促进了中小企业又快又好发展,给予了中小企业切实的帮助。

近年来,我国部分省市区在中小企业公共服务平台建设方面取得了优秀的成绩,不少中小企业从中受益,并得到迅猛发展,其服务成效与经验值得湖北省中小企业公共服务体系在建设过程中学习与借鉴。

1.江苏省中小企业公共服务体系建设经验

江苏省为响应国家"扶持中小企业、鼓励创业创新"的号召,于 2011 年开始建设中小企业公共服务平台的工程,已经基本建成了"1+60+X"的框架布局。江苏省的 1 带动 61 的平台建设体系已形成了江苏省中小企业公共服务平台网络体系的一大特色。通过线上线下结合的方式,针对中小企业生产经营、融资、法律、市场等方面服务需求,对接专业化服务机构,帮助企业找服务、解难题。截至 2019 年 8 月,江苏省平台网络累计企业注册数量 38923 家,汇聚服务机构 2086 家,发布服务项目 4592 个,开展服务活动 3025 场,微信公众号关注用户 6828 人,服务热线 96186 号码累计呼出 4 万多次,发放各类服务宣传资料 2.5 万余册。由此可见,江苏省

---

① 数据来源:根据湖北省经济和信息化厅中小企业发展处回收问卷资料整理汇总而来。

在中小企业公共服务平台建设方面脱颖而出,走在全国前列。江苏省中小企业公共服务平台的成功建设主要得益于以下几个方面的举措。

1) 全省范围内统筹协调

根据江苏省内不同地区企业数量和发展需求,进行全省范围内的统筹协调,高效配给,实现了资源使用最优化。由于苏南地区中小企业数量多,经济发展快,平台数量也较多,共有28个,在江苏省平台总数中占比46%;苏北和苏中地区平台分别有16个和12个,其平台分配数量在确保正常使用的基础上相对较少。江苏省能够根据全省中小企业分布情况,统筹协调公共平台资源,做到不遗漏、不浪费。

2) 建设专业化服务平台

江苏省的中小企业种类包罗万象,根据不同专业可以划分为多种产业集群,针对江苏省的产业集群,建设为产业集群专门服务的平台,能够更加有针对性地为中小企业发展保驾护航。这些依托区域特色产业发展起来的公共服务平台,由市场而生、为市场服务。

截至2019年11月,依托重点产业集群,江苏省市县已累计培育技术服务平台600多家,其中省级中小企业公共技术服务示范平台124家,年服务中小企业30万项(次)以上,累计受益企业超过20万家。

3) 建设培育基地平台

突出技术、融资、人才等创新要素,围绕公益性和社会化两大领域,着力构建培育基地平台,2019年全省公共服务平台发布政策信息超过5万条,近2万家中小微企业享受到政策优惠,累计培育国家公共服务平台23家、省星级公共服务平台750家,基本建成"1+60+X"中小企业公共服务平台网络。该平台培育国家小微企业双创示范基地12家、省级小微企业双创示范基地300家,企业创业创新氛围更加浓厚。建设省综合金融服务平台,整合企业征信服务、金融机构绿色服务通道、各类融资扶持政策,形成网络化"一站式"服务特色,截至2020年3月,注册企业用户达30.8万户,当年累计撮合成功获批授信14365笔,涉及金额507亿元、涉及企业11058户,其中首次获得融资4056户。

4) 采用信息化技术和互联网手段

在如今互联网大时代背景下,中小企业公共服务平台借助信息化技术与互联网手段,帮助中小企业及时获取最新信息和服务资源,实现将服务推送到企业,而不是企业寻找服务的效果。

江苏省实施中小企业信息化推进工程,推动"e企云"平台提升服务能力。截至2019年6月,"e企云"平台聚合软件与信息服务企业200多家,整合在线服务产品近1000款,累计注册用户达48万户;组织实施《江苏省"互联网+小微企业"行动计划》,截至2020年6月,累计培育省重点工业互联网平台42家、标杆工厂34家、"互联网+先进制造业"基地11家,上云企业累计超25万家。

5) 推动民营企业加快创新创业发展

创新是企业发展的动力源泉,2016年11月江苏省颁布了《江苏省小型微型企业创业创新示范基地建设管理办法》(以下简称《办法》),在该《办法》的指导下,全省已创建国家级小微型企业创业创新示范基地8家,培育省级示范基地252家,提供创业场所5500多万平方米,吸纳2.6万家小微企业进驻,解决90多万人就业。江苏省连续四年举办全省中小企业创业创新大赛,为创业创新企业和创业者搭建实现梦想的舞台,通过大赛发掘了一批具有创新机会与成长价值的创业项目和具有未来领袖潜质的创新创业人才,进一步激发了民营企业创新创业的活力。

坚持把"专精特新"作为促进中小企业发展的主攻方向,围绕重点领域和13个先进制造业集群,实施专精特新小巨人企业培育工程,截至2020年6月,江苏省累计培育省级专精特新小巨人企业973家,获得国家工信部认定专精特新"小巨人"企业18家、国家制造业单项冠军企业76家。

2.湖南省中小企业公共服务体系建设经验

近年来,湖南省中小企业公共服务平台建设迈上新台阶,其中常德市中小企业服务中心等7家中小企业公共服务平台被国家工业和信息化部评定为"2020年度国家中小企业公共服务示范平台"。截止到2020年底,湖南省共建成县市区(工业园区)窗口平台104家,平台覆盖率达到83.74%。株洲、湘潭、衡阳、常德、张家界、郴州、永州等7个市已实现县市区窗口平台全覆盖。2020年,湖南省平台网络克服疫情影响,充分发挥"互联网+"服务优势,开展服务活动量大幅增加,平台活跃度大幅提升,在中小企业公共服务平台建设方面交上了满意的答卷。以下经验值得湖北省在建设中小企业公共服务体系过程中深入学习与借鉴。

1)服务资源精准对接

通过服务平台,政府与企业之间可以建立起直接对接的桥梁,并能够将对口资源精准对接,在很大程度上解决了中小企业信息不对称的难题,促进双方达成合作意向,实现了资源使用最优化。

自2015年以来,湖南省每年举办中小企业服务大会,帮助万千企业达成合作意向。在2019年7月31日举行的湖南省第五届中小企业服务大会上,省内外近100家来自工业互联网、创新服务、创业服务、融资服务、跨境服务、管理咨询、法律服务领域的社会化服务机构参会,当天共达成合作意向674个;湖南省第六届中小企业服务大会吸引1000余家中小企业与100多家省内外知名服务机构现场对接,共达成合作意向752个。

2)重点项目持续跟进

湖南省中小企业服务平台注重重点项目组织与跟进。一是"创客中国"创新创业大赛。平台网络和窗口平台积极发动企业参加2020年"创客中国"湖南省中小微企业创新创业大赛,初赛报名参赛企业超2700家,同比增长超20%。积极开展赛前辅导培训及承办县市区初赛,全省共有73个窗口平台承办或协办了现场初赛,16个产业园区单独进行了初赛,累计组织赛前辅导培训92场次。二是中小企业技术创新"破零倍增"行动。湖南省平台上线中小企业技术创新"破零倍增"行动专栏,汇聚各方资源,为行动计划做好线上服务对接及活动展示。平台网络各窗口平台和服务机构申报"破零倍增"服务活动1215场,筛选重点服务机构48家,重点服务活动358场;开展"破零倍增"培训、讲座、帮扶、沙龙、线上微课堂等多种形式服务活动450场,服务企业12650家,精准对接服务企业1678家。荷塘区、衡山县等14个县市区联合服务机构开展"破零倍增"进企业活动,服务企业99家,服务机构提交诊断报告87份。对于类似的重点项目湖南省做到了持续跟进、深度关注,以大赛为契机将中小企业服务平台进一步壮大。

3)"上云上平台"深入实施

湖南省深入实施中小企业"上云上平台"行动,充分发挥工业互联网和云计算服务支撑作用,加快中小企业数字化网络化智能化转型,共推出59项云平台服务、72个云服务产品、12个5G典型应用场景,为中小企业提供服务。2020年,全省新增"上平台"中小企业7384家,全省累计实现"上平台"中小企业超1.25万家;新增"上云"中小企业超10.14万家,累计实现"上云"的中小企业超过32.86万家。

湖南省举办线上"上云上平台"实务培训，直播期间共计上万人次观看；持续开展湖南省中小企业"上云上平台"实务培训活动，在衡阳市、株洲市、开福区、耒阳市、洞口县、涟源市、新化县等开展线下实务培训活动，参会企业800余家，其中"云上服务资源对接会"被工信部在国务院联防联控机制新闻发布会上作为典型案例推荐。

4) 服务模式创新

新形势下，湖南省中小企业公共服务平台对平台服务方式进行升级，将原来单一的"推式"服务方式变为"推拉"结合，以"拉"助"推"、以"推"引"拉"的服务方式，一方面运用平台网络大数据平台，了解企业的经营状况、服务需求，组织服务项目、服务资源，精准推送给相应企业；另一方面运用网络信息发布平台，积极宣传涉企优惠政策、先进经营理念，引导广大中小企业释放服务需求。

2016年，衡阳市政府设立衡阳市中小企业公共服务平台。衡阳市中小企业服务中心既做政府帮手，又当企业娘家，运营中小企业公共服务平台，经过不懈努力，在全省率先打通省、市、县服务平台网络，铺开一张"网"，满足其个性化的需求。截至2020年6月，衡阳市中小企业公共服务平台线上聚集服务机构1068家，发布服务项目4055条，服务企业数超3万家，为企业降低数亿元成本，平台建设及运营综合排名全省第一，获评湖南省"最受欢迎窗口服务平台"，归根结底，得益于一张"网"的创新服务模式。

3. 四川省中小企业公共服务体系建设经验

近年来，四川省中小企业公共服务平台建设取得显著成效。四川省已构建起以"1+21+10"中小企业公共服务平台网络为核心层、各级中小企业公共服务示范平台为紧密层、广大专业化社会化服务资源为支撑层的中小企业服务体系架构，拥有平台网络单位32个，国家级中小企业公共服务示范平台和小型微型企业创业创新示范基地37家，省级中小企业公共服务示范平台和小微型企业创业创新示范基地136家，平台网络年服务中小企业数量超过5万家次，服务满意度达到95%以上。如此优秀的成绩离不开以下几点具体的经验做法。

1) 创新公共服务模式

四川省根据自身发展特点，树立了"边建设，边服务"的理念，要求所有平台在建设中开展服务，在服务中完善建设，重视服务场地改造、服务软件硬件设备购置等固定资产投资，打造良好的服务环境。同时，四川省积极开展推广中小企业"订单式"服务模式，提升服务的时效性和针对性，以满足中小企业多样化的服务需求。在这些创新性的公共服务模式下，四川省的公共服务平台建设迈上新台阶。

2) 构建协同机制整合资源

加强部门之间的协调，可以最大程度地发挥协同机制的优势，优化资源。中小企业公共服务平台的构建应由当地经济和信息化委员会牵头，与财政、国资、政务服务中心等部门密切合作、统筹协调。四川省服务平台积极发挥顶层设计作用，成立了四川省中小企业服务促进会、联席会议制度、联合服务协议等枢纽机制，基本实现了窗口平台互联互通、信息共享、服务协同。

其中，四川省中小企业服务促进会联系并积聚了各类服务机构，为中小企业提供新闻资讯、政策信息，帮助他们走出去，吸引高端人才。促进会的成员还可以参与协会组织的展会和交流会，实现企业之间的交流互通，提供融资服务、培训服务等有益于中小企业发展的服务。

促进会已经与12家综合性平台和6个产业集群平台签订《联合服务协议》,为四川省中小企业公共服务平台建设添砖加瓦,为进一步完善有效的联通协同机制打下了基础。

3) 实施绩效考核、激励机制

建立对服务机构(特别是平台网络)的绩效考核机制,根据四川省中小企业发展现实状况,启用"四川省服务机构测评管理系统",形成对包括省平台、窗口平台和中小企业服务机构的实时考评体系,可实现对平台线上和线下服务的追踪和考察,能较全面地反映全省服务平台的整体服务能力;将对运作规范、管理有序、服务成效突出的服务平台给予适当的激励,带动平台建设整体水平的提升,对达不到建设要求的撤销项目并收回支持资金,为全省服务体系建设工作提供决策参考。

在《关于做好2020年四川省中小企业发展专项资金项目申报工作的通知》中明确了2020年四川省中小企业发展专项资金项目重点支持方向为中小企业公共服务体系建设、提升发展能力两大方面。对中小企业公共服务机构、省级小微型企业创业创新示范基地实施的增添服务设施设备、推进信息化建设和提升服务供给能力的载体建设项目,按照不超过项目已完成投资额30%的比例给予补助;对中小企业公共服务机构、省级小微型企业创业创新示范基地提供创新创业、科技服务、人才培训、市场开拓、信息化、投资融资等综合服务项目进行业务奖励;对上一年度获得国家级专精特新"小巨人"企业称号的,一次性给予50万元奖励,用于提升专业化发展能力。

4) 打造"川渝中小企业服务一体化云平台"

川渝两地以中小企业公共服务平台网络为依托,以"云服务"和"群服务"为顶层设计,打造"川渝中小企业服务一体化云平台"。川渝中小企业服务一体化云平台正式上线,为两地的中小企业带来实质性服务。

截至2020年11月,在四川企业上云中,成都综合节点标识注册量达5.3亿条,标识解析量达2136万次,四川累计超19万家企业实现上云,先后发布了"德阳工业云"等21个省级重点云服务平台,服务主要集中在制造业、建筑业、金融业等行业,上云服务以成都平原经济区为中心辐射全省21个市州。同时,四川数字普惠金融云从产品上线至今,共计新增销售收入超过4000万元,新增税收超过200万元。在重庆企业上云中,全市已集聚197家工业互联网服务企业、汇聚市内外产业界资源240余家单位,20余个区县开展宣传培训和咨询服务,服务1100余家企业。

4. 安徽省中小企业公共服务体系建设经验

安徽省各地、各有关部门认真贯彻落实国家和省促进"大众创业、万众创新"政策,引导各地中小企业公共服务示范平台发挥标杆引领作用,加快重构"1+16+X"中小企业公共服务平台网络主干,强化线上线下服务相结合,突出协同服务、精准服务,着力形成"广覆盖、有特色、服务优"的安徽中小企业公共服务体系,为中小企业提供公益性服务和增值性服务,助力企业成长。安徽省中小企业公共服务平台体系的成功建设主要得益于以下几点。

1) 发挥科技优势,推进线上平台

安徽省中小企业公共服务平台网络上线运行,将为中小企业提供信息、创业、技术、培训、融资等各类公益性和增值性服务,首批入驻各类服务机构130家,提供服务项目504项,分为服务导航、专栏服务、服务活动、需求对接、服务典型等5大板块,内含全省16个市级综合窗口服务平台以及省级以上中小企业公共服务示范平台和市场化的新业态、新模式服务机构。

截至2018年底,安徽省共有国家级中小企业公共服务示范平台24家,省级中小企业公共服务示范平台129家。其中,129家省级中小企业公共服务示范平台的资产总额达到41.51亿元,同比增长12.5%,服务中小企业13.6万家,同比增长25.7%。

2)跟进重点活动,创建服务品牌

安徽省牢牢把握重点项目,并持续推进,打造出具有皖南特色的服务品牌。政策宣贯方面,围绕新修订的《中小企业促进法》和"民营经济30条""六稳"政策等,开展系列宣传活动,举办县域"新时代·新制造·新徽商"大讲堂活动共13期;创业辅导方面,举办"创客中国"安徽省创新创业大赛,471个项目参赛,评选优秀项目77个,其中5个项目进入全国100强,2个项目进入全国50强,截至2018年底,全省创业辅导师有400余人;融资服务方面,参与"专精特新板"挂牌服务,服务企业198家;产销对接方面,全年组织企业参加中博会、APEC技展会、进博会、工博会,举办工业机器人、家博会等产需对接会20余次。尤其是在"四送一服"双千工程活动中,各地发挥服务机构作用,开展专门服务,为活动开展提供了有效保障。阜阳市颍泉区中小企业服务中心创新工作方法,让企业坐等服务上门,主动走到企业面前,帮助企业对接政务服务中心和相关区直单位各项业务窗口,提供领办代办、帮办协办等"保姆式"服务,真正做到让服务多跑路,让企业零跑腿。

3)壮大平台队伍,丰富服务项目

安徽省以《安徽省中小企业公共服务清单》为指导,引导中小企业服务机构开展规范服务,不断延展平台项目,推动建立边界清晰、标准统一、流程规范的公共服务体系。

截至2018年底,129家省示范平台提供各类服务项目1302项,其中公益性服务565项。依托"1+16+X"平台网络建立政策信息互联网发布平台,汇集民营经济、数字经济、资金申报、税费减免、法律法规和产业政策等各类政府服务信息;对35家国家级、省级示范平台奖补资金2300万元;加强中小企业公共服务示范平台宣传,发布示范平台服务企业典型案例60个。

5.优秀中小企业公共服务体系建设共同经验

1)充分利用互联网技术提供创新服务

在如今互联网大数据背景下,中小企业公共服务平台体系的建设抓住这一契机,充分运用大数据、云计算、人工智能、5G等新一代信息技术,创新服务方式、拓宽服务渠道,实现线上为主、线下为辅、线中结合的新型服务格局,四川、湖南等优秀省份都采用信息化技术和互联网手段推动中小企业"上云上平台",出台相关政策意见进行指导。在2020年新型冠状病毒肺炎疫情期间,更是充分发挥出了互联网优势,多省市区开展了网上疫情相关板块,更好地协助企业复工管理,实现企业复工在线申请和"不见面"审批,帮助政府高效服务管控企业、监测员工健康,保障企业科学顺利开展经营。湖北省中小企业公共服务平台体系建设也可依托省内优秀互联网企业探索出适合本省实际现状的公共服务平台建设方案。

2)中小企业公共服务平台提供公益性服务

中小企业公共服务平台以开展不收费或低收费的公益性服务为主,指导帮助中小企业享受贷款利率下浮、金融服务"绿色通道"、税收减免、社保缴费期延长等优惠政策。由于中小企业发展规模受限、资金链不充足,中小企业公共服务平台则免费为其提供信息服务、技术服务、创业服务、融资服务、培训服务等多种有益于企业发展的活动,犹如雪中送炭,给中小企业的发展提供了强有力的支持。湖北省中小企业公共服务平台建设也应以公益性为主,切实给中小企业发展提供帮助。

3)完善传统模式,重视创新发展

中小企业公共服务平台在提供共性服务、开发新服务模式的同时,将传统的信息发布、政策解读、管理咨询、融资担保、权益保护、创业辅导、人员培训等共性服务与本地区产业发展紧密结合,创新细化服务内容,将传统服务做出新方式、新特色、新亮点。江苏省坚持把"专精特新"作为促进中小企业发展的主攻方向;湖南中小企业公共服务平台将原来单一的"推式"服务方式变为"推""拉"结合,以"拉"助"推",以"推"引"拉"的服务方式;四川省积极开展推广中小企业"订单式"服务模式;安徽省强调推进"四送一服"双千工程活动。湖北省将推动中小企业公共服务平台体系不断创新,探索出适合其地区发展的服务平台。

(五)提升湖北省中小微企业公共服务效能的对策建议

1. 合理利用疫情带来的机遇,转危为机

由于疫情带来的巨大关注度,以及疫情过后新的投资机遇,武汉开展全国甚至全球性活动,积极组织行业资源对接、交流大会、品牌活动等,加强对外宣传,抱团取暖,同时为落地项目提供注册登记、办公场所、人员招聘、产业政策、投融资保障等方面一站式精准服务。

相关部门可考虑继续加大减税降费政策力度,支持企业渡过难关,同时相关部门可以在中小企业公共服务平台方面进一步完善创业、就业、培训、管理、投/融资等平台,对平台服务效益显著、企业反响好的服务机构,政府应给予一定的财政奖励补贴。

国际疫情形势稳定之后,更多海归、海外企业将蜂拥回国投资,相关部门可以提前规划蓝图,制定出引进、留住、培育海归企业、国际企业、国际人才政策,通过他们引进国际资本、引入科技尖端项目。

2. 加大政策资金扶持,强化公共服务制度保障

加大对服务机构的资金支持政策。现在,服务机构的服务对象大都是生存艰难的小微企业,这些企业本身发展能力弱,服务机构很难获得相应的服务费用,致使机构资金短缺,从而影响正常运行。

建立完善中小企业信用担保体系,包括制定风险补偿等优惠政策,引导社会资本进入;整合现有担保机构,逐步形成政策性担保机构、商业性担保机构、互助性担保机构和再担保机构互为补充的中小企业担保体系。

加强银企对接合作。及时摸排企业有效融资需求,及时推介给金融机构;广泛宣传金融政策,组织有关银行和重点企业开展形式多样的银企对接活动,帮助银企高效对接,解决企业融资实际困难问题。

开展工业企业服务活动。落实中小微企业服务补贴政策,为企业发放中介服务补贴,更大力度、更广范围支持中小微企业发展壮大。

加大对省级双创示范基地、公共服务示范平台等资金支持,并适当向发展尚不突出的市州进行倾斜。

深入落实降成本政策,帮助后疫情时期的中小微企业走出困境。中小微企业具有轻资产、重人才(技术)的特点,大部分的成本集中在原材料(制造)和人力两头。疫情期间,湖北省针对

湖北企业减免各项税费,有效帮助企业减轻了人力成本。但受到国内外市场大环境影响,企业的生存压力仍然很大,2020年全省地区生产总值下降5%,其中中小微企业下降幅度更大。建议继续延续减税减费政策,放水养鱼;同时加大对企业研发创新的鼓励,依靠创新提高企业利润空间和竞争力。

3. 积极与专业机构合作,提升服务水平

小微型企业对公共服务平台需求强烈,现有公共服务平台严重缺失,但企业建设这样的试验条件成本非常高,而且一家企业建设这样的试验条件往往利用率不高,多家企业重复建设的社会成本非常高,浪费非常大。公共服务平台所需的设备精密、昂贵,对经验要求高,既需要专业化的团队运营,也需要聘请有经验的专业化人才。

对于示范基地来说,建设专业化设备投入大,难以承受,需要政府加大公共服务平台建设投资,而交由专业化的运营团队运营,服务小微型企业,能够很好地降低企业研发成本,促进企业快速发展,进而提升产业竞争力。

各中小企业公共服务示范平台和小微双创基地应多联合当地政府部门、科研机构、行业协会、科技企业等合作伙伴,汇集政策解读、成果转化、资本运作、人才服务、咨询培训、媒体宣传、财会法务、行业交流等资源要素一体化的全套增值服务,以基础性服务、专业化服务、个性化服务为支撑,搭建了全方位、多元化的创新创业孵化服务平台,为企业发展资源赋能。

4. 打造个性化服务,形成独特的竞争优势

汇集整合全省"示范平台"资源,打通各平台之间堵点,建立互通、互联、共享平台,为中小企业提供专业化、个性化服务。国家在制定政策时,加强不同地区、不同部门、不同主体之间的利益协调,从人力、物力、财力、技术等多个方面为服务平台提供制度保障。从增强个性化服务、特色化服务、精准化服务等方面入手,加大对中小企业的政策倾斜力度,扩大惠企政策的受益范围。中小企业专项资金或发展资金里面应当有一块专门用于中小企业公共服务体系建设。

服务平台的发展离不开党各级政府职能部门的促进推动,在快速发展的经济形势下,建设有利于集聚各类创业创新要素,集成创业创新资源,优化创业创新环境,降低创业创新成本;有利于规范服务标准,提升服务水平,提高创业创新成功率;有利于形成创业创新氛围,激发创业创新精神,催生企业主体,发挥创业带动就业的倍增效应。小微企业创业创新基地规模偏小、服务能力偏弱、运营模式有待创新,进一步优化小微型企业创业创新环境,能有效解决创业创新基地发展难、资金难、服务难等问题。

采用精准政策帮扶,如服务场地支持、资金支持等;发挥桥梁作用,构建示范平台与中小企业的良好关系;加强专业培训,如针对中小企业帮扶的政策培训等。

另外,随着社会经济、政治与文化的快速发展,中小企业对公共服务体系的需求不断增加,但由于政府公共职能部门本身的财力和能力的限制,造成政府无法完全满足公众的需求。在国际疫情形势的冲击下,不论是发达国家、发展中国家,还是转型国家,几乎都被卷入了重塑政府革命的浪潮中,形成了一种全新的行政理念,这种新的行政理念包括了中小企业公共服务体系的工作模式中引入市场化机制,通过市场化形成盈利模式。湖北省中小企业公共服务市场化是一个长期的变革过程,大力推行公共服务市场化改革,将市场的激励机制、竞争机制与管

理方法引入到湖北省中小企业公共服务体系供给部门,让公共服务体系供给从"政府本位""官本位"向"社会本位""公民本位"转变。

5.加强税收优惠支持,改善企业营商环境

1)优化企业营商环境

把优化营商环境作为实现疫后重振、化解"疫后综合症"的重要突破口,作为深化改革开放、推动高质量发展的"一把手"工程,全力以赴抓紧抓实抓到位,自觉对标全国全省营商环境评价指标,主动对标全省优化营商环境要求,从硬性指标无条件落实、软性条件无限量创造、担当责任无起点考核、环境状态无差别比较等方面,加强技术对接、任务对接、举措对接。

2)落实税收优惠政策

切实落实创业孵化器税收优惠政策。小微企业双创基地符合科技企业孵化器、大学科技园税收政策条件的,可享受有关税收优惠。

3)加强社会中介机构服务管理,优化行业环境

引导现有的社会中介机构转变观念,改进服务质量,切实为中小企业提供创业指导、信息咨询、市场营销、投资融资、贷款担保、产权交易、技术支持、人员培训、对个合作、展览展销和法律咨询等方面的优质服务。

附件1:湖北省中小企业公共服务示范平台调查问卷

尊敬的机构负责人:

您好!非常感谢您接受我们的调查。此次调查的主要目的是了解湖北省中小企业公共服务示范平台的发展现状、服务成效、问题成因和发展建议,为研究制定政策提供参考。您填写的信息对我们开展相关研究具有十分重要的意义,我们将对个案信息严格保密,并只用于政策研究,请如实填写。衷心感谢您的合作与支持!

湖北省经济和信息化厅中小企业发展处

湖北经济学院联合课题组

2021年1月12日

填答说明

(1)本问卷请湖北省中小企业公共服务示范平台运营机构主要负责人填写。

(2)请根据题目内容,在空格处填写相应内容,在选项中将与您的情况最符合的选项编号打"√"。

(3)有些题目要求您直接填写数字或文字信息,请您尽可能详细填写。

(4)所有题目请您务必填写。如果没有可选内容,请在最后"其他"类的横线上填写您的情况。

联系人:

联系电话:

邮　　箱:

1. 机构基本信息

机构全称			
注册日期：	单位性质：		法人代表：
注册地址：			邮政编码：
联系人：	联系电话：	传真：	手机：
网址及备案号(已建网站的填写)：		电子邮件：	

注册资本 ____万元	其中:主要投资方名称	性质	投资比例 %

2020年末总资产 ____万元	仪器、设备数量　　　　台(套)，购买价格　　　万元,占总资产　　　%
	服务场地面积：　　　平方米，其中：自有　　　平方米，租用　　　平方米
从业人数	其中:大专及以上学历和中级及以上技术职称的专业人员____人,占总人数____%
创立发展沿革	
发展目标	
目前的基本情况	

2. 机构营业收入情况（单位:万元）

年度	营业收入	其中： 服务收入	资产总额	利润总额	上缴税金	服务中小 企业户数
2018年						
2019年						
2020年						

3. 机构管理运营情况

主要项目	主要内容
主要管理制度	
人员激励措施	
员工能力提升措施	
可持续发展	

4.2018—2020年平台服务能力及业绩状况

获得专业服务资质情况		
主要服务内容	服务规模/(家、人/次)	服务收入占年营业收入/(%)
合作资源	签订合作协议的单位	其他合作单位

5.2018—2020年获得政府支持情况

得到政府扶持的情况	
省级示范平台认定或国家部委、全国性行业协会的相关认定的文件名称及文号	

6. 主要服务设备、仪器及软件清单

序号	名称	数量	购买时间	购买价格	是否处于行业领先水平

7. 管理人员和服务人员名单及职称情况一览表

姓名	年龄	学历	毕业学校	职称	主管工作

续表

姓名	年龄	学历	毕业学校	职称	主管工作

8. 2018—2020 年服务的中小企业名单及服务评价表

序号	服务企业名称	联系人	联系电话	服务内容简述	企业满意度	
					满意	不满意

9. 2018—2020年重点服务活动实施情况统计表

主要任务	具体内容	服务成果										
推动政策宣贯	中小企业促进法宣贯	宣贯活动场次			服务企业数							
		2018年	2019年	2020年	2018年			2019年			2020年	
	各类惠企政策宣贯	宣贯活动场次			服务企业数							
		2018年	2019年	2020年	2018年			2019年			2020年	
	政策信息互联网发布平台建设	政策信息发布数			企业浏览量			深度服务企业数				
		2018年	2019年	2020年	2018年	2019年	2020年	2018年		2019年		2020年
加强创新支持	促进大中小企业融通发展配套服务	活动场次			大企业开放资源项目数			带动中小企业数				
		2018年	2019年	2020年	2018年	2019年	2020年	2018年		2019年		2020年
	"上云"服务	活动场次			服务企业数			成功"上云"企业数				
		2018年	2019年	2020年	2018年	2019年	2020年	2018年		2019年		2020年
	智能制造服务	活动场次			服务企业数			智能制造升级企业数				
		2018年	2019年	2020年	2018年	2019年	2020年	2018年		2019年		2020年
	创新活动	活动场次			服务企业数							
		2018年	2019年	2020年	2018年			2019年			2020年	
	"创客中国"大赛	举办比赛场次			参与项目数			获得投资项目数			落地项目数	
		2018年	2019年	2020年	2018年	2019年	2020年	2018年	2019年	2020年	2018年 2019年 2020年	
提升管理服务	管理能力提升培训	推荐经营管理领军人才人数			银河培训工程培训场次			银河培训工程培训人数				
		2018年	2019年	2020年	2018年	2019年	2020年	2018年		2019年		2020年
	管理咨询服务	活动场次			服务企业数			效益明显提升企业数				
		2018年	2019年	2020年	2018年	2019年	2020年	2018年		2019年		2020年
	帮助企业建立现代企业制度	活动场次			帮助建立现代企业制度企业数量							
		2018年	2019年	2020年	2018年			2019年			2020年	

续表

主要任务	具体内容	服务成果								
开展创业辅导	创业培训辅导	活动场次			服务企业数					
		2018年	2019年	2020年	2018年		2019年		2020年	
	创业支持	活动场次			服务企业数			孵化企业数		
		2018年	2019年	2020年	2018年	2019年	2020年	2018年	2019年	2020年
改善融资服务	融资对接	活动场次			服务企业数			达成融资意向金额		
		2018年	2019年	2020年	2018年	2019年	2020年	2018年	2019年	2020年
	政策性信用担保	服务企业数			提供担保额			实现企业融资额		
		2018年	2019年	2020年	2018年	2019年	2020年	2018年	2019年	2020年
	应收账款融资	服务企业数			实现企业融资额					
		2018年	2019年	2020年	2018年		2019年		2020年	
	金融知识普及教育活动	活动场次			服务企业数					
		2018年	2019年	2020年	2018年		2019年		2020年	
促进对外合作	对外交流合作活动	活动场次			国内参与企业数					
		2018年	2019年	2020年	2018年		2019年		2020年	
	开展对企服务	活动场次			服务企业数			企业达成对外合作项目数		
		2018年	2019年	2020年	2018年	2019年	2020年	2018年	2019年	2020年
完善服务体系	政策资金支持	出台文件数			支持服务机构建设资金额度			支持服务活动资金额度		带动服务机构数
		2018年	2019年	2020年	2018年	2019年	2020年	2018年 2019年 2020年		2018年 2019年 2020年

10.机构为中小企业提供服务的运营状况

(1)近三年贵单位主要服务对象:(　　)。

①产业集群各类企业;②各类园区中的企业;③本地区的优势或特色产业;④跨地区的各类企业;⑤其他

(2)近三年贵单位服务企业类型:(　　)(可多选)。

①国有企业;②民营企业;③外商独资企业;④中外合资企业;⑤其他

(3)近三年贵单位主要服务的行业领域是:(　　)(可多选)。

①农林牧渔业;②制造业;③信息传输、计算机服务和软件业;④批发和零售业;⑤住宿和餐饮业;⑥租赁和商务服务业;⑦居民服务和其他服务业;⑧文化体育和娱乐业;⑨其他行业

(4)近三年贵单位提供服务数量最多的服务类型是:(　　)(可多选)。

①检验检测;②分析测试;③研发支持;④产品设计;⑤技术推广;⑥认证认可;⑦科技文献查新;⑧专利服务;⑨政务代理;⑩对外合作;⑪管理咨询;⑫创业辅导;⑬人员培训;⑭人力资源;⑮贷款担保;⑯投融资服务;⑰上市指导;⑱信用评价;⑲产权交易;⑳统计分析;㉑调查研究;㉒政策信息;㉓法律服务;㉔政府委托其他服务;㉕其他

(5)请简要介绍贵单位服务的中小企业所在区域的行业状况,在区域经济发展中的地位和作用,中小企业发展情况和公共服务需求情况。

(6)贵单位为中小企业提供的服务收费状况:(　　)(可多选)。

①全部为免费服务;②部分为免费服务;③市场价格50%以下;④市场价格80%左右;⑤与市场价格相当;⑥优质优价,市场价格120%以上

(7)请简要介绍贵单位为中小企业提供公益性或低收费服务情况。

(8)贵单位所在地周边其他中小企业服务机构数量?(　　)。

①没有;②小于5家;③5～10家;④10家以上

(9)贵单位的优势或成功经验:(　　)(可多选)。

①地点好;②提供服务适合中小企业需要;③服务收费价格合理;④宣传工作好,知名度高;⑤具有广泛服务资源;⑥政府大力支持;⑦其他因素

(10)贵单位目前提供服务存在的困难或不足:(　　)(可多选)。

①地点不好、周边中小企业少;②服务项目少;③服务质量有待改进;④宣传不够、中小企业不知道;⑤市场竞争太激烈;⑥缺少专业合作伙伴;⑦缺少政府补贴;⑧发展环境恶劣,如税负太重;⑨中小企业用不起服务;⑩其他因素

(11)目前贵单位的税负状况如何?(　　)。

①税负很重;②税负较重;③税负较合理;④税负较轻

(12)近三年贵单位是否享受过税收优惠?(　　)。

①没有;②享受过,共减免税款____万元。

(13)贵单位目前提供可争取财政补贴或税收优惠的商业性/专业性服务有哪些?

(14)近三年贵单位所获省级以上荣誉奖励有哪些(填写3～5项名称即可)?

(15)请简要介绍贵单位为中小企业提供服务的特色(包括在创新服务模式,集聚创新资源等方面的示范性)。

(16)请简要谈一谈贵单位主要服务业绩及对区域经济和中小企业健康发展的贡献(包括服务效果自测情况或典型案例)。

11.您本人及所在机构为中小企业提供公共服务的建议

(1)您认为中小企业提供公共服务的领域中,哪些需要政府主导建设,哪些需要政府引导,哪些属于政府指导即可,哪些可以完全开放由市场发展(在选项中将与贵单位的情况最符合的选项编号打"√")?

服务领域	需要政府主导	需要政府引导	政府指导即可	完全放开给市场
检测检验				

续表

服务领域	需要政府主导	需要政府引导	政府指导即可	完全放开给市场
分析测试				
研发支持				
产品设计				
技术咨询				
认证认可				
科技文献				
政务代理				
对外合作				
管理咨询				
创业辅导				
人员培训				
人力资源				
专利代理				
统计分析				
调查研究				
政策等各类信息服务				
法律服务				

（2）您认为政府应该采取哪些政策扶持中小企业公共服务示范平台的进一步发展？政府在中小企业公共服务示范平台建设中重点应该做好哪些工作？

（3）您对本次调查的内容和相关工作还有什么建议？

再次感谢您的大力支持！

附件2：湖北省小微型企业创业创新示范基地调查问卷

尊敬的机构负责人：

您好！非常感谢您接受我们的调查。此次调查的主要目的是了解湖北省小微型企业创业创新示范基地的发展现状、服务成效、问题成因和发展建议,为研究制定政策提供参考。您填写的信息对我们开展相关研究具有十分重要的意义,我们将对个案信息严格保密,并只用于政策研究,请如实填写。衷心感谢您的合作与支持！

湖北省经济和信息化厅中小企业发展处

湖北经济学院联合课题组

2021年1月12日

填答说明

(1)本问卷请湖北省小微型企业创业创新示范基地运营机构主要负责人填写。

(2)请根据题目内容,在空格处填写相应内容,在选项中将与您的情况最符合的选项编号打"√"。

(3)有些题目要求您直接填写数字或文字信息,请您尽可能详细填写。

(4)所有题目请您务必填写。如果没有可选内容,请在最后"其他"类的横线上填写您的情况。

联系人：

联系电话：

邮　箱：

1. 机构基本信息

单位名称		基地名称	
注册资本		法人代表（负责人）	
成立时间		省级基地认定时间	
网　址		主管部门（指导部门）	
联系人		联系电话	
创业基地面积	规划面积		建筑面积	
	自有	租用	公共服务场所	
从业人员数量（截至 2020 年 12 月 31 日）				
服务人员		创业辅导师（省级中小企业主管部门认定或持证）		
引入外部专业服务机构数量		入驻企业数量		

2. 机构经营情况（单位：万元）

基地为入驻企业提供办公、生产、服务场所（列举）							
基地信息化基础设施	光纤接入情况		宽带带宽		无线信号覆盖情况		
经营情况	年份	资产总额	营业收入	入驻企业数	小微企业数	小微企业占入驻企业比例	基地内企业从业人数
	2018 年						
	2019 年						
	2020 年						
是否具备基地发展规划		基地年度发展目标					
是否具备基地管理规章制度		基地服务项目收费标准					

3. 机构管理运营情况

主要项目	主要内容
主要管理制度	
人员激励措施	
员工能力提升措施	
可持续发展	

4. 2018—2020年基地合作服务机构与功能情况

	合作服务机构名称	主要服务内容	签订协议时间
合作服务机构情况			

续表

	主要服务内容	服务规模	服务收入占年营业收入比例
服务功能情况			
	是否为入驻企业提供信息服务及简况		
	是否为企业提供创业辅导及简况		
	是否为入驻企业提供创新支持及支持简况		
	是否为入驻企业提供人员培训及培训简况		
	是否组织市场营销活动及活动简况		
	是否为入驻企业提供投融资服务及服务简况		
	是否为入驻企业提供管理咨询服务及服务简况		
	基地为入驻企业给提供的其他专业服务情况		

5. 2018—2020年获得政府支持情况

得到政府扶持的情况	
省级示范基地认定或国家部委、全国性行业协会的相关认定的文件名称及文号	

6. 主要服务设备、仪器及软件清单

序号	名称	数量	购买时间	购买价格	是否处于行业领先水平

7. 管理人员和服务人员名单及职称情况一览表

序号	姓名	性别	年龄	学历	职务	职称	主要工作内容

续表

序号	姓名	性别	年龄	学历	职务	职称	主要工作内容

注：含创业辅导师。

8. 2018—2020 年入驻企业名单及服务评价表

序号	企业名称	法人代表	入驻时间	从业人数	联系电话	接受服务内容	服务评价		
							很满意	基本满意	不满意

9. 2018—2020年重点服务活动实施情况统计表

主要任务	具体内容	指标	2018年	2019年	2020年	服务成果	2018年	2019年	2020年
推动政策宣贯	各类惠企政策宣贯	宣贯活动场次				服务企业数			
推动政策宣贯	政策信息互联网发布平台建设	政策信息发布数				企业浏览量			
	促进大中小企业融通发展配套服务	活动场次				大企业开放资源项目数 / 深度服务企业数 / 带动中小微企业数			
加强创新支持	智能制造服务	活动场次				服务企业数 / 智能制造升级企业数			
加强创新支持	创新活动	活动场次				服务企业数			
加强创新支持	"创客中国"大赛	举办比赛场次				参与项目数 / 获得投资项目数 / 落地项目数			

续表

主要任务	具体内容	服务成果								
提升管理服务	人员培训	培训场次			培训企业数			培训人数		
		2018年	2019年	2020年	2018年	2019年	2020年	2018年	2019年	2020年
	管理咨询服务	活动场次			服务企业数			效益明显提升企业数		
		2018年	2019年	2020年	2018年	2019年	2020年	2018年	2019年	2020年
	帮助企业建立现代企业制度	活动场次			帮助建立现代企业制度企业数量					
		2018年	2019年	2020年	2018年	2019年	2020年			
开展创业辅导	创业培训辅导	活动场次			服务企业数			参与企业数		
		2018年	2019年	2020年	2018年	2019年	2020年	2018年	2019年	2020年
	创业导师辅导	活动场次			服务企业数			协议签约企业数		
		2018年	2019年	2020年	2018年	2019年	2020年	2018年	2019年	2020年
	创业支持	活动场次			服务企业数			孵化企业数		
		2018年	2019年	2020年	2018年	2019年	2020年	2018年	2019年	2020年

续表

主要任务	具体内容	服务成果									
		活动场次			服务企业数			达成融资意向金额		
		2018年	2019年	2020年	2018年	2019年	2020年	2018年	2019年	2020年
改善融资服务	融资对接									
		服务企业数			提供担保额			实现企业融资额		
		2018年	2019年	2020年	2018年	2019年	2020年	2018年	2019年	2020年
	政策性信用担保									
		活动场次			服务企业数					
		2018年	2019年	2020年	2018年	2019年	2020年			
	金融知识普及教育活动									
		活动场次			参与企业数					
		2018年	2019年	2020年	2018年	2019年	2020年			
市场营销与产品推广	组织参加展览展销活动									
		活动场次			服务企业数			企业达成合作项目数		
		2018年	2019年	2020年	2018年	2019年	2020年	2018年	2019年	2020年
	产品推介与合作									

10.机构为小微型企业提供服务的运营状况

(1)近三年贵单位主要服务对象:(　　)。

①产业集群各类企业;②各类园区中的企业;③本地区的优势或特色产业;④跨地区的各类企业;⑤其他

(2)近三年贵单位服务企业类型:(　　)(可多选)。

①国有企业;②民营企业;③外商独资企业;④中外合资企业;⑤其他

(3)近三年贵单位主要服务的行业领域是:(　　)(可多选)。

①农林牧渔业;②制造业;③信息传输、计算机服务和软件业;④批发和零售业;⑤住宿和餐饮业;⑥租赁和商务服务业;⑦居民服务和其他服务业;⑧文化体育和娱乐业;⑨其他行业

(4)近三年贵单位提供服务数量最多的服务类型是:(　　)(可多选)。

①信息服务;②技术平台服务;③创新支持;④产品设计;⑤技术推广;⑥专利服务;⑦政务代理;⑧资源对接;⑨管理咨询;⑩创业辅导;⑪创业投资;⑫人员培训;⑬人力资源;⑭市场营销;⑮贷款担保;⑯投融资服务;⑰上市辅导;⑱科技金融;⑲知识产权服务;⑳检测检验;㉑专业服务;㉒政府委托其他服务;㉓其他

(5)请简要介绍贵单位服务的小微型企业所在区域的行业状况,在区域经济发展中的地位和作用,小微型企业发展情况和公共服务需求情况。

(6)贵单位为小微型提供的服务收费状况:(　　)(可多选)。

①全部为免费服务;②部分为免费服务;③市场价格50%以下;④市场价格80%左右;⑤与市场价格相当;⑥优质优价,市场价格120%以上

(7)请简要介绍贵单位为小微型企业提供公益性或低收费服务情况。

(8)贵单位所在地周边其他小微型企业服务机构数量?(　　)。

①没有;②小于5家;③5~10家;④10家以上

(9)贵单位的优势或成功经验:(　　)(可多选)。

①地点好;②提供服务适合小微企业需要;③服务收费价格合理;④宣传工作好,知名度高;⑤具有广泛服务资源;⑥政府大力支持;⑦其他因素

(10)贵单位目前提供服务存在的困难或不足:(可多选)(　　)。

①地点不好、周边小微企业少;②服务项目少;③服务质量有待改进;④宣传不够、小微企业不知道;⑤市场竞争太激烈;⑥缺少专业合作伙伴;⑦缺少政府补贴;⑧发展环境恶劣,如税负太重;⑨小微企业用不起服务;⑩其他因素

(11)目前贵单位的税负状况如何?(　　)。

①税负很重;②税负较重;③税负较合理;④税负较轻

(12)近三年贵单位是否享受过税收优惠?(　　)。

①没有;②享受过。共减免税款　　万元。

(13)贵单位目前提供可争取财政补贴或税收优惠的商业性/专业性服务有哪些?

(14)近三年贵单位所获省级以上荣誉奖励有哪些(填写3~5项名称即可)?

(15)请简要介绍贵单位为小微型企业提供服务的特色(包括在创新服务模式,集聚创新资源等方面的示范性)。

(16)请简要谈一谈贵单位主要服务业绩及对区域经济和小微型企业健康发展的贡献(包括服务效果自测情况或典型案例)。

11. 您本人及所在机构为小微型企业提供创业创新服务的建议

(1)您认为在小微型企业提供服务的领域中,哪些需要政府主导建设,哪些需要政府引导,哪些属于政府指导即可,哪些可以完全开放由市场发展(在选项中将与贵单位的情况最符合的选项编号打"√")?

服务领域	需要政府主导	需要政府引导	政府指导即可	完全放开给市场
信息服务				
技术平台服务				
创新支持				
产品设计				
技术咨询				
专利服务				
政务代理				
资源对接				
管理咨询				
创业辅导				
创业投资				
人员培训				
人力资源				
科技金融				
知识产权服务				
政策等各类信息服务				
专业服务				

(2)您认为政府应该采取哪些政策扶持小微型企业创业创新基地的进一步发展?政府在基地建设中重点应该做好哪些工作?

(3)您对本次调查的内容和相关工作还有什么建议?

再次感谢您的大力支持!

三、惠企政策转为中小企业发展红利研究

作为经济的"毛细血管",中小企业在推动结构转型升级、稳定民生就业、促进社会和谐等方面发挥着重要作用,成为国民经济的主力军。2018年,国务院促进中小企业发展工作领导小组第一次会议指出,我国中小企业贡献了50%以上的税收,60%以上的GDP,70%以上的技术创新,80%以上的城镇劳动就业,90%以上的企业数量,发展壮大中小企业是推动经济和社会发展的重要力量。然而,2020年这场突如其来的新冠疫情给全国各地的餐饮、旅游、酒店、影视、娱乐、零售、外贸等领域的中小民营企业带来了巨大甚至致命冲击:一方面生产经营停摆、营业收入几乎为零;另一方面租金、人工等刚性开支不可避免。由于风险管理能力、融资能力、抗压能力普遍较弱,中小企业生产经营遭受重创,陷入深度经营和财务危机。湖北省作为最早发现疫情的省份,受疫情影响最为严重,中小企业面临的危机与挑战更加明显。面对来势汹汹的疫情,如何积极为中小企业纾忧解困,如何推动中小企业发展与壮大迫在眉睫。

自疫情发生以来,国家高度重视,中央及湖北省政府快速密集出台了一系列助企纾困政策,在做好疫情防控工作的前提下,帮助中小企业有序复工复产,创新发展活力。但中小企业量大面广,目前相关优惠政策能否迅速精准落实?复工复产后中小企业如何维持稳定、良性运营?如何建立长效服务模式,支持中小企业高质量发展?这些都是当下亟待解决的问题。充分了解前期应对疫情的财政支持、金融支持、援企稳岗等各项政策的落地效果,引导相关部门与机构向中小企业提供精准服务,有助于中小企业用好用足政策,提升中小企业政策获得感,积极应对疫情防控常态下面临的多重困难与挑战。

本专题在综合运用政策文本研究、中小企业诉求收集等方式方法的基础上,遵循理清现状—查找差距、发现问题—提出建议的逻辑线索,系统梳理中央及湖北省政府出台的各项惠企政策,了解中小企业对政府的政策诉求,整体评估相关政策对中小企业发展的积极影响,深入分析政策制定与执行过程中存在的问题,并提出相应的改进建议,以加大政策落实力度,提升政策实施效力,让惠企政策更好地服务湖北省中小企业。

(一)疫情冲击下湖北省中小企业扶持政策梳理

基于中小企业在国民经济和社会发展中的重要地位,国家一直高度重视中小企业的发展,构建了支持中小企业发展的常态化、长效化机制。此次新冠肺炎疫情暴发后,针对湖北省中小企业面临的生存困境,多层次(中央政府到湖北省地方政府)、多部门(涉及国家发展和改革委员会、财政部、税务总局、央行中国人民银行、工信部、人力资源和社会保障部等部门)快速响应,密集出台了一系列扶持政策。该政策涉及强化金融支持、加大财税支持、加大稳岗支持、减轻企业负担、优化营商环境等方面,形成了稳经济的"政策+服务"组合,支持和保护中小企业复工复产、稳定发展。现将主要政策文件进行梳理(见表3-3-1和表3-3-2)。

表 3-3-1　中央出台的扶持中小企业政策①

相关部委	政策文件	主要内容	对应企业诉求
财政部、税务总局	《关于支持新型冠状病毒感染的肺炎疫情防控有关税收政策的公告》(财政部 税务总局公告〔2020〕8号)	对疫情防控重点保障物资生产企业为扩大产能新购置的相关设备,允许一次性计入当期成本费用在企业所得税税前扣除;受疫情影响较大的困难行业企业2020年度发生的亏损,最长结转年限由5年延长至8年	财政支持
财政部、税务总局	《关于支持个体工商户复工复业增值税政策的公告》(财政部 税务总局公告〔2020〕13号)	阶段性(2020年3月1日至5月31日)降低小规模纳税人增值税征收率,由3%降为1%(湖北地区免收)	
税务总局	《关于充分发挥税收职能作用 助力打赢疫情防控阻击战若干措施的通知》(税总发〔2020〕14号)	依法延长申报纳税期限;对受疫情影响生产经营发生严重困难的企业特别是小微企业,及时核准其延期缴纳税款申请	
银保监会等5部门	《关于对中小微企业贷款实施临时性延期还本付息的通知》(银保监发〔2020〕6号)	对符合条件、流动性遇到暂时困难的中小微企业贷款,给予临时性延期还本付息安排	金融支持
中国人民银行等5部门	《中国人民银行 财政部 银保监会 证监会 外汇局关于进一步强化金融支持防控新型冠状病毒感染肺炎疫情的通知》(银发〔2020〕29号)	对受疫情影响较大的行业,以及有发展前景但受疫情影响暂遇困难的企业,特别是小微企业,金融机构不得盲目抽贷、断贷、压贷。对受疫情影响严重的企业到期还款困难的,可予以展期或续贷。通过适当下调贷款利率、增加信用贷款和中长期贷款等方式,支持相关企业战胜疫情影响	
中国人民银行等8部门	《中国人民银行 银保监会 发展改革委 工业和信息化部 财政部 市场监管总局 证监会 外汇局关于进一步强化中小微企业金融服务的指导意见》(银发〔2020〕120号)	不折不扣落实中小微企业复工复产信贷支持政策;开展商业银行中小微企业金融服务能力提升工程;改革完善外部政策环境和激励约束机制;发挥多层次资本市场融资支持作用;加强中小微企业信用体系建设;优化地方融资环境;强化组织实施	
中国人民银行等5部门	《关于进一步对中小微企业贷款实施阶段性延期还本付息的通知》(银发〔2020〕122号)	对符合条件的中小微企业贷款,按照"应延尽延"要求,实施阶段性延期还本付息	
中国人民银行等5部门	《关于加大小微企业信用贷款支持力度的通知》(银发〔2020〕123号)	按照一定比例购买符合条件的地方法人银行业金融机构普惠小微信用贷款;加大普惠小微信用贷款投放力度	

① 资料来源:根据政府网站总结。

续表

相关部委	政策文件	主要内容	对应企业诉求
工信部	《关于应对新型冠状病毒肺炎疫情帮助中小企业复工复产共渡难关有关工作的通知》(工信明电〔2020〕14号)	保障复工复产;加强财政支持;加强金融扶持;加强创新支持;加强公共服务;加强统筹协调	财政支持、金融支持、良好营商环境
工信部等17部门	《关于健全支持中小企业发展制度的若干意见》(工信部联企业〔2020〕108号)	完善支持中小企业发展的基础制度;完善财税支持制度;完善融资促进制度;健全创新发展制度;优化服务体系;健全合法权益保护制度;强化组织领导制度	
国务院	《保障中小企业款项支付条例》(国务院令〔2020〕728号)	促进机关、事业单位和大型企业及时支付中小企业款项,维护中小企业合法权益	减轻负担
发改委等8部门	《关于应对新冠肺炎疫情进一步帮扶服务业小微企业和个体工商户缓解房屋租金压力的指导意见》(发改投资规〔2020〕734号)	实施房屋租金减免;完善财税优惠政策;加大金融支持力度;稳定房屋租赁市场	财政支持、金融支持、减轻负担
发改委等4部门	《关于做好2020年降成本重点工作的通知》(发改运行〔2020〕1183号)	落实好减税降费政策;强化金融支持;持续降低制度性交易成本;降低企业用工和房租负担;降低用能用地成本;推进物流降本增效;激励企业内部挖潜	减轻负担
发改委等6部门	《关于支持民营企业加快改革发展与转型升级的实施意见》(发改体改〔2020〕1566号)	降低企业生产经营成本;强化科技创新支持;完善资源要素保障;着力解决融资难题;引导扩大转型升级投资;巩固提升产业链水平;深入挖掘市场需求潜力;鼓励引导改革创新;统筹推进政策落实	财政支持、金融支持、减轻负担
财政部、工信部	《政府采购促进中小企业发展管理办法》(财库〔2020〕46号)	落实预留采购份额、价格评审优惠、优先采购等措施,提高中小企业在政府采购中的份额	财政支持

表 3-3-2　湖北省出台的扶持中小企业政策①

相关部门	政策文件	主要内容	对应企业诉求
省政府办公厅	《湖北省防控新型冠状病毒感染肺炎疫情财税支持政策》（鄂政办发〔2020〕4号）	支持公益捐赠抵扣税收；支持研发活动抵扣税收；实际发生的包括疫情在内的不可抗力因素造成的资产损失，准予在计算应纳税所得额时扣除	财政支持
省政府办公厅	《应对新型冠状病毒肺炎疫情支持中小微企业共渡难关有关政策措施的通知》（鄂政办发〔2020〕5号）	减轻企业负担；强化金融支持；加大财政支持；加大稳岗支持	金融支持、财政支持、减轻负担、稳岗支持
省政府	《湖北省促进经济社会加快发展若干政策措施》（鄂政发〔2020〕6号）	加大财政金融支持力度；切实为市场主体降本减负；促进稳岗就业；加快畅通经济循环；精准扩大有效投资；优化营商环境	金融支持、财政支持、减轻负担、稳岗支持、优化营商环境
省政府办公厅	《关于应对新冠肺炎疫情影响全力以赴做好稳就业工作的若干措施》（鄂政办发〔2020〕10号）	推动安全有序复工返岗；降低企业用工成本；加大稳岗返还力度；强化企业用工扶持	减轻负担、稳岗支持
省政府	《关于更大力度优化营商环境激发市场活力的若干措施》（鄂发〔2020〕6号）	出台30条措施，推动湖北省营商环境整体水平进入全国前列	优化营商环境
省委办公厅、省政府办公厅	《弘扬"店小二"精神"十必须十不准"》	弘扬"有呼必应、无事不扰"的"店小二"精神，做到"十必须十不准"，把营商环境打造成湖北疫后重振、浴火重生的金字招牌	优化营商环境
省委、省政府	《省市场监管局以市场主体需求为导向打造一流营商环境工作实施方案》（鄂发〔2020〕23号）	以20条举措聚焦市场主体需求，对标国际标准和国内最好水平，打造高效便捷的政务环境、公平竞争的市场环境、放心舒心的消费环境	
省政府办公厅	《全力做好自然资源要素保障服务经济社会加快恢复发展若干措施》（鄂政办发〔2020〕19号）	全力降低企业资源要素使用成本服务招商引资；全力提升服务效率	减轻负担

---

① 资料来源：根据政府网站总结。

续表

相关部门	政策文件	主要内容	对应企业诉求
省政府办公厅	《加大金融支持助力实体经济发展若干措施》(鄂政办发〔2020〕20号)	用好用足政策性信贷资金;加大信贷资金投放;帮助企业纾解融资困难;完善金融机构评价考核体系;拓宽直接融资渠道;充分发挥保险风险保障功能;加强融资担保支持力度;充分发挥综合金融服务作用;加大激励帮扶力度	金融支持
省政府办公厅	《应对疫情影响进一步做好稳外贸稳外资工作若干措施》(鄂政办发〔2020〕21号)	加大企业帮扶力度;做好金融纾困;推动特色产品出口;全力抢订单拓市场;提升利用外资质效;建设高水平开放平台	金融支持;财政支持
省政府办公厅	《支持中小微企业共渡难关稳定发展若干措施》(鄂政办发〔2020〕24号)	加大资金支持;促进降本减负;优化服务环境	金融支持、减轻负担、优化营商环境
省政府办公厅	《支持新一轮企业技术改造若干政策》(鄂政办发〔2020〕61号)	优化技改审批程序;加大技改金融支持力度;加大技改智力支持力度;加大技改财政资金支持力度;加大技改基金支持力度	资金支持
省政府办公厅	《湖北省"金融稳保百千万"工作方案》(鄂政办函〔2020〕15号)	引导金融机构用好用足政策工具,落实延长延期还本付息政策安排,适当减免2020年企业贷款利息,增加小微企业信用贷款、首贷、无还本续贷,做好金融支持稳企业保就业工作	金融支持
省纪委	《全省纪检监察机关进一步服务保障民营企业发展十条措施》(鄂纪发〔2020〕9号)	畅通联系机制;大力推动惠企政策落实;推动构建亲清政商关系;妥善处理涉民营企业违规违法问题;慎用少用查封扣押冻结措施;慎用少用短用留置措施;稳慎提出民营企业人员廉洁情况意见;坚持依法公正文明办案;主动接受监督;帮助加强内部廉洁建设	优化营商环境
省财政厅等3部门	《湖北省政府采购合同融资实施方案》(鄂财采发〔2020〕5号)	建立绿色通道;在不超过政府采购合同金额的融资限额内应贷尽贷;中小企业线上融资利率原则上比同期同类企业流动资金贷款利率低20%以上	金融支持

续表

相关部门	政策文件	主要内容	对应企业诉求
省发改委等6部门	《关于贯彻落实国家发改委等六部门支持民营企业加快改革发展与转型升级实施意见责任分工的通知》（鄂发改体改〔2020〕499号）	压实主体责任；加强政策解读；强化督促指导；加强经验总结	政策落实
省发改委等9部门	《关于进一步帮扶服务业小微企业和个体工商户缓解房屋租金压力的通知》（鄂发改投资〔2020〕300号）	加大房屋租金减免力度；完善财税优惠政策；强化金融支持扶持力度；维护房屋租赁市场稳定	减轻负担
省人大	《湖北省实施〈中华人民共和国中小企业促进法〉办法》	资金支持；创业扶持；创新支持；市场开拓；服务措施；权益保护；监督检查	政策落实

1. 强化金融支持

资金是企业生存发展的"血液"，没有"血液"的中小企业寸步难行。中小企业由于技术和市场风险较高，其商业价值不确定，融资难、融资贵一直是困扰中小企业的难题。在疫情冲击下，中小企业的财务脆弱性风险更为明显，更需要金融支持，但也更难获得金融支持。为了改善中小企业的融资环境，中央政府及湖北省政府出台了一系列支持中小企业发展的金融政策。

2020年1月31日，中国人民银行等五部委联合发布的《关于进一步强化金融支持防控新型冠状病毒感染肺炎疫情的通知》（银发〔2020〕29号）指出，对受疫情影响较大的行业以及有发展前景但受疫情影响暂遇困难的企业，特别是小微企业，不得盲目抽贷、断贷、压贷。另外，要加强对制造业、小微企业、民营企业等重点领域信贷支持。随后，中国人民银行、银保监会等相关部委专门针对中小微企业金融服务问题，出台了《关于进一步强化中小微企业金融服务的指导意见》（银发〔2020〕120号）、《关于对中小微企业贷款实施临时性延期还本付息的通知》（银保监发〔2020〕6号）以及《关于进一步对中小微企业贷款实施阶段性延期还本付息的通知》（银发〔2020〕122号）。其中，第一个文件主要从不折不扣落实中小微企业复工复产信贷支持政策、开展商业银行中小微企业金融服务能力提升工程等七个方面支持中小微企业高质量发展；后两个文件要求对符合条件的中小微企业贷款，按照"应延尽延"要求，实施阶段性延期还本付息。

为坚决贯彻落实中央的金融支持政策，湖北省相继出台了《湖北省"金融稳保百千万"工作方案》（鄂政办函〔2020〕15号）、《湖北省政府采购合同融资实施方案》（鄂财采发〔2020〕5号）等一系列文件。其中"金融稳保百千万"工程指的是，省级层面重点支持100家以上龙头企业、1000家以上核心企业、数万家小微企业，对这三类企业优先保障、重点保障、普惠保障，降低融资成本，进而降低企业"死亡率"，实现稳岗扩就业的目标。

截至2020年三季度末，17个市州、直管市（区）签订授信协议和贷款合同共计4666亿元，受益企业达 43581 家,已落地 3989 亿元,履约率达到 85.5%。全面推进"企业金融服务方舱"建设,全省 17 个市州共建立各类企业金融服务方舱 110 个,入舱企业 23877 个,对入舱企业新增资金供给 1218.23 亿元,金融纾困金额达到 1922.28 亿元。截至 9 月末,全省银行业小微企业贷款实现"两增"目标,小微企业贷款余额 1.45 万亿元,较年初增速 22.88%,比各项贷款增速高 10.94 个百分点;贷款户数 69 万户,较年初增加 11.54 万户[①]。

2. 加大财税支持

财税政策着力发挥财政兜底作用,助力中小企业对抗疫情冲击,能全面、快速、有效地帮助中小企业渡过危机,恢复正常生产经营。自疫情发生以来,中央及湖北省政府制定出台了增值税、城镇土地使用税、所得税等税收减免、递延或延期交付等优惠政策。

2020 年 2 月 6 号,财政部和税务总局出台《关于支持新型冠状病毒感染的肺炎疫情防控有关税收政策的公告》(财政部 税务总局公告〔2020〕8 号),明确指出交通运输、餐饮、住宿、旅游四类困难行业企业 2020 年度发生的亏损,最长结转年限由 5 年延长至 8 年。随后出台的《关于支持个体工商户复工复业增值税政策的公告》(财政部 税务总局公告〔2020〕13 号)指出,自 2020 年 3 月 1 日至 5 月 31 日,对湖北省小规模纳税人,免征增值税;降低湖北省外小规模纳税人增值税征收率,由 3% 降为 1%。湖北省政府办公厅印发的《湖北省防控新型冠状病毒感染肺炎疫情财税支持政策》(鄂政办发〔2020〕4 号)提出,支持公益捐赠和各类研发活动抵扣税收;另外,实际发生的包括疫情在内的不可抗力因素造成的资产损失,准予在计算应纳税所得额时扣除。此外,中央和湖北省政府相继出台了《政府采购促进中小企业发展管理办法》(财库〔2020〕46 号)和《湖北省政府采购合同融资实施方案》(鄂财采发〔2020〕5 号),充分发挥政府采购支持中小企业发展的政策功能。

2020 年前三季度,全省累计新增减税降费 781.49 亿元,其中 160.53 万户小规模纳税人享受免征增值税优惠 148.22 亿元,11.54 万户小微企业享受减免企业所得税 38.41 亿元,7.68 万户小微企业享受缓缴企业所得税优惠 7.44 亿元[②]。

3. 提高稳岗支持

企业的发展离不开人才,也越来越依靠人才,人才资源是推动中小企业发展的"第一资源"。然而,长期以来人才匮乏始终是制约中小企业发展的重要瓶颈之一,特别是在疫情的冲击下,更加速暴露出人才问题引起的发展短板。由于湖北复工相对较晚,外地员工迟迟无法返岗,一些企业的非湖北籍员工特别是高技能员工已在当地或外省重新就业,致使企业员工流失较多,使得企业无法满负荷生产运营。

为全力保障中小企业用工需求,确保生产持续稳定,湖北省政府办公厅印发了《应对新型冠状病毒肺炎疫情支持中小微企业共渡难关有关政策措施的通知》(鄂政办发〔2020〕5 号),推出了加大企业用工服务、缓缴社会保险费、返还失业保险费、增加就业补贴等一系列稳岗措施。随后出台的《湖北省促进经济社会加快发展若干政策措施》(鄂政发〔2020〕6 号)进一步加大稳岗支持力度,延长了失业保险费返还政策和社会保险补贴的享受期限;针对吸纳就业困难人员、零就业家庭成员就业并开展以工代训的企业,给予相应的培训补贴;另外,开展"网上春风行动",推进线上供求匹配对接和远程招聘活动。2020 年 3 月 27 日,针对湖北省企业复工复

---

①② 数据来源:湖北省经济和信息化厅。

产情况,省政府办公厅印发了《关于应对新冠肺炎疫情影响全力以赴做好稳就业工作的若干措施》(鄂政办发〔2020〕10号),除了进一步加大各类稳岗政策实施力度外,一方面通过组建"用工联盟"、实施"共享员工""调剂用工"等方式,指导企业进行劳动用工余缺调剂;另一方面鼓励支持劳动者通过临时性、非全日制、季节性、弹性工作等灵活多样形式实现就业,畅通企业用工供需对接。

4. 减轻企业负担

为了遏制疫情在国内大范围传播,许多中小企业暂停生产和经营,其收入和现金流中断,但仍要支付房租、工资、利息等刚性支出,加重了经营负担和成本,甚至有可能让一些利润率本就比较低、抗风险能力本就比较弱的中小企业面临裁员甚至倒闭等困境。为了帮助中小企业减轻负担,缓解经营困难,政府的降成本政策几乎覆盖全部费用项目,包括减免房租、降低用水用电用气成本、降低用地成本、推进物流降本增效等。

2020年2月8日,湖北省政府办公厅紧急出台《应对新型冠状病毒肺炎疫情支持中小微企业共渡难关有关政策措施的通知》(鄂政办发〔2020〕5号),第一条就提到要通过降低用电用水用气成本、减免房租、延长合同履行期限、降低检验检测费用等措施帮助中小微企业减轻负担。随后湖北省政府印发的《湖北省促进经济社会加快发展若干政策措施》(鄂政发〔2020〕6号)指出,需要进一步为市场主体降本减负,包括降低用工成本、降低用电用气用水成本、减免房租,同时降低企业物流成本。例如,2020年2月1日到6月30日,除高耗能行业外,阶段性降低企业用电价格5%;6月30日前,中小微企业工业用水、用天然气价格按基准价下调10%;对中小微企业以及疫情防控物资生产企业生产经营所需的用电、用气、用水等,"欠费不停供",复工复产3个月内补缴缓缴的各项费用免收滞纳金;对承租国有资产类经营用房的中小微企业免收2020年2月~4月的租金、减半征收5月~10月的租金。

国家发改委等相关部门出台的《关于应对新冠肺炎疫情进一步帮扶服务业小微企业和个体工商户缓解房屋租金压力的指导意见》(发改投资规〔2020〕734号)、《关于支持民营企业加快改革发展与转型升级的实施意见》(发改体改〔2020〕1566号)也明确提出,除了落实前期阶段性降费优惠政策外,需要进一步为中小企业降低生产经营成本,帮助中小企业渡过难关。

5. 优化营商环境

营商环境是企业生存发展的"土壤",土质好不好、肥力足不足,直接影响企业的发展质量。李克强总理指出,"营商环境就是生产力"。在疫情的冲击下,各地严密的管控措施和严格的审批流程导致中小企业面临高昂的制度性交易成本,优化营商环境是对冲疫情影响下制度性交易成本高的突破口,也是激发中小企业长期发展动力与活力的重要举措。

为助力中小企业轻装前行,湖北省印发《关于更大力度优化营商环境激发市场活力的若干措施》(鄂发〔2020〕6号)(后称"黄金30条"),围绕企业全生命周期服务链、反映投资吸引力、体现监管与服务等三个维度,坚持问题导向、目标导向、结果导向,刀刃向内、自我革命,出台30条具体措施,努力把湖北打造成为发展环境最优,投资吸引力、地区核心竞争力和软实力最强的地区之一。为贯彻落实"黄金30条"精神,湖北省印发了《弘扬"店小二"精神 "十必须十不准"》,要求全省各部门要大力弘扬服务企业群众"有呼必应、无事不扰"的"店小二"精神,紧扣常态化、基础性、突出性的"呼应"和"不扰"事项进行规范,做到"十必须十不准",努力把我省打造成审批事项最少、办事效率最高、投资环境最优、综合成本最低、企业获得感最强省份之一。2021年,湖北省市场监管局在"黄金30条"的基础上,优化形成了《以市场主体需求为导向打造一流营商环境工作实施方案》(鄂发〔2020〕23号),其任务更重,标准更高,要求更严。具体而言,围绕打造优质高效服务环境、创新事中事后监管、打造公平有序市场环境、强化政策支持和健全投诉举报机制等四个方面提出了20条举措,提出了实行工作"项目化"管理制度、实施大调研行动、开展业务能力大提升行动、讲好创优故事、开展评比表彰等五项保障机制,确保优化营商环境工作有效推进。

(二)疫情冲击下湖北省中小企业政策诉求

为全面了解湖北省中小企业对政府惠企政策的需求,进一步提高各类政策的针对性和实效性,湖北省组建了企业服务专班,开展了走访服务企业专项活动,精细化帮扶企业复工复产,切实帮助企业纾困解难、增强信心、共克时艰。从2020年3月下旬到5月下旬,省直部门、各地市州走访联系全省范围内重点中小企业共计228家,收集企业对各类惠企政策的诉求,以下数据分析的结果来自这228家企业。

如图3-3-1所示,中小企业对于政府支持政策诉求最多的是金融支持、降低成本和税费减免,需求率都在30%以上;其次是优化营商环境,需求率在20%以上。另外,还有11.80%的中小企业希望政府提供稳岗帮扶方面的支持政策。此外,9.20%的中小企业希望政府能够在市场推广、刺激消费、政府采购、加强产业链配套等方面提供支持。

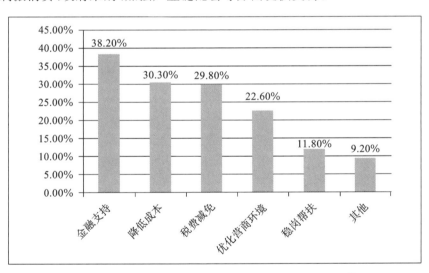

图3-3-1　湖北省中小企业对政府支持政策的需求度①

1.资金需求激增

资金不足一直是困扰中小企业发展的头号问题,2020年突如其来的疫情让中小企业的脆弱性变得更加明显,企业的资金矛盾更加突出,能否顺利融资成为中小企业生产经营能否维系的关键因素。虽然金融扶持政策在向中小微企业倾斜,但以金融机构现有的风控标准,很难给予中小微企业足够的资金支持,许多中小微企业还是很难贷到款。本次走访联系结果显示,

---

① 数据来源:根据省直部门、地市州走访联系全省范围内重点中小企业资料整理汇总而来。

38.2%的中小企业希望政府能够提供资金支持,在所有政策需求中排名第一。例如,有企业反映,目前银行贷款额度不能满足要求,希望进一步加大支持力度;另有企业提出,希望对国产化提供商给予更多的贷款贴息。

2. 成本补贴需求凸显

在此次疫情中,企业无法开展正常的生产经营活动,但是仍然需要每天支付额度不低的劳动力成本、场地费用以及相应的借款利息等,这会使其经营成本增加,已生产的产品无法变现,盈利断崖式下降,企业生产经营活动举步维艰。虽然各级政府为中小企业降本减负出台了多项政策,但是部分政策实施效果不理想,很多中小企业仍然面临负担过重的问题。此次走访联系结果显示,近1/3的企业希望政府能够落实好降低成本政策,或者进一步加大支持力度。例如,有企业反映,2020年水费1~3月没降价,4月份水费单上显示降价;电价普惠制的50%和政府补贴的30%没有享受到;天然气每月支出近100万元,目前没有享受到降价政策。

3. 税费减免需求突出

在疫情的冲击下,为纾解中小企业财务困难,国家以及湖北省都制定出台了一系列临时性税收优惠政策。虽然贯彻执行上述政策能够在一定程度上纾解中小企业财务困境,仍存在诸多不足之处。一是税收优惠方式大多是免征或减征形式的直接性优惠,而类似加速折旧、投资抵免等间接优惠内容较少。直接优惠一般属于事后优惠,适用的对象是那些已经取得收益的企业,这对处于疫情冲击下大多数中小企业作用效果十分有限,因为它们处于生产经营几乎中断状态,基本无法获取经营性收益。二是税收优惠并未充分考虑不同地区不同行业企业困难程度的差异性。由于不同企业抗风险能力不同,面临的财务困境也存在差异,根据它们的困难程度予以对等的税收扶持相对更为公平。走访数据显示,29.80%的中小企业希望政府进一步加大税收减免力度,并落实好相关政策。例如,有企业提出,受新冠肺炎疫情影响,客源大幅下降、收入锐减、经营状况差,但是人员工资、利息等固定支出大,亏损严重,而土地税、房产税只减免至2020年6月底,希望政府对2020年度全年土地使用税、房产税、增值税进行减免;另有企业反映,希望税务局针对专汽行业,给予更多政策支持,包括增值税减征、各项地方性税收减免等。

4. 优化营商环境需求强烈

优化营商环境是促进我省中小企业疫后重振和高质量发展的长远之策、制胜之道。虽然近几年我省围绕营造良好营商环境密集出台了多项政策,营商环境有了明显改善,但相对于国内先进地区,还有相当的差距。走访联系结果显示,接近1/4的中小企业希望进一步优化营商环境。例如,有企业提到,"扶贫832平台"入驻流程繁杂。

5. 稳岗帮扶需求趋稳

和其他扶持政策相比,中小企业对稳岗帮扶政策需求相对没有那么突出,11.80%的企业希望政府进一步加大稳岗支持力度。有企业反映,受业务不饱和影响,人员到岗率刚刚超过50%,待岗人员收入减少,希望相关部门能减免个人社保费,同时也希望延长单位社保费的减免时间;另有企业提出,职工医保缴纳时间达30年,职工退休后仍需继续缴纳多年,企业负担过重,希望减少职工医保缴纳负担。

(三)湖北省中小企业扶持政策实施效果

政策只有落实到位,才能真正把政策红利释放出来,为中小企业提供优质高效的服务,提高中小企业获得感,否则只能成为空中楼阁。为详细了解已颁布政策的落地情况,本专题团队针对湖北省重点领域中小企业进行了问卷调查,共发放问卷 171 份,收集有效问卷 162 份,问卷有效回收率达 94.7%。其中包括制造业 45 家、零售与服务业 53 家、高科技业(软件和互联网)28 家、农林牧渔业 19 家、建筑业 11 家,另外 6 家企业来自其他行业。以下从金融支持、财税支持、稳岗支持、减轻企业负担、优化营商环境等五个方面分析湖北省中小企业对政府扶持政策的满意度。

1. 对金融支持政策的满意度

为了缓解中小企业融资难、融资贵的问题,中央和湖北省出台了一系列金融支持政策。例如,《湖北省"金融稳保百千万"工作方案》(鄂政办函〔2020〕15 号)明确提出,省级层面重点对 100 家以上龙头企业、1000 家以上核心企业以及数万家吸纳就业能力强的小微企业开展金融支持援企、稳岗、扩就业等工作,市、县层面同步比照实施,支持受疫情影响严重的重点行业、重点企业融资需求精准高效对接,扩大企业融资覆盖面,降低企业融资成本,促进相关企业保持资金链稳定。《应对新型冠状病毒肺炎疫情支持中小微企业共渡难关有关政策措施的通知》(鄂政办发〔2020〕5 号)指出,中小企业股票质押协议在疫情防控期间到期,企业由于还款困难申请展期的,可与证券公司等金融机构协商,展期 3~6 个月。同时,鼓励和支持金融机构采取信贷支持和债券承销相结合方式,指导企业用好用足发新还旧政策,多渠道缓解企业经营困境。

但从政策落实情况来看,中小企业对政府金融支持政策的整体满意度较低。如图 3-3-2 所示,仅有 14.81% 的中小企业表示非常满意,33.95% 的企业表示比较满意,满意度低于 50%;表示不太满意和非常不满意的中小企业占到了 31.48%,19.75% 的企业表示一般。由此可以看出,虽然目前政府出台了一系列金融支持政策,但实施效果不尽如人意,还有许多值得改进的地方。

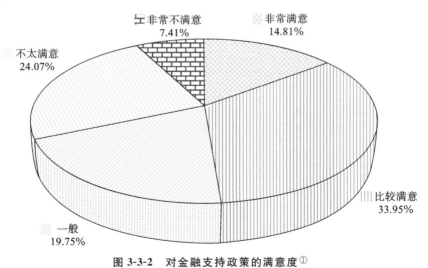

图 3-3-2　对金融支持政策的满意度①

---

① 数据来源:根据湖北省经济和信息化厅中小企业发展处回收问卷资料整理汇总而来。

2. 对财税支持政策的满意度

加大财税支持力度,落实和完善税收优惠政策,可以进一步减轻中小企业负担,帮助中小企业克服困难,实现又好又快的发展。《关于充分发挥税收职能作用 助力打赢疫情防控阻击战若干措施的通知》(税总发〔2020〕14号)指出,对受疫情影响生产经营发生严重困难的企业特别是小微企业,税务机关要依法及时核准其延期缴纳税款申请,积极帮助企业缓解资金压力。《应对新型冠状病毒肺炎疫情支持中小微企业共渡难关有关政策措施的通知》(鄂政办发〔2020〕5号)明确提到,因疫情影响遭受重大损失,纳税人缴纳城镇土地使用税、房产税确有困难的,经税务机关核准,依法减征或者免征城镇土地使用税、房产税。对捐赠用于疫情防控的进口物资,按规定免征进口关税和进口环节增值税、消费税。对卫生健康主管部门组织进口的直接用于防控疫情物资依法免征关税。适用"定期定额"征收的个体工商户生产经营受疫情影响的,可依法提请合理调整定额。

如图3-3-3所示,仅有16.67%的中小企业表示非常满意,37.04%的企业表示比较满意,两者几乎占到被调研企业的一半;表示不太满意和非常不满意的中小企业占到了24.70%,另有21.60%的中小企业表示一般。调研结果表明,政府需要进一步完善财税支持政策,提升政策实施效果。

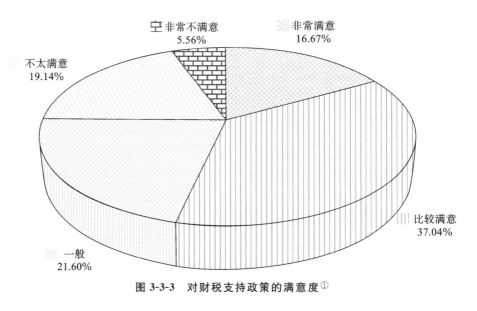

图 3-3-3 对财税支持政策的满意度①

3. 对稳岗支持政策的满意度

湖北作为新冠肺炎疫情重灾区,中小企业"用工荒"问题尤为突出。做好招工、送工、稳岗工作,是推动中小企业复工复产的关键。为全力保障中小企业用工需求,中央和湖北省政府出台了一系列稳岗支持政策。例如,《湖北省促进经济社会加快发展若干政策措施》(鄂政发〔2020〕6号)明确指出,企业吸纳登记失业半年以上人员或就业困难人员就业且签订1年以上劳动合同并按规定缴纳社会保险费的,可给予1000元/人一次性吸纳就业补贴。

---

① 数据来源:根据湖北省经济和信息化厅中小企业发展处回收问卷资料整理汇总而来。

从政策实施情况来看,在稳岗支持方面,62.34%的中小企业表示非常满意或比较满意,17.28%的中小企业表示一般,另有约1/5的企业表示不太满意或者非常不满意,如图3-3-4所示。由此可见,政府需要进一步强化稳岗支持,健全促进就业创业长效机制。

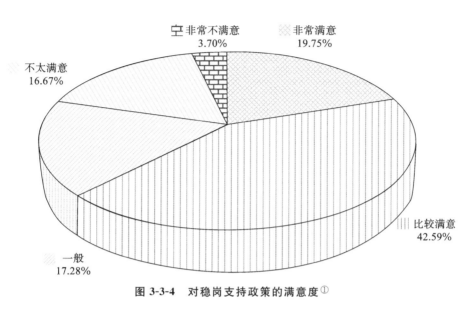

图 3-3-4　对稳岗支持政策的满意度①

4.对减轻企业负担政策的满意度

切实为中小企业减负,让中小企业轻装上阵,是帮助其抵御疫情风险、促进其转型升级的关键,为此政府出台了一系列降本减负政策。例如,《关于阶段性减免企业社会保险费的通知》(人社部〔2020〕11号)指出,对于受疫情影响生产经营出现严重困难的企业,可申请缓缴社会保险费,缓缴期限原则上不超过6个月,缓缴期间免收滞纳金;《应对新型冠状病毒肺炎疫情支持中小微企业共渡难关有关政策措施的通知》(鄂政办发〔2020〕5号)提出,工业用水价格、用天然气价格均下调10%,期限为2020年1月1日～6月30日。对中小微企业生产经营所需的用电、用气、用水等,实行"欠费不停供"措施;复工复产后3个月内,由企业补缴缓缴的各项费用,免收滞纳金。

如图3-3-5所示,只有约一半的中小企业对降本减负政策实施效果表示非常满意或比较满意;23.46%的中小企业表示效果一般,另有18.52%的中小企业表示不太满意,甚至有5.56%的中小企业表示非常不满意。调查结果表明,为了更好地促进中小企业发展,政府还需更好地推动降本减负政策落地执行。

---

① 数据来源:根据湖北省经济和信息化厅中小企业发展处回收问卷资料整理汇总而来。

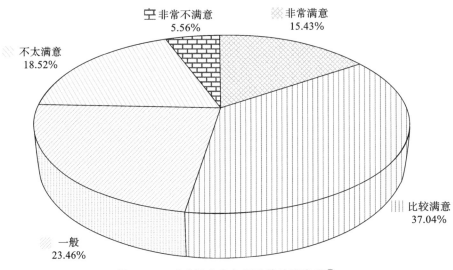

图 5-3-5　对减轻企业负担政策的满意度①

5. 对优化营商环境政策的满意度

优化营商环境、提高政府服务效率是企业的共同诉求。为把湖北打造为发展环境最优、软实力最强的地区之一,湖北省政府出台了一系列政策。例如,《弘扬"店小二"精神"十必须十不准"》明确要求,所有政务服务事项必须实行清单管理、"一网通办",推广"一事联办",按法定和承诺时限做到审批服务"零超时";不准超出清单审批或者以备案等形式搞变相审批、要求可全程网办的事项到现场办理。对所有市场主体必须一视同仁、平等对待,严格落实市场准入负面清单、公平竞争审查制度;不准擅自提高准入门槛,搞地方保护、指定交易、市场壁垒。

但如图 3-3-6 所示,中小企业对优化营商环境相关政策实施效果整体满意度较低,只有 52.47% 的企业表示非常满意或比较满意,另有 24.07% 的企业表示效果一般,还有接近 1/4 的企业表示不太满意或非常不满意。由此可见,政府在优化营商环境上还需要下更大功夫,努力为中小企业营造更好的发展环境。

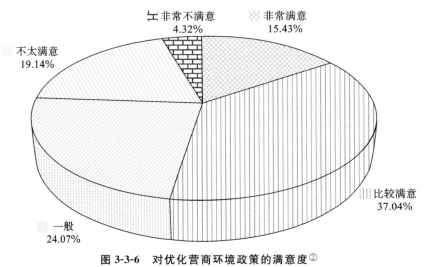

图 3-3-6　对优化营商环境政策的满意度②

---

①② 数据来源:根据湖北省经济和信息化厅中小企业发展处回收问卷资料整理汇总而来。

整体来看,湖北省中小企业对政府稳岗支持、办税便利性、企业开办或变更便利性、政府服务标准化、网上办事便利性比较满意,对招投标、中介服务、融资等方面问题反映较多,满意度不高。

(四)湖北省中小企业扶持政策存在的主要问题

疫情发生以来,国家和湖北省出台了一系列助企纾困政策,一定程度上缓解了中小企业困难,助力中小企业恢复发展。但是,在惠企政策制定和落实的过程中还存在一定的问题,导致企业获得感不强。

走访联系228家企业发现,政策落实不到位是当前我省中小企业扶持政策存在的最主要问题,占到了总样本的46.50%;另外,27.60%的企业反映当前政策支持力度还有待加强;此外,超过10%的企业认为政策宣传不深入、政策存在真空、营商环境有待改善;还有部分企业反映当前政策存在一刀切、缺乏配套措施等问题,如图3-3-7所示。

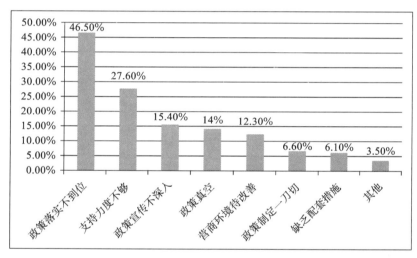

图3-3-7 湖北省中小企业扶持政策存在的问题①

1.部分政策制定脱离实际

中小企业行业结构复杂,涉及第一、第二、第三产业,不同行业、不同产业的企业面临的困难和希望获得的政策支持是存在差异的。例如,针对出口导向型企业,由于受全球疫情影响较大,订单延迟或者取消的情况普遍存在。前期走访服务中近半数企业反映,当前订单大多为前期订单的后延,6月份以后的新订单不多,存在着因订单不足二次停工停产的风险,因此急需政府帮助开拓国际和国内市场。而对于旅游业来说,目前面临的主要困难是交通管制、资金链紧张,希望政府采取的措施除了补贴、减免税费外,更希望减少交通管制,恢复消费者信心。制造业企业则希望能出台有关降低物流成本、提高物流效率的政策。另外,不同规模、不同发展阶段的企业,其政策需求也是不一样的。全国中小企业生产经营运行监测平台显示,2020年前三季度,大、中、小、微工业企业应收账款增速分别为8%、24%、38%、68%,这表明小微型企业资金紧张问题更为严重。

---

① 数据来源:根据省领导、省直部门、地市州走访联系全省范围内重点中小企业资料整理汇总而来。

但是,目前部分优惠政策在制定之初并未广泛征求所涉及企业的意见,没有考虑到中小企业的实际需求,具体表现为:一方面,很多中小企业现实的问题在相关扶持政策中都找不到确实可行的办法;另一方面,相关部门在制定政策时一刀切,缺乏有针对性的细分政策,致使政策效果大打折扣。走访联系结果显示,14.0%的企业反映存在政策真空情况。例如,有企业指出,特种设备行业参与一线建设,因不属保供企业,未得到应有支持和重视;6.6%的企业反映部分政策在制定时存在一刀切的情况。有企业提到,自2020年1月1日起,国家医保局实施对中药注射剂一刀切的政策,限制"注射用七叶皂苷钠"只能在脑外科医保使用。湖北省受到此政策影响的有一家原料药企业和三家制剂生产企业,还有广大的贫困县种植户的农民。这项政策破灭了竹溪娑罗子种植户的脱贫梦,也严重影响了我国中药现代化具有里程碑意义的创新药物的应用。

2. 部分政策操作缺乏配套

虽然各级政府制定出台了多项支持中小企业政策,但一些企业反映获得感不强,主要是一些政策措施缺乏执行细则或配套措施,造成政策"看得见"却"摸不着"。例如,鄂政发〔2020〕6号文"因疫情影响遭受重大损失,纳税人缴纳2020年度城镇土地使用税、房产税确有困难的,经税务机关核准,可依法减征或者免征",因疫情影响遭受重大损失、确有困难如何界定目前没有统一的标准和细则,导致一些地方此项政策难以落实。鄂发改投资〔2020〕300号文"鼓励大型商务楼宇、商场、市场运营方等非国有房屋业主,对出现经营困难的服务业小微企业和个体工商户租户适度减免疫情期间的租金",但经营困难如何界定?适度减免究竟如何减免?两者均未明确减免标准和期限。由于缺乏相关的配套执行细则,容易导致相关工作人员与企业申报人在理解上不一致,不利于政策的后续执行。

3. 部分政策支持力度不够

目前,不少惠企政策由于覆盖面窄、优惠力度小,能享受的企业不多,违背了政策实施的初衷。走访联系中超过1/4的企业表示,当前政策支持力度没有达到预期的效果。例如,有企业反映银行贷款额度不能满足需要;还有企业指出当前面临原材料积压、经营成本高等问题,希望能在电力、税收、融资、员工培训、养老保险等方面出台力度更大的惠企政策,支持实体经济发展壮大。另外,在走访联系中了解到,虽然湖北省出台了进一步帮扶中小企业缓解房屋租金压力的相关扶持政策,但是有企业反映,因租用的是私企厂房,而不是国有厂房,导致无法享受厂房租金政策,从而面临成本较高的问题。

4. 政策宣传不够深入

中小企业对政府优惠政策的知晓和了解是保证政策有效实施的关键,也是中小企业能够享受政策福利的前提。在联系走访中小企业时发现,15.40%的中小企业对各类政策不清楚或知之较少。例如,在调研咸宁和孝感两地的台企时,部分台企反映,对类似申报湖北省"123"企业家培育专项计划等项目的具体流程及责任部门尚不清楚;另有企业反映,不清楚以哪种渠道申请贷款贴息。以上情况一方面说明中小企业对政府政策、制度的关注缺乏主动性,政策意识较差;另一方面也反映出政府在政策宣传力度上也略显不足。

虽然政府出台了一系列惠企政策,但很多优惠政策都需要中小企业主动申请。由于政策梳理不够,宣传覆盖面有限,内容解读不充分,导致一些中小企业或因不知晓政策,或因不知如何申请,没有全面享受到政策优惠,直接影响到中小企业的政策获得感。

5.部分政策落实不太理想

走访联系结果显示,接近一半的企业认为当前政策落实情况不是很理想。目前,湖北省中小企业享受到了很多政策红利,但部分政策落实力度与企业期望还存在一定差距。一是部分政策从发布到执行时间较长。例如,2020年2月8日印发的鄂政发〔2020〕5号文《应对新型冠状病毒肺炎疫情支持中小微企业共渡难关有关政策措施的通知》明确"对参与生活物资保供的商贸流通和防疫药品、医疗设备、物资器材等疫情防控相关生产的中小微企业,由企业注册所在地政府按销售目录电价中电度电价的30%给予电费补贴,省财政按地方政府实际补贴额的50%给予补助",因省财政资金较晚拨付到市州,在调研过程中,部分企业反映在9月份才享受到该项电费补贴;另有企业反映,自身符合稳岗扶持政策,但稳岗补贴一直没有落实到位。二是缺乏对政策执行过程的有效跟踪、监督、反馈。某些部门服务意识不够强,积极性不够高,在政策执行过程中存在形式主义,导致执行工作不能抓实、抓细、抓出成效。

6.营商环境有待改善

走访联系结果显示,12.30%的中小企业认为当前营商环境有待改善,不少企业反映相关部门在项目审批、项目验收、业务指导、政府服务等方面还存在一些不足。例如,有企业反映,目前项目资格预审文件、招标文件发出前需在交通主管部门备案,因备案审查流程复杂、耗时较长,影响项目建设;另有企业指出,政府部门的某些惠企政策在操作上烦琐、复杂,"扶贫832平台"入驻流程繁杂,这些因素都显著增加了企业享受政策的成本。

(五)完善湖北省中小企业扶持政策的建议

疫情发生以来,各级政府、各相关部门都相继出台了一系列扶持中小企业的政策。政策只是助推剂,要用好这些政策,使其效果最大化,从长期来看,中小企业发展最根本还是自身要修炼好内功,提升竞争力。以下从政府和企业两个层面,提出完善中小企业扶持政策效果的对策建议。

1.政府层面

一是坚持需求导向,加强供需精准对接。政府扶持政策无法充分发挥作用,一个重要原因是在政策制定的过程中,没有充分考虑到中小企业的实际需求。因此,政府在制定中小企业扶持政策时,必须坚持以需求为导向,保证相关政策的有效实施。第一,加大走访服务,建立长效机制。在制定中小企业扶持政策过程中,要改变传统的"自上而下"的决策模式,通过走访企业、开展座谈会等方式,倾听企业政策诉求,找准企业生产经营中的难点和堵点,深度反思现有政策的缺陷,增强扶持政策的前瞻性、科学性、创新性和开放性;把走访服务中小企业作为深入开展走访服务企业活动的重要内容,建立常态化长效机制,畅通联系服务企业渠道,做好中小企业"店小二"。第二,考虑个体差异,提升政策针对性。制定政策"一刀切"是影响政策落地慢、落地难的主要原因。通过走访中小企业发现,不同行业、不同规模、不同发展阶段的企业,当前在经营中面临的困境不一样,急需获取的政策支持也不尽相同。然而,很多中小企业扶持政策过于笼统,没有考虑到不同对象的需求差异,这样即使政策制定得再科学、再先进,中小企业也无法从政策中获取真正的红利。因此,政府应该根据中小企业的行业、规模、经营状况、财务状况及发展阶段等因素对其分类分级,制定有针对性的扶持政策及其服务,做到"一把钥匙开一把锁",从而增强政策的适用性。

二是健全配套机制,保证政策全面执行。一方面,政府在出台了中小企业扶持政策之后,应当出台相关的执行细则,对相关扶持政策的执行进行详细规定,保证符合条件的中小企业能够享受到政策实惠。例如,鄂政发〔2020〕6号文"因疫情影响遭受重大损失,纳税人缴纳2020年度城镇土地使用税、房产税确有困难的,经税务机关核准,可依法减征或者免征",应该针对"疫情影响遭受重大损失""确有困难的"制定明确的标准和细则,确保在实施过程中可执行、易操作。执行细则能够为政策的有效实施提供保证,同时规范相关主体的行为。另一方面,应当出台扶持政策的配套措施。一项政策要落地,需配套措施来保障。例如,政府在出台了防疫期间高速公路免费政策后,应该出台配套保障措施,统筹兼顾公路使用者、债权人、投资者和经营者各方的利益。

三是加大支持力度,扩大惠企覆盖范围。为充分帮助中小企业渡过难关,各级政府在制定优惠政策时,应该结合中小企业实际情况,加大政策的支持力度,如适当地减征企业所得税、延长社保费减免或延迟缴纳的周期,加强相关政策缓解企业资金压力的作用,有效发挥政策的扶持作用。另外,需要适当降低政策门槛,扩大政策覆盖面。同时,在政策申请上可以实施政务服务"网上受理"和"一链办理",进一步简化不必要的手续流程,消除隐形门槛、压缩办理时间,让中小企业实实在在享受政策红利。

四是加强宣传引导,确保政策上传下达。从传播主体来看,需要加强宣传人才队伍建设。建立一支综合素质高的宣传人才队伍是提升政策知晓度的根本保障。相关部门一方面要有计划、有步骤地采取多种方式、渠道对宣传人才队伍进行教育与培训,提升他们的综合能力与素质;另一方面,坚持在实践中培养和锻炼宣传人才,如通过横向交流、师徒制、深入基层等方式,不断提升宣传工作水平。从传播方式来看,需要创新政策宣传方式,通过线上与线下相结合、政策宣讲与以会代训相结合、"走出去"与"请进来"相结合等方式,打造更加多元化的宣传平台,不断扩大中小企业扶持政策的知晓度和辐射面。一方面,线下相关部门可以将相关政策汇编成册,这也是当前湖北省经信厅已经开展的工作,今后可将政策文本进一步更新,并在中小企业中大规模发行。同时,各政策制定部门可开展中小企业扶持政策宣传解读会,详细解读政策重点、难点和热点,通过走出去、请进来和表彰宣传等方式,提升政策宣传的效果。另一方面,线上政府可通过政务公开公示、在线咨询、企业政策微信公众号、政务微博、中小企业公共服务平台等多种渠道让中小企业了解相关扶持政策和服务动向,真正将宣传工作落到实处。

五是强化监督问责,保障政策贯彻落实。各级政府在加强对中小企业政策扶持的同时,还需要切实加大政策落实力度,打通实施政策的"最后一公里"。一方面,建立责任考核机制。根据有关部门和人员在中小企业扶持政策实施中的职责,制定相应的考核机制,对政策实施过程与执行情况进行考核,变"要我干"为"我要干",变"推着干"为"争着干",确保政策真正落到实处。同时,如果政策实施涉及多个部门,则在考核中应强调整体目标的完成,而不是单个部门目标的完成度,以此促进各部门的信息互通与工作联动。另一方面,完善检查督促机制。通过专项检查、进度通报、效果清单、满意度测评等方式,对相关部门政策的执行情况进行督促检查,及时了解和解决政策落实中的难点、痛点和堵点问题,保障中小企业扶持政策的贯彻落实。针对政策落地难的,要找出问题、分析原因,制定相应的实施措施和办法;针对现有政策不适应新情况、新问题的,要适时地进行调整或废止;对现有政策未涉及的新问题,要制定出新政策。

另外,加强各部门之间的协同配合很重要。提高大数据的共享利用程度,整合各部门间的企业数据库资源,将基础信息、投入产出等数据进行归纳整理,形成企业数据库,并向省直部门开放所涉企业的各类数据;明确各部门的分工职责,保障各部门之间的信息沟通畅通,深化各部门之间的信息共享交流机制,确保在对中小企业的惠企政策上协同配合,形成服务合力,为中小企业的发展提供更好的服务。

六是优化营商环境,更好服务市场主体。首先,政府在出台扶持政策时需要"一碗水端平",营造公平、公正的市场环境,促进中小企业健康可持续发展。然后,在人才办事程序中,政府部门需要进一步简化不必要的流程,消除隐形门槛、压缩办理时间,提高服务效率。最后,党员干部要多深入基层,倾听企业和群众反映集中、反映强烈的突出问题,要以"企业利益无小事""群众利益无小事"的态度,做到主动服务、优质服务,让企业顺心、群众舒心,更好发挥政府对社会经济发展的支撑、保障、激励作用。

2. 企业层面

一是强化政策意识,主动争取政策落地。很多中小企业政策意识薄弱,不积极主动了解政府出台了哪些扶持政策,不熟悉申请办理享受政策扶持的流程,也不关注和追踪各类扶持政策的动态调整,导致没有享受到本该享受的扶持政策,浪费了很好的政策资源。为了充分发挥政策的最大效用,首先需要强化政策资源的利用意识,成立专门的工作小组,对近期各级政府出台的各项扶持政策,要通过政府部门官网、微信公众号、中小企业服务平台、行业协会等多种渠道主动了解,认真研究,将政策吃透,主动申报。同时,加强与政府、金融机构的沟通,主动向其寻求理解与支持,争取政策尽快落地。另外,提高对政策的敏感度,正确预判政策出台时间节点、影响范围及程度,提前做好应对之策。

二是及时梳理战略,积极进行战略自救。面对突如其来的疫情危机,中小企业的管理层可以结合宏观环境的影响,以及对企业所处的行业的影响,进行 SWOT 分析,分析主要内部优势、劣势,针对性分析危机中包括的威胁与机会,与企业的资源能力进行结合,及时梳理调整优化公司的发展战略,并在此基础上制定出针对性的措施去展开经营,让战略更好地落地。

三是规范内部管理,建立良好信用记录。良好的信用记录是企业获得商业信任、银行贷款以及政策支持的重要保障,信用级别高的中小企业更容易获取政府部门和金融机构的优惠政策扶持。一方面,中小企业需要成立独立的信用管理部门。信用管理是一项专业性、技术性和综合性较强的工作,需要成立专门的信用管理部门,在企业内部形成科学的制约机制。另一方面,中小企业应健全规范信用管理体制。根据自身特点,建立客户授信管理制度、应收账款回收制度、合同管理制度、信用管理档案制度等,并制定配套措施,抓好落实。此外,中小企业需要加强信用文化建设。秉持遵纪守法、诚实信用、平等自愿等经营理念,依法依约经营,保持良好信用记录;同时,加强对员工的信用培训,将诚信文化渗透到企业每一位员工的心中和行为中,树立企业信用形象。

四是坚持创新引领,加快推进转型升级。长期以来,中小企业由于产品形式单一、附加值不高、科技含量不足,在市场竞争中一直处于弱势地位。在疫情的冲击下,中小企业除了要及时关注和利用政策外,还要主动适应、危中求变、不断创新、练好"内功"、增加企业价值,这样才能争取更多的政策扶持。第一,走专精特新发展道路。中小企业应该结合自身优势,加大研发力度,持续进行技术创新,提早布局未来紧缺市场,开发面向市场需求的专精特新产品,提升产品竞争力。同时,加强合作,与大企业形成互补效应。第二,确立数字化转型意识,进行商业模式、业务模式、管理模式创新。疫情期间,数字经济利用其独特的优势在疫情防控、保障正常生活秩序以及企业复工复产等方面发挥了巨大的作用。例如,5G技术为在线教育、协同办公、远程问诊提供了极大便利。中小企业应该抓住数字化转型机遇,挖掘新的商业模式,大力拓展和创新企业的线上业务,建立相适应的管理机制,实现高质量发展。

练就金刚之身,方能百害不侵。中小企业有"船小好调头"的优势,在新发展阶段,要着力在提升自身创新能力和专业化水平上充分练就"内功",在开发面向市场需求的专精特新产品与服务、协同大企业产业链供应链多元化配套服务、主动参与解决关键核心技术"卡脖子"问题等方面下更大的功夫。这是中小企业的独特优势,也是提升中小企业生存力、竞争力、发展力、持续力的不二法门。